Nuevo Avance 6

Concha Moreno | **Piedad Zurita** | **Victoria Moreno**

Español Lengua Extranjera

Primera edición: 2011

Produce: SGEL - Educación
Avd. Valdelaparra, 29
28108 ALCOBENDAS (MADRID)

© Concha Moreno
Piedad Zurita
Victoria Moreno

© Sociedad General Española de Librería, S. A, 2011
Avd. Valdelaparra, 29. 28108 ALCOBENDAS (MADRID)

ISBN: 978 - 84 - 9778 - 653 - 9
Depósito Legal: M-40432-2011
Printed in Spain – Impreso en España

Edición: Ana Sánchez
Coordinación editorial: Javier Lahuerta
Cubierta: Track Comunicación (Bernard Parra)
Maquetación: Track Comunicación (Bernard Parra)
Ilustraciones: Gonzalo Izquierdo, Maravillas Delgado
Fotografías: Thinkstock, Cordon Press, Concha Moreno, Piedad Zurita

Impresión: Orymu, S.A.

Presentación

Nuevo Avance es fruto de una larga experiencia docente y cuenta con la garantía de los miles de estudiantes que a lo largo de todos estos años han trabajado y aprendido con él. Renovado de acuerdo con los tiempos, se adapta al *Marco común europeo de referencia* y recoge las directrices del Plan Curricular del Instituto Cervantes, teniendo siempre muy presente la realidad de lo que ocurre en el aula. Todo ello se refleja en la forma en la que se han distribuido los contenidos y las variadas prácticas correspondientes.

Su nuevo formato, de tamaño mayor, cuenta con más ilustraciones, que lo hacen más atractivo tanto para el profesorado como para el alumnado. Entre sus novedades está la grabación de los **pretextos** y de algunas actividades de los **contenidos gramaticales**, lo que será una gran ayuda en el aula y fuera de ella; de este modo, el estudiante dispondrá siempre de un excelente material para escuchar y repetir cuando trabaja en solitario.

Una vez superados los niveles inicial y básico (A1 y A2) así como el intermedio (B1.1 y B1.2), entramos en el **avanzado**, englobado en el **B2**. Cualquier docente experimentado sabe que este nivel es, junto con el intermedio, el que más contenidos abarca, ya que no solo hay que seguir avanzando con todo lo nuevo, sino que exige consolidar lo anterior. Por ello, en *Nuevo Avance* hemos dividido el **B2** en dos bloques: **B2.1** y **B2.2**. La cantidad y variedad de contenidos, así como su secuenciación, permiten una progresión adaptada a las necesidades personales y a las del contexto educativo.

Estructura de *Nuevo Avance* B2.2

Empieza con esta **presentación** a la que sigue una **tabla detallada con todos los contenidos** de cada una de las unidades.

Consta de seis unidades. Cada una se compone de las siguientes secciones:

Pretexto

Se introducen de forma visual y reflexiva los contenidos y temas que se trabajarán posteriormente. Las imágenes van reforzadas por las grabaciones correspondientes y con imágenes de apoyo.

Contenidos gramaticales

En unas unidades aparece un solo contenido. En otras hemos incluido dos cuando se trata de ampliar algo ya conocido. En este caso siempre partimos del repaso y la reflexión previos a la citada ampliación. Mantenemos los esquemas y las explicaciones claras muy bien ejemplificadas.

Practicamos los contenidos gramaticales

Reforzamos la fluidez partiendo de una práctica controlada para fijar estructuras, no solo gramaticalmente correctas, sino también adecuadas pragmáticamente.

En este nivel, la tipología de las prácticas se ha enriquecido, pero mantenemos la diferencia entre las destinadas a consolidar las estructuras y las destinadas a la práctica semiguiada y libre. La forma en que están creadas favorece la expansión de las mismas si se considera oportuno. Siempre hay una actividad gramatical y un ejercicio –el número 5– sobre la aplicación pragmática derivada de los conocimientos gramaticales. En él partimos de los elementos aparecidos en el **Pretexto** o en la sección **Practicamos los contenidos gramaticales** para enfocarlos desde un nuevo punto de vista. Con ello pretendemos desarrollar la conciencia lingüística y dar oportunidades de aplicación en el aula.

De todo un poco
Apartado destinado a la profundización de todas las destrezas.
La expresión oral –que impregna el material desde el **Pretexto**– se practica de modo más específico en la sección **Interactúa**, dedicada a la interacción y en la de **Habla**, orientada a la exposición personal. Incluimos siempre una historieta que el/la estudiante deberá describir, narrar para, finalmente, interactuar a partir de ella, siguiendo el modelo de los exámenes DELE Intermedio (B2).

La comprensión auditiva –que se va afianzando con las grabaciones de **Pretextos**– se refuerza con dos o tres **Escucha** en las unidades y tres en los repasos. En general, ponemos un especial énfasis en los contenidos socioculturales y pragmáticos. Estas audiciones permiten desarrollar la comprensión y sirven de pretexto para seguir interactuando.

Tras la explotación de las audiciones, aparece la sección iniciada en B2.1: **Un paso más**, donde trabajamos **temas de gramática** diferentes al tema principal y **contenidos léxicos en contexto**, a partir de los textos orales.

Además, jugamos con los conocimientos previos del alumnado y propiciamos estrategias de inferencia antes de pasar al trabajo práctico concreto.

Lee
Mantenemos la sección destinada a la **lectura**. Unas veces será de carácter informativo y otras presentará mayor variedad de tipología textual. Al acabar la misma, aparecerá la nueva sección **Un paso más** donde se trabajarán:
• los conectores y marcadores discursivos
• contenidos gramaticales diferentes al tema gramatical de la unidad
• contenidos léxicos contextualizados
• contenidos funcionales y pragmáticos
• contenidos socioculturales

Escribe
También se incrementan las tareas de **escritura**. Proponemos dos **Escribe**, uno de ellos es o descriptivo o argumentativo o narrativo, mientras que el otro trata de cartas formales o formularios, solicitudes, etcétera. Afianzamos y ampliamos los marcadores discursivos, los conectores, explicamos las características de la tipología textual, con el fin de favorecer la correcta elaboración de los diferentes tipos de escrito.
Una vez más, perseguimos la coherencia de toda la Unidad, relacionando los contenidos presentados con las prácticas, que han sido estudiadas en su variedad y objetivos para que los estudiantes, usuarios de la lengua como agentes sociales, activen sus recursos cognitivos y afectivos, sin olvidar que el uso de todas sus estrategias y competencias los conducirán a la acción.

Pretendemos que al terminar este nivel el/la estudiante deje de ser usuario dependiente y pase a ser usuario independiente.

Repasos

Cada tres unidades se presentan:
- Actividades dedicadas al repaso de las cuatro destrezas.
- Ejercicios recopilatorios de elección múltiple.

Otras actividades

Van al final del libro y se ofrecen como refuerzo.
- Un ejercicio de gramática que sirve para afianzar aún más los puntos gramaticales tratados en la unidad.
- Un ejercicio de vocabulario de variada tipología. En algunas ocasiones se recomienda que se haga antes del apartado de **De todo un poco** de la unidad.
- Un texto relacionado con el área temática al que le faltan diferentes palabras y expresiones. Con este ejercicio se miden la capacidad comprensiva de lectura y los conocimientos gramaticales y léxicos. También proponemos explotaciones variadas a partir de este texto.
- **Modelo de examen DELE Intermedio (B2)**
  Examen realizado siguiendo todas las pruebas y tareas solicitadas por el Instituto Cervantes para la obtención del Diploma de este nivel.

El manual se completa con varios **Apéndices**:
- Gramatical
- Glosario
- Trascripción de las audiciones
- Cuaderno de sugerencias didácticas y soluciones en la web de SGEL: *www.sgel.es/ele*

Agradecemos una vez más la buena acogida que desde 1995 (fecha de aparición del primer *Avance*) ha tenido nuestro trabajo y que nos ha llevado a crear este nuevo manual compuesto de seis niveles: A1, A2, B1.1, B1.2, B2.1 y B2.2, y confiamos en que esta nueva edición, que comparte las bases metodológicas de la anterior pero renovada en su estructura, contenidos, textos y actividades, sea merecedora de la confianza de profesores y estudiantes de español.

Ese ha sido nuestro propósito.

Las autoras

Índice

Tabla de contenidos

UNIDAD 1
Relaciones personales.com

Contenidos temáticos
- *Las relaciones personales a través de internet*
- *La enseñanza a distancia*
- *La enseñanza a personas mayores*
- Frikis
- Facebook; Twitter
- *Valores del siglo XXI*
- *El informe PISA*

Contenidos gramaticales
- *Repaso y ampliación de las construcciones finales:* para (que); a (que); con el fin de (que) / con el objeto de (que)
- *Construcciones concesivas con indicativo / subjuntivo* aunque; a pesar de (que); por mucho / más que; y eso que; por muy adjetivo / adverbio + que; por poco + que
- *Formar palabras derivadas: adjetivos a partir de sustantivos*
- *Repaso de algunas perífrasis*
- *Ampliación de verbos con preposición*
- *Repaso de la acentuación*

Contenidos léxicos
- *Recursos para expresar finalidad*
- *Recursos para poner o presentar objeciones usando el indicativo y el subjuntivo*
- *Recursos para definir* frikis
- *Adjetivos terminados en* –ble *y en* –oso/a
- *Términos relacionados con las TICs*
- *Términos relacionados con las relaciones personales*
- *Términos relacionados con los valores*
- *Expresiones coloquiales:* dar plantón; hacer de carabina; estar chiflado; ser una chorrada; vivito/a y coleando; ser un caso; ser una gozada / ser un gustazo; estar verde; llover a cántaros

Contenidos funcionales y socioculturales
- *Presentar objeciones usando el indicativo y el subjuntivo*
- *Hablar de lo que se hace (o no) en el tiempo libre*
- *Buscar pareja por internet*
- *Los colores y su significado metafórico*
- *La lectura virtual y el aprendizaje*

Contenidos pragmáticos
- *Reaccionar contrariamente a lo afirmado en la oración anterior*
- *Usar preguntas para mostrar que se va a dar una respuesta tras pensar en ella*
- *Hacer referencia a lo dicho por el interlocutor*
- *Dar énfasis a lo que se dice con el artículo 'la de + sustantivo' y con 'un/a + sustantivo'*

Tipología textual
- *Textos dialógicos:*
  - *Conversación virtual*
  - *Interacciones breves*
  - *Entrevista sobre actividades de tiempo libre*
  - *Entrevista sobre los* frikis
  - *Entrevista sobre cómo encontrar pareja en internet*
- *Textos expositivos periodísticos:*
  - *Relaciones personales y virtuales*
  - *El informe PISA y la lectura virtual*
- *Texto explicativo para encontrar pareja*
- *Texto argumentativo sobre los* blogs
- *Viñeta humorística*

UNIDAD 2
¿Y si montáramos una empresa?

Contenidos temáticos
- *El mundo de la empresa*
- *La riqueza y la pobreza*
- *Cartas comerciales*
- *Las supersticiones*

Contenidos gramaticales
- *Repaso y ampliación de las oraciones condicionales con* si:
    - *El pluscuamperfecto de subjuntivo*
    - *Oraciones condicionales irreales en pasado*
    - *Otras conjunciones condicionales:* a condición de que / con tal de que; en caso de que; como; a no ser que / a menos que / excepto que
- *Repaso y ampliación de verbos con preposición*
- *Repaso del subjuntivo*

Contenidos léxicos
- *Recursos relacionados con la empresa*
- *Recursos relacionados con la riqueza y la pobreza*
- *Recursos para expresar condiciones*
- *Términos diferentes en España y Argentina en relación con montar una empresa*
- *Términos relacionados con la informática*
- *Cambios de significado entre las palabras en singular y en plural*
- *Expresiones coloquiales:* cabreo; no veas; no andarse con tonterías; echarse para atrás; tirar la toalla; subirse el éxito a la cabeza; parar el carro
- *Antónimos*
- *Adjetivos que definen a una emprendedora*
- *El prefijo* semi- *y las palabras que forma*
- *Gentilicios*
- *Viñeta humorística*

Contenidos funcionales y socioculturales
- *Expresar condiciones reales e irreales*
- *Ponerse en lugar de un/a empresario/a / de un/a gerente*
- *Dar consejos para montar una empresa*
- *Debatir sobre la riqueza y la pobreza*
- *Definir palabras*

Contenidos pragmáticos
- *Expresar condiciones de difícil realización*
- *Expresar condiciones con valor de amenaza*
- *Valores discursivos del imperativo negativo:* no veas; no me hables; no me vengas con...
- *Expresar reproche*

Tipología textual
- *Texto informativo:* • *Convocatoria de la III edición del premio* Miguel Zurita *a* La Empresa solidaria de La Rioja
- *Texto periodístico:* • *Premio empresario joven*
- *Textos dialógicos:* • *Interacciones breves*
  - • *Conversación sobre las supersticiones*
  - • *Entrevista periodística* - *Joven empresaria malagueña*
- *Carta comercial*
- *Viñeta humorística*

UNIDAD 3
¿Escuchas, lees o miras?

Contenidos temáticos
- *Literatura, música y cine*
- *Interpretar algunas viñetas*
- *El significado individual de la música*
- *La incitación a la lectura*
- *El libro de papel y el libro virtual*
- *El idioma como identidad*

Contenidos gramaticales
- *Palabras que funcionan como sujeto*
- *El pronombre sujeto: presencia y ausencia*
- *Repaso y ampliación de las preposiciones* **por** *y* **para***: contrastes y neutralización*
- *Repaso y ampliación de verbos seguidos de preposición*

Contenidos léxicos
- *El prefijo* re- *y las palabras que forma*
- *Recursos para describir canciones, libros o películas*
- *Recursos relacionados con los temas de las canciones y textos propuestos:* Hablemos el mismo idioma; Ska de la Tierra; Olvidado rey Gudú; Hable con ella; El sueño del celta; Noches de boda; Plenilunio
- *Frases hechas:* tener por seguro; darle a uno por; ser bien padre; no decir ni pío
- *Sustantivos correspondientes a los sustantivos*

Contenidos funcionales y socioculturales
- *Recomendar libros, canciones, películas u otros espectáculos*
- *Describir y hablar de libros, canciones, películas*
- *Entrevistar a famosos*
- *Reaccionar ante canciones y textos literarios*
- *Variedades del español*
- *Nombres propios de la música, la literatura y el cine en español*
- *Referencias culturales derivadas de los textos y canciones propuestos*

Contenidos pragmáticos
- *Evitar la ambigüedad mediante el sujeto*
- *Expresar énfasis con la presencia del sujeto*
- *Aceptar parcialmente la opinión del otro*

Tipología textual
- *Texto expositivo:* • *Sentimientos*
- *Textos dialógicos:* • *Interacciones breves*
  • *Fragmento de un guion cinematográfico*
- *Textos literarios:* • *Fragmentos de novelas*
  • *Poema*
- *Viñetas humorísticas*
- *Escritura creativa a partir de un texto*

REPASO: Unidades 1, 2 y 3

UNIDAD 4
A través de la ciencia

Contenidos temáticos

- *La ciencia y la ciencia ficción*
- *Falsas creencias sobre la ciencia*
- *La investigación y los jóvenes*
- *El futuro de la Humanidad*
- *Las ciencias y las letras: estereotipos*
- *La literatura fantástica*

Contenidos gramaticales

- *Repaso y ampliación de las oraciones temporales con indicativo y subjuntivo*
- *Otras conjunciones temporales:* **después de (que); hasta (que); tan pronto como / en cuanto / apenas; mientras / a medida que; antes de (que)**
- *Repaso y ampliación de las construcciones comparativas: oraciones comparativas proporcionales*
- *Repaso de las oraciones pasivas con* **ser**
- *Repaso del futuro perfecto y del condicional*

Contenidos léxicos

- *Léxico relacionado con la ciencia y la ficción*
- *Contraste entre 'apenas' =* **en cuanto** *y 'apenas' =* **casi no**
- *Diferentes palabras formadas con el sufijo* **-dor/a**
- *El prefijo* **entre-** *y las palabras que forma*
- *Conectores de los textos argumentativos*
- *Antónimos*

Contenidos funcionales y socioculturales

- *Expresar relaciones temporales de presente, pasado y futuro*
- *Comparar*
- *Dar consejos y expresar deseos*
- *Expresar opiniones argumentadas*
- *Conocer a una científica y a varios científicos españoles*

Contenidos pragmáticos

- *Reconocer el mal humor en las preguntas*
- *El valor de la repetición de las preguntas*

Tipología textual

- *Textos expositivos:* • *La ciencia y la ficción*
  - • *Jóvenes científicos*
  - • *Viajar al futuro*
- *Textos dialógicos:* • *Interacciones breves*
  - • *Conversación entre amigos / pareja*
  - • *Entrevista a una científica*

- *Texto para Twitter*
- *Viñetas humorísticas*

UNIDAD 5
¿A qué dedicas el tiempo libre?

Contenidos temáticos
- *Aficiones y tiempo libre*
- *Los tests de autoconocimiento y de conocimiento de los demás*
- *Los deportes de riesgo*
- *El deporte con la Wii*
- *Los viajes: la navegación*
- *El Camino de Santiago*

Contenidos gramaticales
- *Ampliación del subjuntivo: construcciones reduplicadas*
- *Repaso y ampliación de los recursos para expresar duda y probabilidad*
- *Repaso de la impersonalidad expresada con la segunda persona:* tú

Contenidos léxicos
- *Léxico relacionado con las aficiones y el tiempo libre*
- *Léxico relacionado con los viajes y las peregrinaciones*
- *Recursos para hablar de aficiones poco frecuentes*
- *Sustantivos derivados a partir de adjetivos*
- *Frases hechas:* a todo correr; ser un/a manitas; ser un/a manazas; ser un/a bocazas; ser un/a pelota
- *Diferentes significados de los verbos* caer *y* sonar

Contenidos funcionales y socioculturales
- *Proponer y rechazar actividades de tiempo libre*
- *Expresar deseos*
- *Refrán:* A lo hecho, pecho
- *El Camino de Santiago*

Contenidos pragmáticos
- *Quitar importancia a lo que se dice usando el subjuntivo*
- *Rechazar una invitación sin ofender*
- *Rectificar ideas previas que se consideran negativas*
- *Expresar la imposibilidad de un deseo*

Tipología textual
- *Textos expositivos:* • *Del monopatín al* skate
  - • *Los adolescentes y el tiempo libre*
- *Texto narrativo:* • *Un navegante solitario*
- *Textos dialógicos:* • *Interacciones breves*
  - • *Conversaciones entre amigos*
  - • *Entrevista a un grupo de jóvenes*
- *Anuncios de objetos de segunda mano*
- *Viñeta humorística*

UNIDAD 6
Un viaje alrededor de los sentidos

Contenidos temáticos
- *Los sentidos y la lengua*
- *La cultura gastronómica, musical, paisajística asociada al español*
- *Hacerse vegetariano/a*
- *Estados de ánimo*
- *Estilos de aprendizaje relacionados con los sentidos*
- *El amor, la comida y los sentidos*
- *Música típica de tres países de habla hispana*
- *Comunicación en la mesa*

Contenidos gramaticales
- *Los artículos indeterminados y determinados*
- *Ausencia de artículos*
- *Repaso y ampliación de los verbos de cambio y sus relaciones con* ser *y* estar
- *Repaso de los tiempos del pasado*

Contenidos léxicos
- *Frases hechas:* ponerse morado/a; quedarse de piedra; ser un ladrillo; salud de hierro; bodas de oro
- *Fraseología relacionada con los sentidos:* (no) entrar por los ojos; oler mal un asunto; tener la mosca detrás de la oreja; oír campanas y no saber dónde; a nadie le amarga un dulce; dar en la nariz; tener tacto; tener mucha vista; saber mal
- *Recursos para expresar sabores*

Contenidos funcionales y socioculturales
- *Expresar cambios transitorios y permanentes*
- *Transmitir el contenido de un texto a través de dibujos*
- *Describir viajes, lugares, sabores...*
- *Los Tambores de Calanda*
- *El aceite de oliva*
- *Personajes españoles del mundo del cine*

Contenidos pragmáticos
- *Reforzar lo que se acaba de afirmar por medio de* no se/te crea(s)
- *Enfatizar por medio del artículo indeterminado y la entonación*

Tipología textual
- *Texto informativo:*
  - *Viaje alrededor de los sentidos*
- *Texto expositivo:*
  - *La comida nos entra por todos los sentidos*
- *Textos dialógicos:*
  - *Interacciones breves*
  - *Hacerse vegetariano*
- *Textos literarios:*
  - *La casa del río verde (novela graduada)*
  - *Estados de ánimo (poema)*
  - *Abril (poema)*
  - *El grillo maestro (cuento)*
  - *Escrito en un instante (texto breve descriptivo)*
  - *El orden alfabético (novela)*
- *Canciones*
- *Viñetas humorísticas*

REPASO: Unidades 4, 5 y 6

Unidad Preliminar

0

¿Recuerdas? Todo esto lo has aprendido ya. Ahora vas a comprobarlo.

1 Interactúa.

En parejas. Primero uno/a de vosotros lee las preguntas y la otra persona las contesta. Después cambiáis: quien ha preguntado contesta y quien ha contestado pregunta.

1. ¿Eres ecologista?

2. ¿Sabes cuántos colores existen actualmente en los envases preparados para clasificar la basura?

3. Si quisieras depositar plástico y envases, ¿en qué color lo harías?

4. ¿Te gusta pasar el día en la montaña?

5. ¿Cuál es tu medio de transporte favorito?

6. ¿Qué prefieres la vida en la ciudad o en el campo? ¿Por qué?

7. ¿Qué opinas de los alimentos transgénicos?

8. ¿Crees que haces todo lo posible por luchar contra el cambio climático?

9. ¿Qué tipo de energía utilizas en tu casa?

10. ¿Qué opinas de los ecologistas?

11. ¿Te atrae la idea de dedicar parte de tu tiempo de forma desinteresada a alguna organización ecologista?

2 Habla.

A Habla sobre uno de estos dos temas. Recuerda que tienes unos minutos para prepararlo y que puedes escribir un guion para no perderte en la exposición. Luego, tu profesor/a o tus compañeros/as te harán preguntas.

1 La era de la globalización. Primero, lee este texto. Y luego habla sobre la globalización.

Vivimos en la era de la globalización. Aficiones, gustos, modas; similares para millones de personas... Las mismas actividades en diferentes sitios, la misma ropa, la misma comida, los mismos gustos, los mismos videojuegos, las mismas preferencias musicales, las mismas teleseries estadounidenses. Y para muestra, un botón: La serie «Lost» (Perdidos) emitió su capítulo final (24/05/2010) en 59 países simultáneamente.

2 Los graffiti o los grafitis, ¿arte callejero o vandalismo? Primero, lee estos textos. Y luego habla sobre este tema.

- *Son interesantes las reacciones que generan los grafitis. Considero que son una expresión artística válida. Acepto que en algunos casos no pueden ser llamados obras de arte, pero en otros casos es verdadero arte urbano, expresivo y muy cargado de contenido y de alto grado estético. Si el grafiti se realizara de forma legal, dejaría de ser lo que es.*

- *A mí el grafiti me parece un arte sucio, ya que ensucia LAS CALLES y acentúa la degradación del entorno. De hecho, cuando veo algún nombre escrito siempre pienso que usar la firma para eso es de tontos.*

You don't have to look any further.

B ¡Pero bueno...!

a Mira bien las viñetas.

b Busca en el diccionario las palabras que no sabes.

c Describe y narra todo lo que ves.

d Cuarta viñeta. Primero, decide cuál de las dos aves eres y haz un diálogo con otro/a estudiante. Tenéis cuatro minutos. No vale piar.

* Recuerda que *el ave* es una palabra femenina que empieza por a- tónica y que su plural son *las aves*.

© Pau.

3 Escucha.

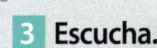

A Funciones comunicativas.

1 Vas a escuchar cinco diálogos. Elige la respuesta correcta y di qué función comunicativa expresa. (Hay tres funciones comunicativas.)

1 Hombre: _____.
   Adolescente:
   a Pues, ¿sabes lo que te digo? Que bienvenido a casa.
   b Te he dicho que no.
   c Anda, porfa, déjame salir... que te prometo que llegaré pronto y bien.

2 Hombre: _____.
   Mujer:
   a Oye, te aconsejo que hagas planes para el verano. Luego todo se pone carísimo.
   b Te sugiero que vayas a un balneario un par de días. Verás cómo te sientes mejor.
   c Te recomiendo que tomes palomas al anochecer.

3 Hombre: _____.
   Mujer:
   a Sí, a mí también me pasaría lo mismo.
   b Marta es muy activa y realista.
   c A Marta le ocurrió algo parecido.

4 Mujer: _____.
   Mujer:
   a Anda, que lío.
   b ¡Qué vergüenza!, ¿no?
   c Me alegro de tu buen comportamiento.

5 Hombre: _____.
   Mujer:
   a Sí, buena idea.
   b Tú siempre tan sincero.
   c Ya está bien. Me gustan tus sugerencias.

Diálogo 1: Función comunicativa:
_____.

Diálogo 2: Función comunicativa:
_____.

Diálogo 3: Función comunicativa:
_____.

Diálogo 4: Función comunicativa:
_____.

Diálogo 5: Función comunicativa:

Pista 2 ~~ONDA MERIDIONAL~~ — Entrevista

B Funciones comunicativas. 🎙²

Entrevista a varios jóvenes para conocer la opinión sobre si los jefes saben mandar. Escucha y di si los entrevistados han dicho lo siguiente.

		SÍ	NO
a	Si te llevas bien con tu jefe, este será más abierto.		
b	La mayoría de la gente querría un jefe poco autoritario.		
c	Los jefes, como todo el mundo, unas veces lo hacen bien y otras lo hacen mal.		
d	Mandar es algo inútil.		
e	Las jefas mandan de forma poco autoritaria.		
f	El tercer entrevistado opina que en su trabajo hay buen ambiente.		
g	A la cuarta entrevistada no le gustan las personas enérgicas.		
h	Los compañeros de trabajo de la cuarta entrevistada no comparten sus primeras impresiones.		

4 **Lee.**

Lee el siguiente texto y contesta las preguntas.

Destino: España

En este programa hemos conocido a un chino que fue acupuntor de Juan Pablo II y que ahora también cría palomas mensajeras, y al mexicano que introdujo el «Pilates» en España.

Madrid puede ser muy castiza y muy flamenca. La capital de España tiene lugares y rincones que han atraído a los siete extranjeros que ayer martes contaron a los espectadores cómo es su vida en la ciudad. El programa de La 1 demuestra que en Madrid hay de todo. *Destino: España* se emite en TVE cada martes, tras *Españoles en el mundo*.

Además de personajes con historias muy peculiares, el programa mostró un Madrid sin tráfico, un precioso pueblo de la sierra donde hasta el más pintado hace yoga. Este es el Madrid de una ingeniera francesa que diseña interiores de coches y vive en Chinchón. Es el Madrid de una africana defensora de los derechos de la mujer, de un sirio que se pasa el día haciendo caricaturas, y de un chileno que hace fotos de turistas vestidos de toreros, de castizos o flamencos.

El viaje comenzó con el doctor Khan, un chino a quien le encanta enviar palomas mensajeras. Él las cría aunque lo hace por afición. En realidad es acupuntor y de los buenos. Por sus agujas han pasado reyes y Papas, como Juan Pablo II.

El siguiente invitado fue Hussam. Vino a España desde Siria para acabar de estudiar ingeniería. Le encantaba sentarse en la Plaza Mayor y mirar las caras de la gente. Será por eso que 15 años después se dedica precisamente a dibujar caricaturas. En época de crisis Carlos ha encontrado su negocio. Es un fotorreportero que vive de hacer retratos a los turistas vestidos de toreros y flamencas. Carlos es chileno y hoy trabaja en la Verbena de la Paloma. En *Destino: España* contará su historia. Y, además, hablaremos con Gabriela. Ella buscaba relax _(relajarse)_ después de vivir en Buenos Aires y Madrid, quería parar y vivir en la naturaleza. Su actual pueblo tiene 30 habitantes.

Para ver el programa entra en la web de RTVE.
Fuente: La Guia TV.
(Adaptado de *www.parainmigrantes.info*)

a Haz una lista con el nombre de los personajes que aparecen, sus países de origen, y la actividad o actividades que realizan o que han realizado.

NOMBRE	PAÍS	ACTIVIDAD

b ¿Cómo se define en el texto a la ciudad de Madrid?

c ¿Dejarías tu país y te convertirías en un/a aventurero/a? ¿Sí? ¿No? ¿Por qué?

5 Escribe.

Elige uno de estos dos temas y escribe:

A Un texto argumentativo sobre la publicidad.

> Recuerda que el **texto argumentativo** tiene como objetivo expresar opiniones o
> rebatirlas con el fin de persuadir a un receptor.
> La argumentación tiene tres partes: la introducción, el cuerpo de la argumentación
> y la conclusión.

B Carta de recomendación.

Escribe una carta de recomendación para Isabelle, la camarera que ha trabajado
en tu bar durante seis meses, a una familia argentina que la quiere para su salón
de té. El matrimonio argentino no habla francés, así es que tienes que escribirles
en tu español que ya es bueno.

> Se llaman señores Ábrego (Miguel y Carla). No olvides ningún detalle. Explica su
> carácter, sus gustos, todo lo que hace bien. Y tampoco olvides los aspectos formales
> de la carta.
> Recuerda cómo se escribe una carta de recomendación.

- En primer lugar se pone el saludo: *Estimado Señor:* / *Estimada Señora:*
- Inicio del cuerpo de la carta: *Me pongo en contacto con usted a petición de...*
- Cuerpo de la carta: cada idea debe ir en un párrafo y deben usarse algunos
  marcadores. En esta carta aparecen: *Además* (con él se añade información) y
  Por todo lo dicho (es un marcador que recoge la exposición anterior). También
  aparecen dos conectores causales: *ya que y puesto que.*
- Despedida: *En espera de sus noticias*
  Gracias anticipadas o Gracias de antemano,
  Un cordial saludo, reciba un cordial saludo
  Atentamente le saluda o Atentamente.

6 Señala la respuesta correcta.

1 ● El mal tiempo del domingo _____
   que no _____ celebrar el cumpleaños
   al aire libre.
   ▼ ¡Qué faena!
   a. hace / podemos
   → **b.** hizo / pudiéramos
   c. haría / pudimos
   d. hará / podremos

2 ● Mis padres me dejan que _____
   hasta muy tarde.
   ▼ Pues... qué suerte. Los míos, _____:
   a la 1:00, ¿eh?, a la 1:00 en casa.
   a. salga / siempre igual
   b. vuelva / siempre me dicen
   c. divierta / contestan
   → **d.** quede / dicen

3 ● No me digáis que no _____ salir esta
   tarde porque ya lo tengo todo preparado.
   ▼ Vale, _____ pero un poquito más
   tarde, ¿te parece?
   a. queráis / salimos
   b. penséis / vamos a salir
   → **c.** queréis / saldremos
   d. vamos / vamos

4 ● Me molestó que me _____ sin
   argumentos.
   ▼ Sí, fue feo; no _____ muy bien.
   → **a.** contradijeran / quedó
   b. contrariase / era
   c. contradigan / va
   d. contradirían / resultó

5 ● Nos ha dicho que _____ la semana
próxima a Osorno.
  ▼ Sí, va a ver a su familia. Hace mucho que no
  _____ ve.
  a. se marche / los
  b. se ha marchado / la
  c. se vaya / los
  → **d.** se va / la

6 ‘Ser un/a pelota’, significa:
  a. Ser adulador/a.
  b. Ser un poco grosero/a.
  c. Ser excesivamente estricto/a.
  d. Tener un carácter muy difícil.

7 ● ¿Les molesta que _____ aquí?
  ▼ No es molestia, _____ es que
  estamos esperando a unos amigos.
  a. siente / sin embargo
  → **b.** me siente / pero
  c. lo dejo / sino
  d. me pongo / vale

8 ● _____ mucho que no pudieras venir.
  ▼ _____. Otra vez será.
  a. Sentía / Ya veremos
  b. Me da pena / Y a mí también
  c. Sentí / ¡Qué se le va a hacer!
  d. Se entristeció / Penoso

9 ● Te prohíbo que salgas esta noche.
  ▼ _____.
  a. Que bienvenido a casa
  b. Te he dicho que no
  c. Que nunca más preguntaré algo a ti
  d. Anda, porfa, déjame salir… que te prometo
  que llegaré pronto

10 El juego de las **miraditas**. ¿Con qué
intención comunicativa se usa aquí
el diminutivo?
  a. Para expresar cariño.
  b. Para ridiculizar la actitud.
  c. Para expresar sorpresitas.
  d. Para disminuir el tamaño.

11 ● No me pareció lógico que tu hermano
_____ toda la herencia.
  ▼ Ni a mí, pero así son las cosas.
  a. quiera   **c.** quiere
  b. quisiera   **d.** querría

12 ● ¿No es verdad que Mariana _____ un
poco alterada? Todo el mundo lo dice.
  ▼ Pues no, _____ mí, no.
  a. se encuentra / para
  b. sea / por
  c. haya sido / a
  d. se sienta / según

13 ● Es conveniente que _____ el vestido
una semana antes de la fiesta.
  ▼ De acuerdo, así estaré segura de que me
  _____.
  a. te pruebes / vale
  b. pruebas tu / valga
  c. te arreglas / sirva
  d. probarás tu / vale

14 ● ¿A qué hora sale de casa M.ª Eugenia?
  ▼ No nos lo ha dicho, pero, conociéndola
  _____.
  a. saldrá a las 7:00
  b. salió a las 7:00
  c. a lo mejor salga
  d. puede que sale a las 7:00

15 ● La calle está mojada.
  ▼ _____.
  a. Habrá llovido
  b. Regaba
  c. Regarán
  d. Había llovido

16 ● Ayer no miré al cruzar y casi _____
un coche.
  ▼ Es que hay que mirar antes de cruzar.
  a. me atropellaría
  b. me atropella
  c. cogía
  d. me pillará

17 Cuando la vi me _____ que
_____ la empresa _____
4 años.
  a. comentaba / dejó / hace
  b. comentó / había dejado / hacía
  c. explicaba / había dejado / hace
  d. había explicado / dejó / dentro de

18 No creo que adivines dónde _____
la foto de la sal. Si te _____ bien,
verás que hay algunas pistas.
a. hice / miras
b. está tomado / acercas
c. tomé / fijas
d. capté / fía

19 ● _____ que no _____
quedarte unos días más.
▼ Y yo también, pero no _____ cambiar
el billete.
a. He sentido mucho / hayas podido / he
podido
b. Sentí mucho / quedarías / podía
c. Sentimos mucho / pueda / haya podido
d. Sentiría / pudieras / intenté

20 ● De niño me molestaba que el fin de semana
_____ tan poco. No me gustaba nada
ir al colegio.
▼ A mí, _____, me encantaba ir al
colegio.
a. duraría / tampoco
b. duraba / al contrario
c. durara / sin embargo
d. tardara / no obstante

21 ● ¿Por qué no llamas a Pedro para que venga
con nosotros?
▼ No creo que pueda, últimamente
_____.
a. está agotado
b. está en los topes
c. está por las nubes
d. está agobiante

22 Le dimos el regalo y no nos dio las gracias,
_____ decidimos no regalarle nada
nunca más.
a. porque   **c.** así (es) que
b. en vista de que   **d.** dado que

23 No es que _____ interesado, es que
me resulta muy caro.
a. soy   **c.** parezca
b. sea   **d.** no esté

24 _____ mirando _____ los
prismáticos hasta que _____ y
_____.
a. Estuve / de / se cayeron / se rompieron
b. Estaba / en / los caí / los rompí
c. Estuve / con / cayéronse / rompiéronse
d. Estaba / por / se me cayeron / se rompieron

25 Esta campaña publicitaria _____ en
tiempo récord.
a. ha sido creada
b. era creado
c. fue creado
d. lo crearon

26 ● Me han suspendido Química.
▼ ¡_____!
a. Que te mejores
b. Qué faena
c. Qué quieres hacer
d. Que te examines

27 No me lo cuentes todo ahora, pero
_____ dime quiénes participaron.
Luego ya me das más _____.
a. por lo menos / consejos sobre el asunto
b. de pronto / cartas
c. al menos / detalles
d. como mínimo / relatos

28 'No te cortes', significa:
a. No seas tímido.
b. Vas a alucinar.
c. No te canses.
d. Pruébalo.

29 'Echar una ojeada', significa:
a. Pasar las páginas con los dedos.
b. Mirar algo atentamente.
c. Leer en profundidad.
d. Mirar algo por encima.

30 Creo que en la vida hay que empezar
_____ aprender _____
aquellos que tienen experiencia.
a. por /a   **c.** por / de
b. a / por   **d.** en / de

31 _____ contribuye a no empeorar el medioambiente.
a. El reciclaje
b. La basura
c. La estrella Polar
d. El vidrio

32 Señoras y señores, les pido que, por favor, _____ puntuales.
a. son   b. serán
c. sean   d. están

33 ● ¿Qué piensas de la publicidad en la tele?
▼ Cuando _____ los anuncios, _____ de canal. Los odio.
a. ponen / cambio
b. pongan / cambia
c. hay / cambio
d. están / cambiaremos

34 ● ¿Cuánto te costó la mesa del despacho?
▼ _____ la cantidad exacta, pero mucho.
a. No me recuerdo a
b. No me acuerdo de
c. No recuerdo a
d. No me recuerdo de

35 ● ¿Salimos esta noche?
▼ No, no me apetece nada de nada.
● Bueno, pues ¿sabes lo que te digo, chico? Que eres un muermo.
'Ser un muermo' significa:
a. Que el chico es muy aburrido.
b. Que el chico tiene problemas de sueño.
c. Que el chico es muy obstinado.
d. Que el chico es muy dormilón.

36 ● ¿Cómo pongo el congelador en marcha?
▼ Primero _____ el botón verde, después lo _____ a la derecha y ya está.
a. apretas / torces   c. presionas / giras
b. presione / tuerces   d. aprietes / gires

37 ● ¿Crees que vendrán a la inauguración?
▼ ¿_____ si es la exposición de su hija?
a. Cómo no van a venir
b. Por qué vinieron
c. Vendrían
d. Y eso de que van a venir

38 ● No les han concedido la beca.
▼ ¡Qué pena! ¡ _____ para ellos!
a. Bueno fue
b. Con lo importante que era
c. No se la habrán dado
d. Se la darían

39 El petróleo es _____ de energía más importante _____; además es materia _____ en numerosos procesos de la industria química.
a. el chorro / ahora / primera
b. la fuente / actualmente / prima
c. el recurso / todavía / primaria
d. la fuente / ya / cruda

40 Buenos días. Me llamo Mario Esparza y _____ su visita a este valle. Mire, _____, este pueblo nunca fue muy grande... unos ciento veinte vecinos cuando yo era joven. Ahora solo somos treinta y seis.
a. me alegra de / ya ve
b. soy alegre de / ya lo ve
c. me alegro de / como puede usted ver
d. me vuelve contento / por cierto

41 ● ¿Qué le parecen los zoológicos?
▼ Pues... depende... hay animales que están mejor en los zoos, ya que en su _____ natural morirían. Esos zoológicos _____ conservar las especies en extinción.
a. cueva / tratan para
b. paisaje / se ocupan a
c. habitación / pueden
d. hábitat / se encargan de

42 Como cualquier narración una leyenda consta de: _____.
a. prefacio, presentación y epílogo
b. introducción, desarrollo y desenlace
c. trama, desarrollo y conclusión
d. desarrollo, epílogo y presentación

43 Las hadas son seres fantásticos que se representaban bajo la forma _____, a quienes se atribuía poder mágico y _____ adivinar el futuro.
a. de insecto / la posibilidad
b. de duendes / el regalo por
c. de mujeres / el don de
d. de princesas / el hecho en

44 ● Las cosas _____ mejorar en poco
tiempo.
   ▼ Puede ser, pero no pienses que lo
_____ sin esforzarnos.
   a. podrían / consigamos
   b. podrían / conseguiremos
   c. han podido / consiguiéramos
   d. podrán / hayamos conseguido

45 ● ¿Conoces el cuento de *Los tres cerditos*?
   ▼ Sí.
   ● ¿Te acuerdas de la frase que _____
el lobo?
   ▼ _____. «Soplaré, soplaré y tu casita
tiraré.»
   a. pronunciaba / ¿por qué no?
   b. decía / ¡Claro!
   c. exclamó / ¿De verdad?
   d. dijo / ¿A que sí?

46 ● ¡Qué camisa tan bonita llevas! ¿Es de
_____?
   ▼ Sí me la _____ mi suegra de la India.
   a. seda / trajo
   b. corcho / regaló
   c. India / compró
   d. algodón / trayó

47 ● ¿Te gustan _____?
   ▼ Sí, mucho, pero nunca me haría uno, porque
son para toda la vida.
   a. los pendientes
   b. los tatuajes
   c. los pendientes
   d. los aretes

48 ● Es _____ que no _____ ir al
colegio. A todos los niños les pasa al principio.
   ▼ Bueno, es posible que _____ razón,
pero me da pena ver a Fernando tan triste.
   a. normal / quiera / tengas
   b. verdad / quiera / tienes
   c. natural / desea / llevas
   d. lógico / se apetezca/lleves

49 ● Pero, ¿por qué te has puesto así?
   ▼ Porque he dicho que no quiero volver a verte
y _____.
   a. el fin
   b. al final
   c. punto
   d. punto y coma

50 ● Si no riegas las plantas más a menudo,
_____; ya hace mucho calor.
   ▼ Sí, es verdad, ya hay que regarlas todos los
días.
   a. se secarían
   b. se marchitaran
   c. se marchitarían
   d. se secarán

51 ● Cuando _____ la carrera voy a dar la
fiesta más grande de mi vida y voy a invitar a
todo el mundo.
   ▼ ¡_____!
   a. termine / Qué bien
   b. terminaré / Estupendo
   c. concluye / Invítame
   d. acabaré / Eso, eso

52 ● Tu nieto está muy alto _____ su
edad.
   ▼ Sí, se parece a su padre.
   a. para   **b.** por
   c. de acuerdo en   **d.** comparado

53 ● Buscamos un piso que _____
luminoso, que _____ cuatro
dormitorios y que no _____ muy
caro.
   ▼ Si lo _____ avísame, yo también
lo quiero.
   a. es / tiene / es / encuentres
   b. sea / tenga / sea / encuentras
   c. tenga / haya / esté / encontras
   d. sea / tiene / esté / encontrarás

54 ● _____ que su relación no puede
durar mucho.
   ▼ Es verdad que se pasan la vida discutiendo,
pero _____ siempre tan amigos.
   a. Sigo pensando / al final
   b. Creo / por fin
   c. Continúo a pensar / finalmente
   d. Pienso de / en fin

55 ● Nuestra profesora es más simpática que la
vuestra.
   ▼ *¡Qué dices!* Significa:
   a. Claro que sí
   b. No estoy de acuerdo
   c. ¿Puedes repetir?
   d. ¡Menos mal!

1

Relaciones personales.com

Al terminar esta unidad, serás capaz de...

- Leer, escuchar y hablar sobre las relaciones personales a través de internet.
- Reconocer y utilizar expresiones coloquiales.
- Hablar sobre la enseñanza a distancia, los *frikis* o Facebook.
- Interpretar el humor de algunas viñetas e historietas.
- Escribir para buscar pareja en internet.
- Formar palabras derivadas: adjetivos a partir de sustantivos.
- Presentar objeciones usando el indicativo y el subjuntivo.
- Usar nuevos recursos para expresar finalidad.
- Escribir textos argumentativos y añadir la conclusión a un texto dado.

1. Pretexto

Wakawaka dice:	¡Hola! ¿Qué cuentas?
Sisquilu dice:	Aquí, intentando trabajar 😈 aunque no estoy nada inspirada... No me concentro por mucho que lo intento, y eso que tengo que entregar el proyecto el viernes.
Wakawaka dice:	😄😄 No me extraña... Yo estoy igual.
Sisquilu dice:	Oye... No te rías, que hoy tengo un día chungo. 😫 Me he levantado preguntándome para qué trabajo si cobro una m... porquería.
Wakawaka dice:	Pero si siempre has dicho que tu trabajo era estupendo, creativo...
Sisquilu dice:	Sí, sí que lo he dicho y creo que en el fondo lo pienso. Pero, a veces, por muy creativo que sea, me cuesta seguir. 😳
Wakawaka dice:	Te entiendo, es que para que la creatividad nos invada, es bueno sentirse bien pagada, ¿no?
Sisquilu dice:	Pues sí, pues sí. Pero, vamos a dejarlo y cuéntame tú algo. Te ibas a ir de vacaciones a Japón, ¿no? ¿Al final te fuiste?
Wakawaka dice:	Síííííííí. Y he vuelto encantada 😃 a pesar de que llevaba en la maleta algunos estereotipos. 😊
Sisquilu dice:	¿Ah, sí? ¿Y qué ha pasado para que estés tan contenta?
Wakawaka dice:	Pues, mira: el país –bueno, lo que yo he visto– es precioso. La comida riquísima, y eso que al principio me daba asco lo del pescado crudo. Y la gente... la gente... pues amabilísima. Incluso cariñosa.
Sisquilu dice:	¿En serio? Oye, ¿y has comido ese pescado venenoso...? Pez globo o algo así se llama, ¿no?
Wakawaka dice:	Pues sí, me atreví a comerlo y resultó que estaba para chuparse los dedos. 😋 En japonés se llama 'fugu'. Y ya ves, aquí estoy vivita y coleando. Hace falta algo más que un pececito para borrarme del mapa. 😆
Sisquilu dice:	Pues yo no sé si me habría atrevido. 😐 Por muy bueno que esté, no sé... no sé.
Wakawaka dice:	Mira, para que veas lo rico que está, te invito a que lo pruebes en un japonés muy bueno que hay cerca de tu trabajo. ¿Te apetece? 😃
Sisquilu dice:	Claro que me apetece, pero... ¿Qué hora es? ¡Ay! Llevamos hablando un buen rato y, mira, por poco que cobre, al menos tengo trabajo. Y no quiero perderlo. Me vooooooy. 🤪
Wakawaka dice:	¡Es verdad! ¡Uf! Te llamo y quedamos para ir al restaurante AlmaZen. Oye, piensa en algo bonito para que te venga la inspiración. Un beso. 😃
Sisquilu dice:	Lo haré. Otro beso para ti. 😚

Para aclarar las cosas:
Waka waka: título de la canción que cantó Shakira en el Campeonato Mundial de Fútbol de 2010.
Vivita y coleando: sana y salva. Hace referencia a como mueve la cola cualquier animal.

Pista 3

1 Escucha, lee y contesta.

a ¿De qué temas hablan? Subráyalos. ¿Podrías hablar de ellos con tu compañero/a?

b ¿Podríais interpretar en parejas los «emoticones»? ¿Qué función tienen?

c Deduce por el contexto: *día chungo*; *me daba asco*; *para chuparse los dedos* y luego, en parejas, escribid un breve diálogo con esas expresiones.

2 Recuerda.

a ¿Por qué *Sisiquilu* usa el imperfecto para preguntar: «**Te ibas a ir** de vacaciones a Japón, ¿no?»?

   1 Porque se refiere a una acción no terminada.

   2 Porque se refiere a una intención que quiere confirmar.

b Con tu compañera/o escribe un diálogo breve donde aparezca ese imperfecto.

3 Y ahora reflexiona.

a Señala las dificultades o barreras que cada persona encuentra para hacer lo que quiere. Puedes buscar así: *Sisiquilu intenta trabajar, pero...*

Dificultades	Recursos con los que se expresan
Sisiquilu no se concentra...	...**aunque** no está inspirada.
Wakawaka...	

b ¿Puedes hacer alguna hipótesis sobre su funcionamiento?

c Ya sabes cómo se usa *para*. Busca en el *chat* los casos en los que aparece y recuerda cómo se usa.

d ¿Por qué crees que aparece el subjuntivo en esta oración: «Te invito a que lo pruebes en un japonés muy bueno que hay cerca de tu trabajo»?

---

2. Contenidos gramaticales

1 Construcciones finales.

A *Para* y *para que*. **Completa estas frases usándolas.**

1 ¿Por qué no estás en *facebook*? Hoy en día es imprescindible *para* _____.

2 En la red, no te hagas amigo/a de cualquiera *para* _____.

3 Voy a preparar bien el examen *para* _____.

4 Hoy tengo *chat* con mi profesora. Voy a conectarme ya *para* _____.

> **¿Podrías escribir tu propia regla?**
> *Para* se construye seguida de _____ cuando _____.
> *Para que* se construye seguida de _____ cuando _____.
> Las dos construcciones expresan _____.

Para recordarlo aquí tienes este esquema.

PARA + infinitivo	*PARA QUE* + subjuntivo (siempre)
Cuando las dos frases tienen **el mismo sujeto**.	Cuando las dos frases tienen **distinto sujeto**.
• *Estoy (yo) ahorrando **para** viajar (yo) a México.*	• *Estoy (yo) ahorrando **para que** mi hijo vaya este verano a Inglaterra.*

> **RECUERDA**
>
> En las frases interrogativas introducidas por **para qué** no aparece el subjuntivo.
> • *¿**Para qué** sirve estar en Facebook?*
> • *Me he levantado preguntándome **para qué** trabajo.*

B **Otras construcciones finales.**

Funcionan igual que *para (que)*.

- **A (que)**
  Se utiliza cuando el verbo principal es de movimiento o el verbo exige esa preposición, como en el caso de: *ayudar, invitar, obligar*, etc.

  - *He venido **a que** me prestes tus apuntes, te los devuelvo mañana.*
  - *Me invitó **a que** me hiciera amiga suya en Facebook.*
  - *He venido **a** darte los apuntes.*

- **Con el fin de (que) / con el objeto de (que)**
  Son construcciones finales, propias del lenguaje escrito.

  - ***Estimados/as*** *clientes:*
    *Nuestra empresa ha mejorado la velocidad de conexión a la red **con el fin de que** tengan / **con el fin de** ofrecerles un mejor servicio.*

2 **Construcciones concesivas.**

Las oraciones concesivas expresan, en general, un obstáculo a pesar del cual se realiza lo expuesto en la oración principal.

- *<u>**Aunque** no encuentre otro trabajo</u>, mañana mismo me voy de esta oficina, ¡no aguanto más!*
  Dificultad

- *Y he vuelto encantada <u>**a pesar de que** llevaba en la maleta algunos estereotipos</u>.*
  Dificultad

A **Aunque.**

Aunque + indicativo + oración principal	*Aunque* + subjuntivo + oración principal
Usamos el **indicativo** para: • Informar de circunstancias nuevas o compartidas por el interlocutor. • *Estoy intentando trabajar **aunque** no <u>estoy</u> nada inspirada.* • ***Aunque*** *nadie me lo <u>ha contado</u>, me he imaginado lo que pasaba.*	Usamos el **subjuntivo** para: • Hablar de hechos no realizados. En este caso el subjuntivo es obligatorio. • ***Aunque*** *no <u>encuentre</u> otro trabajo, mañana mismo me voy de esta oficina, ¡no aguanto más!* • Hablar de lo que desconocemos. ***Aunque*** *ustedes <u>piensen</u>* (no sabemos realmente lo que piensan, solo lo imaginamos) *que las redes sociales no sirven para nada, eso no es cierto.* *************************************** ¡OJO! • Al hablar de hechos conocidos por mí y por mi interlocutor, el subjuntivo sirve para quitarle importancia a lo expresado por la oración concesiva y enfatizar lo que se dice en la oración principal. • ***Aunque*** *tus amigos <u>sean</u> españoles* (cosa que no dudo, pero que no tiene la menor importancia), *no pueden darte clase de español.* Hecho enfatizado.

B Otras construcciones concesivas.

Funcionan igual que *aunque*.

A pesar de que + indicativo / subjuntivo	*Por mucho* + sustantivo + *que* *Por mucho* / *más que*	*Y eso que* + indicativo	*Por muy* + adjetivo / adverbio + *que* *Por poco* + *que*
A pesar de + infinitivo cuando el sujeto de las dos oraciones es el mismo, pero esto no es obligatorio.	Van seguidas de **indicativo** o **subjuntivo**. *Mucho* concuerda con el sustantivo al que acompaña.	*Y eso que* va detrás de la oración principal.	Se construyen generalmente con **subjuntivo**.
• *A pesar de que lo sabía, volvió a preguntármelo.* • *A pesar de saberlo, volvió a preguntármelo.*	• *Por muchos problemas que tuviera Cecilia hace años, siempre encontraba un rato para sus amigas.* • *Por muchas tonterías que dice, tú siempre lo crees.* • *Por mucho que trabajes, no te harás rico.*	• *¡Cuántas horas pasas conectado a internet! ¡Y eso que dijiste que tú no te engancharías!* • *Siempre se está quejando de cómo vive... Y eso que lo tiene todo.*	• *Un ipad es algo muy útil.* ▼ *Pues por muy útil que sea, a mí no me interesa.* • *¿Te has fijado en lo puntual que es? Por muy lejos que haya llegado en la empresa, sigue siendo la misma de siempre.* • *Por poco que cobre, al menos tengo trabajo.*

3. Practicamos los contenidos gramaticales

1 **A** **Completa con indicativo o subjuntivo.**

1 • Habría sido mejor enviar la carta certificada para que no (perderse) *se perdiera*.
▼ Es verdad, pero yo la mandé normal, aunque (saber) _____ que podía perderse.

2 • Cuando empezó el curso instalé el *skype* para que los alumnos que están en el extranjero (poder) _____ hacerme consultas. Pero aunque lo (tener) _____ activado, lo usan muy poco.
▼ Bueno, pero por poco que lo (usar) _____, es importante que lo tengan a su disposición.

3 • Te pasas mucho tiempo leyendo tus mensajes de *Facebook* y eso que (tener) _____ trabajo pendiente.
▼ ¿Y qué? Por mucho trabajo que (tener) _____ y por mucho que (deber) _____ correr, siempre cumplo, ¿no?

4 • Bueno, doctora, ¿cómo me ha encontrado? ¿Estoy mejor?
▼ *Es* usted *un caso*, a pesar de que le (decir, yo) _____ que debía dejar de fumar, ha seguido haciéndolo y, claro, aquí están las consecuencias. Mire cómo tiene los pulmones.

5 ● ¿Otra vez enviando mensajes en *twitter*? Y eso que (decir, tú) _____ que eso no era para ti.
▼ Sí, es verdad, pero *es una gozada* estar conectada con todo el mundo y mandar y recibir noticias.

6 ● ¿Lorenzo? ¿Que qué opino de Lorenzo? Pues, el muchacho tiene buena voluntad, no digo que no, pero por mucho que (esforzarse, él) _____, se nota que todavía *está muy verde*.
▼ ¿Y entonces? ¿Le renovamos el contrato o no?
● Ya veremos.

7 ● Aunque no se lo (creer, ustedes) _____, hay personas que no tienen televisión en sus casas.
▼ La verdad, sí que me cuesta creerlo.
● Pues a mí no. Hoy en día la gente pasa más horas con su ordenador o su *iphone* que delante de la tele.

8 ● Me encanta andar y lo haría aunque (llover) _____ a cántaros.
▼ ¡Qué exagerada! Pues a mí lo de andar no me gusta por mucho que me lo (recomendar, ella) _____ siempre.

> **Para aclarar las cosas:**
> *Ser un caso*: comportarse de manera rara. Unas veces tiene sentido positivo y otras de crítica.
> *Ser una gozada / Ser un gustazo*: algo que produce mucho gusto, un gran placer.
> *Estar verde*: aplicado a personas, significa no tener experiencia.
> *Llover a cántaros*: llover muchísimo, diluviar.

1 B Ahora escribe diálogos breves con las expresiones del cuadro «Para aclarar las cosas».

Practicar Contenidos Gramaticales

2 A Primero, transforma el infinitivo en el tiempo y modo adecuados. A continuación, di quién crees que habla (un hombre o una mujer) y en qué elementos del texto te basas.
Después escucha la grabación, comprueba tus hipótesis y comenta con tu compañero/a lo que se dice en el texto.

> ¿Que qué hago en mi tiempo libre? Lo mínimo, trabajo ocho horas diarias y con la de cosas que (tener) **(1)** *tengo* que hacer en casa, después del trabajo, ya me dirá usted cuánto tiempo me (quedar) **(2)** _____.
> A mí que no me llamen para que (ir, yo) **(3)** _____ a una excursión al campo, y eso que se (poner) **(4)** _____ muy bonito en esta época del año, pero por muy sano que (ser) **(5)** _____ eso de respirar aire puro…, además, a mí no me apetece andar y todo eso, y luego volver a casa peor de lo que (estar) **(6)** _____. Por más que me (decir) **(7)** _____ que soy un muermo, a mí me da igual. No es que no tenga ganas de hacer cosas, es que *no tengo fuerzas*. Cuando estoy haciendo las tareas de la casa solo pienso en cuánto tiempo me falta para (conectarme) **(8)** _____ a *Skype* para hablar con mi amigo Guillermo que vive en Brasil o (leer) **(9)** _____ algún artículo en un periódico digital o (escuchar) **(10)** _____ música en *Spotify* o (chatear) **(11)** _____ un rato con mis amigos.
> Como ve, aunque (pensar) **(12)** _____ que no tengo aficiones, sí que las tengo, pero tranquilas.
> En fin, voy a tener que dejarle. Dentro de un rato hay una reunión para que nos (poner) **(13)** _____ de acuerdo sobre el plan de potenciación del tiempo libre para los jóvenes; es un intento de animarlos a que (hacer) **(14)** _____ algo constructivo y para que no (pasarse) **(15)** _____ todo el día conectados al ordenador o viendo la tele. ¿No le parece una ironía?

> **Para aclarar las cosas:**
> *No tener fuerzas*: no tener energías, ganas.
> *No tener fuerza*: no tener potencia en los músculos para levantar un peso, por ejemplo.

2 B Ahora escribe diálogos breves con las expresiones del cuadro "Para aclarar las cosas".

3 Este grupo de personas opina sobre la técnica. Añade tu comentario a lo que dicen. Puedes usar la expresión que está entre paréntesis.

Por muy rápida que sea la información de la tele, yo prefiero los periódicos.

1 Yo prefiero los periódicos en papel a los digitales. Me parecen más fáciles de leer.
Tu comentario: (**Por muy**)
_____.

2 Paso muchas horas conectado a internet porque hay mucha información.
Tu comentario: (**Por mucho/a**)
_____.

3 ¿Que es malo el móvil? Pues para mí se ha vuelto imprescindible.
Tu comentario: (**Y eso que**)
_____.

4 Yo me bajo música de internet y me ahorro una pasta*.
Tu comentario: (**Por mucho**)
_____.

*Pasta: *forma coloquial de referirse al dinero.*

5 Yo ya no voy al cine, es muy caro, por eso solo veo DVDs.
Tu comentario: (**Por muy**)
_____.

6 Los juegos de ordenador me encantan. Con ellos te vuelves más ágil, más rápido.
Tu comentario: (**Por muy**)
_____.

7 A mí, la verdad, me gustan poco las redes sociales.
Tu comentario: (**Por poco**)
_____.

8 Acabo de comprarme un *ipad* y estoy encantada.
Tu comentario: (**Y eso que**)
_____.

4 **A** Elige *para* o *para que* y luego completa con tu compañero/a.

Esta información la hemos encontrado en internet.

1 Consejos *para / para que* tus fotos (decir) *digan* algo interesante.
¿Algún consejo? Te damos un ejemplo, pero añade tú otros.

Para / para que tus fotos (decir) *digan* algo interesante, debes mirar la realidad con ojos infantiles.
_____.

2 Consejos *para / Para que* (ahorrar) _____ energía y (evitar) _____ el calentamiento global.
¿Algún consejo? _____
_____.

3 Cinco consejos *para / para que* su empresa (sobrevivir) _____ en una red social.
¿Algún consejo? _____
_____.

4 Diez consejos *para / para que* (hacerse) _____ amigo de la profesora o del profesor.
¿Algún consejo?
_____
_____.

5 Consejos *para / para que* la gente te (escuchar) _____.
¿Algún consejo? _____
_____.

B Primero vamos a imaginar cómo terminan los títulos de este libro y esta película. Después imaginaremos otras posibilidades.

1 *Te quiero aunque seas,*

_____.

a Te odio aunque _____

_____.

b No te lo contaría por mucho que

_____.

c Aunque tú no _____

_____, yo sí _____

_____.

d Por poco que tú _____

_____, yo _____

_____.

2 *Aunque estés lejos,*

_____.

a Por muy cerca que _____

_____.

b Te has ido lejos y eso que _____

_____.

c A pesar de que tú _____

_____, yo _____

_____.

d Por muchos _____

que _____ yo nunca, _____

_____.

5 Recuerda lo que has leído y escuchado. Reflexiona y contesta.

1 • *Te pasas mucho tiempo mirando tus mensajes de Facebook, **y eso que** tienes trabajo pendiente.*
• *¿Otra vez enviando mensajes en twitter?* ***Y eso que** decías que eso no era para ti.*
• *No me gusta ir al campo, **y eso que** se pone muy bonito en esta época del año.*

Acabas de aprender que *y eso que* tiene valor concesivo, es decir que es equivalente a *aunque*. Pero, ¿qué otro matiz añade?

a Dificultad de poca importancia.
b Reacción contraria a lo dicho anteriormente.

Ahora construye oraciones concesivas con *y eso que* y estos elementos.

1 Colgar fotos personales en su web. Saber que es peligroso.

_____.

2 Noticia importante para mí. No contársela a nadie, ni a Pedro que es mi mejor amigo.

_____.

3 Conseguir la distribución de los libros en exclusiva. Ser nueva en este negocio.

_____.

2 • *¿Lorenzo? ¿Que qué opino de Lorenzo?*
• *¿Que qué hago en mi tiempo libre?*
• *¿Que es malo el móvil?*

Estas preguntas repiten lo que ha dicho el interlocutor. ¿Con qué intención se hace?

a Para asegurarse de que se ha entendido bien.
b Para mostrar que se va a dar una respuesta tras pensar en ella.

Ahora, trata de contestar, si es posible, a estas otras preguntas.

1 ¿Que quién compró eso?
Tu respuesta: _____.
2 ¿Que por qué no tengo un *blog*?
Tu respuesta: _____.
3 ¿Que no les gusta ver la tele?
Tu respuesta: _____.
4 ¿Que cómo sabes tú todas esas cosas?
Tu respuesta: _____.
5 ¿Que nadie hace nada?
Tu respuesta: _____.

3 A *Me daba un poco de asco **eso del** pescado crudo.*
*Por muy sano que sea **eso de** respirar aire puro.*

B *Me daba un poco de asco el pescado crudo.*
Por muy sano que sea respirar aire puro...

¿Qué diferencia observas entre las oraciones del grupo A y las del grupo B? ¿En cuáles se hace referencia a algo sabido por todos o dicho por el interlocutor? ¿Cuáles te parece que introducen un tono despectivo?

Construye tus propias oraciones usando *eso de*.

1 Hacer crucigramas / pérdida de tiempo.
2 Bailar / probablemente bueno para la salud.
3 Conocer gente / redes sociales / poco seguro.

4 • *Para que veas lo rico que está...*
   • *Con la de cosas que tengo que hacer en casa...*

Fíjate en los artículos *lo* y *la*. El neutro *lo* se usa delante de adjetivos y adverbios para sustantivarlos. El femenino *la* aparece porque se sobreentiende la palabra 'cantidad'. Pero, ¿qué función comunicativa crees que desempeñan?

a Sirven para dar énfasis a lo que se dice.
b Sirven para dar un matiz positivo a lo que se dice.

Comprueba tu respuesta usando otra fórmula para decir algo equivalente a la oración en cursiva.

1 ¿Salir por la noche? *Con lo cansado que estoy yo a esas horas...*
Equivalente: _____.

2 ¿Siempre me sales con *lo lejos que vivo* como excusa para no venir a mi casa; pero yo sí voy a verte a ti. ¿No hay la misma distancia?
Equivalente: _____.

3 Me parece absurdo estar siempre ante la pantalla de la computadora. *Con la de posibilidades que hay fuera.*
Equivalente: _____.

5 ***Estar verde***: *aplicado a personas, significa no tener experiencia.*

Los colores se asocian a estados de ánimo que pueden coincidir o no en diferentes idiomas. **Completa y explica qué significan las expresiones de colores en estos contextos.**

Además de referirse a personas sin experiencia el *verde* puede usarse en otro contexto.

1 *Lo pusieron verde* cuando se fue porque
_____.

2 *Mis colegas de la facultad se pusieron amarillos* de _____ cuando
_____.

3 *Me pongo rojo,* como un tomate, porque soy muy _____.

4 *Te has quedado blanca* del _____: no ha sido para tanto ¿no?

5 *Nos pusimos morados de* _____. en el bufé que sirvieron al final del *Computerparty*.

---

4. De todo un poco

1 **Interactúa.**

A **Los mejores momentos de la vida.**

Hay cosas que no cambian. En grupos, poneos de acuerdo y estableced una lista de buenos momentos. Aquí van unos ejemplos para empezar.

Una buena conversación.

Despertarte y darte cuenta de que todavía podías dormir un par de horas.

Salir de la ducha y que la toalla esté calentita.

Encontrar miles de mensajes cuando vuelves de vacaciones.

¿Mirar un atardecer? ¿En directo? ¿En el ordenador?

© *Forges*

B **Buscamos parejas por internet.**

Fuente: *http://planetacontactos.com/*

a Dividid la clase en tres grupos de asesoramiento emocional.

b Primero, tratad de imaginar cómo son las personas por las fotos que han elegido. Con eso, podéis añadir más información a la que aparece.

c Leed atentamente las fichas y emparejad los candidatos y candidatas.

d Comparad con lo que han elegido los otros grupos y llegad a acuerdos.

Chicas

Sobre mí
Buena amiga de mis amigos. Alegre y extrovertida, con ganas de disfrutar de la vida...
Lo que busco
Conocer gente con la que poder compartir aficiones y reírme.
● España ● Vizcaya ● Bilbao

Chicos

Sobre mí
Soy muy normal, pero me gustan los retos y las nuevas experiencias...
Lo que busco
Busco algo nuevo.
● España ● Granada

Chicas

Sobre mí
Lo difícil se hace y lo imposible se intenta. Soy como ves en la foto, el resto sobre mí, puedes descubrirlo si quieres... ¿Quieres?
Lo que busco
Un hombre sensato, responsable, con buen humor, sociable. Quiero ser lo primero para ti, pero no lo único que tengas. Busco a alguien que me haga reír y no llorar.
● España ● Zaragoza

Chicos

Sobre mí
Creo que lo mejor es conocerme, puedes hablarme...
Lo que busco
Busco una chica afín a mí, sincera, honesta, que odie la mentira.
● España ● Valencia

Chicos

Sobre mí
Sincero, noble, transparente, humilde, pero si es necesario en un momento dado también soy un "cabroncete". Todo depende de lo que tenga delante de mí...
Lo que busco
Una mujer. Una cita a ciegas, pero que sea una persona legal y afín.
● España ● Álava ● Vitoria

Chicas

Sobre mí
Me considero una persona centrada y que sabe lo que quiere.
Lo que busco
Conocer un hombre con el que poder mantener una relación que se base sobre todo en la amistad.
● España ● Pontevedra

Chicas

Sobre mí
«...y su mundo artificial olía a orquídeas y a agradable esnobismo». Gran Gattsby.
Historiadora del arte...
Lo que busco
Conversación sincera, inteligente y divertida.
● España ● Madrid

Chicos

Sobre mí
Una persona normal, romántica, que odia la mentira, sincero, me gusta la familia, la naturaleza... y con ganas de vivir si es junto a la persona amada.
Lo que busco
Mujer sencilla que quiera compartir su vida, sus aficiones; que le guste salir a la naturaleza, la buena conversación. Importante: nada de mentiras. Leal, fiel.
● España ● Burgos

Chicas

Sobre mí
Mujer, delgada, ojos azules, pelo castaño. Me gusta reír, el cine, ver la tele, viajar, la naturaleza, la música *new age* y *folk* y salir a cenar; aunque también disfruto con las veladas en casa cenando y viendo alguna película. Tampoco descarto ir de vez en cuando a discotecas o pubs.
Lo que busco
Busco un hombre sano, de complexión media a delgado, cariñoso, sincero, simpático y fiel. Que le guste viajar, ir al cine y a cenar. Que tenga entre 25 y 35 años y quiera tener una relación estable.
● España ● Barcelona

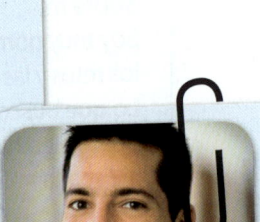

Chicos

Sobre mí
Alegre, simpático y muy educado...
Lo que busco
Persona educada y respetuosa...
● España ● Málaga

Chicos

Sobre mí
Me gusta pensar que soy un verdadero hidalgo de otros tiempos al que le gusta tratar a cada mujer que sale conmigo como mi reina, aunque sea solo por una noche o para toda la vida. No imagino una relación sin rosas, cartas en papel, sin luna, sin atenciones. Intento construir mi vida sobre valores tradicionales.
Lo que busco
Una mujer verdadera, dulce, romántica, cariñosa, hogareña, femenina, que no crea en la paridad entre hombres y mujeres, sino en la diferencia de roles.
● España ● Sevilla

Chicas

Sobre mí
Soy muy sincera, clara, tengo sentido del humor, soy simpática, pero a la vez algo tímida.
Lo que busco
Lo que surja, me es indiferente, menos el compromiso.
● España ● Cáceres

2 Habla.

A Elige uno de estos dos temas. Tienes unos minutos para prepararte y cuando ya estés listo, tienes que exponerlo durante unos cinco minutos. Después, tus compañeros/as (y tu profesor/a si así lo desea) te harán preguntas.

1 Las relaciones a través de las plataformas de aprendizaje.

¿Qué opinas del aprendizaje a distancia? ¿Crees que es más frío, más impersonal que el presencial? ¿Te parece que pueden establecerse buenas relaciones con el profesorado o con los compañeros y compañeras a través de foros y chats?

Lee este testimonio para «inspirarte».

> Para mí, el estudio a distancia es una excelente forma de aprender si se acepta el compromiso de estudiar con seriedad. Por ejemplo, entre las cosas buenas que yo he encontrado están el ahorro de dinero en transporte y material (lo hay virtual) y la flexibilidad de horarios, que favorece la responsabilidad y la autonomía. Además, a través de los chats con el profesorado y con mis compis he establecido lazos estupendos. ¿Lo malo? Que si no dominas las TIC, puedes liarte, buscando en la plataforma. Y que si te toca un tutor poco implicado, te sientes solo, solísimo.

2 Enseñar al que no sabe.

¿Nunca es tarde para aprender? ¿Qué opinas de que las personas mayores se metan en las redes sociales, que aprendan a manejar las TIC? ¿Podrías contestar a esas preguntas que han dejado en un foro?

- ¿Para qué quiero yo un *ipod?*
- ¿*Skype*? ¿Y eso cómo se usa?
- ¿Y un *blog* qué es? ¿Yo puedo hacerme uno?

- ¿Qué es eso de un *e-book*?
- Pero..., pero..., con todo eso voy a estar todo el día en casa sin salir y voy a perder a mis amigos.

B La realidad no virtual también existe.

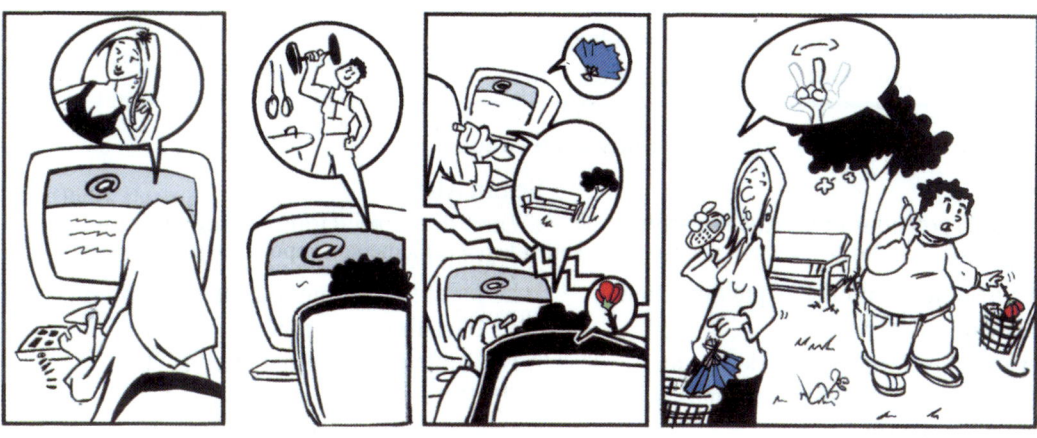

Mira bien las viñetas.

a Busca en el diccionario las palabras que no sabes.
b Describe y narra lo que ves.

Última viñeta.

c Decide si eres el hombre o la mujer y habla con un compañero/a imaginando lo que se dice la pareja.

Pista 5

De todo un poco

3 Escucha.

A Encontrar pareja en internet. 5

En la sección Interactúa has trabajado con personas que buscaban parejas. Ahora vas a oír opiniones sobre este asunto.

1 Antes de escuchar.

Para entender mejor:

- *Nos dieron plantón* = no se presentaron a la cita.
- *He hecho de carabina* = he ido de acompañante para que la otra persona se sintiera segura.

2 Después de escuchar.

a Señala verdadero o falso.

	V	F
1 Ana niega que haya morbo en los *chats*.		
2 Xavier sabe mucho de relaciones en la red.		
3 Los adolescentes de 13 años son un fastidio.		
4 Ana y Xavier se encontraron porque tienen mucho en común.		
5 El *chat* hace que todo el mundo se parezca.		

Habla con tus compañeros:

¿Conocéis casos semejantes? ¿Os parece peligroso entrar en una web de citas?

Álex Pista 6

B Un *friki* cualquiera.  6 *De todo un poco.*

1 ¿Sabes a quiénes llamamos los españoles *frikis*? ¿Sí? ¿No? Aquí tienes la respuesta:

> **Friki** o friqui (del inglés *freak*, extraño, extravagante, estrafalario, fanático) es un término coloquial, no aceptado actualmente por la Real Academia Española, que puede referirse a: **1** Un individuo que se muestra inusualmente interesado u obsesionado por un tema particular. **2** Personas específicamente interesadas (a veces de manera obsesiva) por los temas de la llamada «cultura friki»: la ciencia ficción, el manga, los videojuegos, los cómics y la informática, entre otros.

Cómics del Japón.

a ¿Eres tú así?
b ¿Tienes amigos *frikis*?
c ¿Cómo se llama en tu país a este tipo de personas?

2 Ahora, escucha esta audición y elige la respuesta adecuada.

1 Álex dice que...

a sus amigos lo consideran el más *friki* de la ciudad.
b es un usuario tan compulsivo que debería ir al psiquiatra.
c la experiencia y el tiempo que dedica a internet hacen que sepa bastantes cosas relacionadas con la red.

2 Álex comenta que...

a a las reuniones de usuarios de Twitter van personas muy variadas.
b solo se relaciona con gente rara.
c sus amigos lo llaman mentiroso.

3 Según Álex...

a cada día se relaciona personalmente con menos gente.
b La palabra *friki* viene de una historieta cómica de hace muchos años.
c Sus amigos se avergüenzan de él.

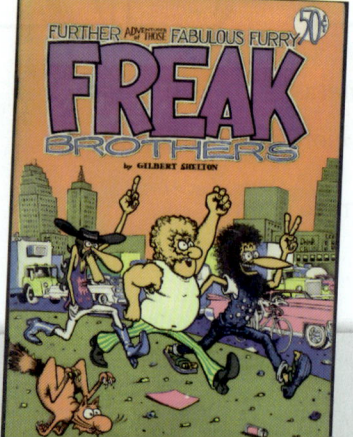

Pista 7

De todo un poco

C Los mensajes y *Facebook*.

1 Antes de escuchar.

a Lee la cabecera de la historieta.

b Entre toda la clase, haced una lista de palabras o expresiones que creéis que vais a escuchar.

c En parejas, imaginad qué ha podido escribir el dibujante en cada bocadillo. Escribid un texto que tenga sentido con la cabecera y que incluya las frases que aparecen en los bocadillos.

d Para entender mejor: *chiflado/a* = loco/a; *chorrada* = tontería.

2 Durante la primera audición.

Tomad notas que puedan ayudaros a rehacer los textos que habéis escrito. Tendréis un tiempo para ello.

3 Durante la segunda audición.

Escribid todo lo que os falte. Si es necesario, podéis oír la grabación una vez más.

4 Después de escuchar.

a Corregid lo que os falte leyendo la transcripción.

b Comentad cada uno de los diálogos y opinad sobre ellos.

c Si queréis saber algo más sobre el dibujante, Mauro Entrialgo, podéis entrar en: *http://www.mauroentrialgo.com*

© Mauro Entrialgo

Un paso más

1 A En las audiciones anteriores han aparecido las siguientes perífrasis, que ya conoces.
Emparéjalas con su significado de la columna de la derecha. OJO, algunas se repiten.

Perífrasis	Significado
1 *Lleva* tres años *saliendo* (Escucha A).	**a** Hace poco tiempo que he hecho eso.
2 Era normal que *acabáramos saliendo* (Escucha A).	**b** Expresa el tiempo que hace que realizas una actividad.
3 El morbo de saber cómo es alguien con quien *llevas chateando* dos meses (Escucha A).	**c** Se refiere al momento de realizar una acción.
4 *Estoy buscando* frikis (Escucha B).	**d** Se refiere al final de un proceso, a como termina.
5 Tus compañeros *acaban de decirme...* (Escucha B).	
6 Le *acabo de enviar* la invitación (Escucha C).	

1 B Y para comprobar que sabes usarlas, contesta a estos diálogos usando la perífrasis más apropiada.

a ● ¿Cuándo llegaré a ser un experto en TICs? Me siento analfabeto.

　 ▼ Tranqui, tío, si sigues practicando, (aprender) _____.

b ● ¿Has visto el último estado de Verónica en su Facebook?

　 ▼ Sí, (verlo) _____ en este momento; es muy interesante.

c ● Cada vez que alguien tiene dudas sobre la web 2.0 te pregunta a ti.

　 ▼ Bueno, es que (manejarla) _____ mucho tiempo.

d ● No te olvides de mandar un sms a Olga, es su cumple.

　 ▼ Mira, precisamente (enviárselo)_____ hace un momento.

2 En las audiciones anteriores hemos encontrado estas expresiones:

Nos dieron plantón; ha hecho de carabina; estar chiflado; una chorrada

¿Te animas a usarlas con tu compañero/a en diálogos breves? Pero te ayudamos un poco más:

1 Antiguamente, cuando un chico y una chica querían verse, necesitaban a alguien que hicieran de eso.

2 Para muchas personas, algunos comentarios que se cuelgan en las redes sociales son eso.

3 Puedes hacer eso a la gente si vas a un sitio equivocado y te esperan en otro.

4 En español, el gesto que se usa para indicar eso es tocarse la sien.

3 A En la audición C has escuchado: *¿Por qué te ha dado ahora por escribirme por* Facebook? Elige el significado que crees que tiene.

a Ahora inesperadamente haces algo que antes no hacías.

b Ahora me escribes mucho.

3 B Reescribe estas oraciones usándolo.

a Antes pensabas que internet era un agobio y ahora solo buscas ahí la información que necesitas.

b Siempre te ha gustado la gente creativa y ahora la criticas a todas horas.

4 Lee.

Lee el texto y después, contesta a estas preguntas.

© *Mauro Entrialgo*

1 RELACIONES INTERPERSONALES: VIRTUALES Y PRESENCIALES

La omnipresencia de las Tecnologías de la Información y la Comunicación (TIC) en la sociedad actual es una realidad innegable. Han traspasado la frontera de lo científico-militar, para instalarse como elementos imprescindibles en el contexto empresarial, sanitario, escolar, familiar y en las relaciones sociales de ocio y entretenimiento, especialmente de los más jóvenes. Hay quienes responsabilizan a las TICs de los males sociales acontecidos en estas décadas. **Aunque lo admitamos en parte, hay que buscar otros responsables.**

Partiendo de estas premisas, nos centraremos en estas preguntas: ¿Qué tipo de interacciones se dan en internet? ¿En qué se diferencian de las físicas? ¿Se relacionan los jóvenes de manera diferente a través de la red? ¿Cuáles son los principales riesgos de las relaciones interpersonales en red? ¿Es internet una causa de aislamiento entre los jóvenes?

1.1 ¿Qué entendemos por relaciones interpersonales?

Existen tantas posibles definiciones como miradas y experiencias de vida. La definición más simple, quizás también la más generalizada y común, es la que se refiere a esas relaciones como la interacción recíproca entre dos o más personas. En esta misma línea, podemos decir que las relaciones interpersonales son el conjunto de contactos que tenemos los humanos como seres sociables con el resto de las personas. Cosa que nos es imprescindible para crecer como individuos.

Desde el punto de vista empresarial, las relaciones interpersonales se entienden como la capacidad que tiene la persona de cooperar y trabajar con sus compañeros, estableciendo metas conseguidas con el trabajo diario. Mientras que las relaciones entre compañeros se basan en el respeto, la cordialidad, la gratuidad, la confianza, la cooperación, la mayoría de las relaciones jefe-empleado se apoyan en la efectividad, productividad, utilidad y obediencia, a pesar de ser un modelo considerado inadecuado para establecer buenas relaciones interpersonales. En ocasiones, las relaciones profesor-alumno han imitado este modelo de autoridad máxima y jerarquía.

2 RIESGOS DE LAS RELACIONES INTERPERSONALES EN LA RED

Producto del uso y de la aplicación de las nuevas Tecnologías de la Información y la Comunicación en el contexto social, especialmente en el familiar, surge una serie de problemas éticos que pasamos a comentar.

2.1 Acoso escolar en la red. *Ciberbullying*

Cuando hablamos de *ciberbullying* hacemos referencia a una modalidad de acoso escolar que consiste en generar situaciones de violencia, que han sido intencionalmente provocadas, para grabarlas en el móvil o en vídeo y poder exhibirlas después como trofeo, a través de cualquiera de las posibilidades que les proporciona la tecnología: el correo electrónico, las conversaciones vía messenger, ridiculizándolos a través del chat con otros compañeros de clase, mediante mensajes SMS, incluyendo no solo texto, sino también imágenes concretas sobre algún hecho de *bullying*.

2.2 Ciberadicción

Consiste en un uso compulsivo de internet, que puede afectar a las relaciones familiares, sociales, laborales o escolares de quien la padece. Hablamos de adicción a internet cuando se produce una pauta de uso anómalo. Se trata de una utilización excesiva, con unos tiempos de conexión anormalmente altos. Lo cual dará lugar a un aislamiento del entorno del individuo y le llevará a desatender sus obligaciones de la vida social en general.

3 PROPUESTAS EDUCATIVAS PARA FAVORECER RELACIONES *ON LINE* SALUDABLES

1 No poner el ordenador en la habitación del chico/a y en cualquier caso poner la pantalla de forma que esté visible a quien entra o está en la habitación.
2 Formar a los padres en las Tecnologías de la Información y la Comunicación.
3 Conocer y utilizar algunos de los sistemas de protección actualmente disponibles para evitar el acceso a sitios no aprobados para menores.
4 Hablar habitualmente con el chico/a respecto a la navegación en internet, tratando de obtener información sobre lo que ve y consulta.
5 No facilitar información privada.
6 Realizar actividades *on line* algunas veces junto al menor.
7 Construir junto al chico/a, reglas consensuadas para navegar en internet, sin imponérselas.
8 Determinar el tiempo de conexión.

(Texto adaptado de: *http://www.cibersociedad.net/*)

1 En el punto 1 se dice:
  a Las TICs son las responsables de los cambios que se han producido entre los jóvenes.
  b Las TICs han supuesto una alteración de los valores tradicionales de la sociedad occidental.
  c Para muchas personas la revolución tecnológica es la causante de los problemas sociales actuales.

2 En el punto 1.2 se dice:
  a Si queremos ser más humanos, es imprescindible que formemos parte de grupos de seres sociales.
  b Las relaciones personales en las empresas se parecen a las de cualquier grupo.
  c Las relaciones interpersonales entre el profesorado y el alumnado deberían parecerse a las que se basan en la cooperación y el trabajo diario.

3 La idea principal del punto 2 es:
  a Atacar el tipo de relaciones que se establecen en la red.
  b Presentar los peligros que acechan a quienes se lanzan a entablar relaciones *on line*.
  c Desmotivar a quienes buscan amigos a través de internet.

4 Las propuestas educativas del punto 3:
  a Intimidan para que deje de usarse internet de manera compulsiva.
  b Se dirigen a quienes usan la red para que sean más prudentes.
  c Dan consejos generales sobre la mejor forma de prevenir peligros.

Un paso más

1 A **Todos estos adjetivos terminados en *–ble* aparecen en el texto. Si quieres, subráyalos. Ahora te pedimos que escribas al lado una definición sencilla y un ejemplo.**

  a Innegable: *Se refiere a algo que no se puede negar, que es evidente, por ejemplo* _____.

  b Imprescindibles: _____
  _____.

  c Responsable: _____
  _____.

  d Posibles: _____
  _____.

  e Sociables: _____
  _____.

  f Disponibles: _____
  _____.

1 B **Y, para terminar, forma el adjetivo de las siguientes palabras y úsalo en una oración: *navegar; favor; agradar; sostener.***

2 **Pensemos en otro sufijo para formar adjetivos.**

  a Si decimos que *una situación es **penosa***, ¿con qué sustantivo relacionas el adjetivo 'penosa'?
  ¿Qué crees que significa? _____
  _____.

  b *Esta fruta es muy **carnosa***. ¿Sustantivo relacionado? ¿Significado?
  _____.

  c *El cielo tenía un color **lechoso** que me produjo tristeza.* ¿Sustantivo relacionado? ¿Significado? _____
  _____.

3 **Y cerramos este apartado pidiéndote que recuerdes otros que, sin duda, sabes:**

  a *Un día de mucho calor es* _____.
  b *Me gustan las personas que muestran afecto (sin sentir vergüenza)* _____.
  c *No le pidas que haga algo arriesgado, es muy*
  → _____.
  d *Si tienes ambición, te llamarán*
  → _____.

5 Escribe.

Opción A

En parejas, vais a redactar un párrafo de conclusión al artículo que acabáis de leer. Tened en cuenta que podéis elegir entre una conclusión-resumen, una conclusión-propósito o una conclusión con efecto.

Conclusión – resumen: es la más fácil y consiste, como su nombre indica, en sintetizar las ideas principales expuestas en el texto.
Conclusión – propósito: en ella se añaden otros argumentos, otros puntos de vista que no se han tratado en el texto; con ellos se querría profundizar en el tema en un escrito posterior.
Conclusión con efecto: pretende dejar al lector con buen sabor de boca, por eso en ella se suele contar alguna anécdota divertida, se presenta alguna paradoja o algún juego de palabras.

Opción B

Hoy estabas leyendo tranquilamente algo sobre las TICs y te has encontrado con el siguiente texto:

> Para los niños, escribir en su bitácora *(blog)* representa no solamente una nueva manera de escribir, sino de crear, también. Con toda la información y los medios disponibles en la *web* hoy en día, un *blog* es la manera perfecta para que la gente joven investigue, examine y cree un proyecto vivo.

Te ha sorprendido la afirmación ya que, normalmente, se advierte de los peligros de la red para las edades tempranas.

Escribe un texto argumentativo a favor o en contra de lo que se afirma en el texto, pero antes lee atentamente el modo de hacerlo.

Para ayudarte. Principales características de los textos argumentativos:
- Su estructura consta de presentación, desarrollo y conclusión.
- Expresan opiniones para convencer al lector.
- Sus elementos lingüísticos más destacables son:
  - El tiempo verbal empleado es el presente de indicativo.
  - Los conectores necesarios son:
    - los **ordenadores:** *ante todo, para empezar, primeramente, por último, en suma, finalmente, para resumir, por un lado, por otro,* etc.;
    - **explicativos:** *es decir, dicho en otras palabras,* etc.;
    - **causales:** *porque, pues, puesto que, como;*
    - **consecutivos:** *por (lo) tanto, por consiguiente, de ahí que, en consecuencia, así pues, por eso,* etc.;
    - **adversativos:** *pero, sin embargo, no obstante,* etc.
  - Los verbos más usuales son:
    los que expresan opinión (Unidad 2 de *Nuevo Avance 5*).
  - También se utilizan frecuentemente los juicios de valor (Unidad 2 de *Nuevo Avance 5*).

¿Y si montáramos una empresa?

Al terminar esta unidad, serás capaz de...

- Leer, entender y hablar sobre temas relacionados con el mundo de la empresa.
- Ponerte en el lugar de un/a gerente y actuar en casos hipotéticos.
- Montar una empresa.
- Debatir sobre la riqueza y la pobreza.
- Ampliar los recursos léxicos: contrarios.
- Formular hipótesis reales e irreales usando *si*.
- Ampliar el uso de conectores condicionales: *con tal de que, como, en caso de que...*
- Usar el pluscuamperfecto de subjuntivo en oraciones condicionales.
- Leer y escribir una carta comercial.

2

1. Pretexto

a Me encantaría crear mi propia empresa. Pero para eso necesito un préstamo y en estos tiempos los bancos no los conceden fácilmente. Los tiempos que corren son malos. Pero si lo *consigo*, la *crearé*, seguro.

b Había pensado en ampliar mi negocio, pero no me atrevo con la crisis que hay. Si los tiempos *fueran* mejores, sí que lo *ampliaría*.

c Hace unos años heredé un dinero y me aconsejaron invertirlo. Pero yo tenía ganas de conocer mundo y me fui de viaje. ¡Y me lo gasté casi todo! Si no me lo *hubiera gastado*, ahora *podría* invertirlo en la empresa familiar y *podríamos* ampliarla.

d Nuestros padres son panaderos de toda la vida. También lo fueron los abuelos. La panadería familiar ha sobrevivido a varias crisis. Si nuestros padres no *hubieran mantenido* la panadería, nosotros no *habríamos podido* convertirnos en los panaderos más premiados del país.

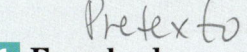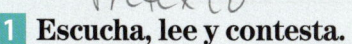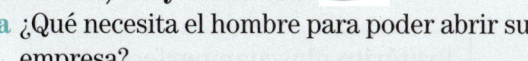
Pretexto

1 **Escucha, lee y contesta.** 🧑‍🦰 8

  a ¿Qué necesita el hombre para poder abrir su empresa?

  b ¿Qué quiere decir *los tiempos que corren y si los tiempos fueran mejores*?

  c ¿La persona que dice *Si no hubiera gastado tanto dinero en viajes* crees que es un turista o un aventurero?

  d ¿Qué han hecho con la panadería familiar los hermanos?

2 **Ahora reflexiona.**

  a ¿Has encontrado un tiempo verbal nuevo? ¿Puedes conjugarlo? Se llama pretérito pluscuamperfecto de subjuntivo. Vas a estudiarlo en esta unidad.

  b Fíjate en los verbos en cursiva y completa este cuadro con lo que se dice en cada oración.

    a) Condiciones posibles

    Si + _____ , _____ .

    b) Condiciones imposibles

    Si + _____ , _____ .

    Si + _____ , _____ .

    Si + _____ , _____ .

    Si + _____ , _____ .

2. Contenidos gramaticales

1 Oraciones condicionales con *si (no)*.

A **Condición en presente o en futuro.**

● **Reales o posibles:** la realización de la acción se presenta como **posible** en un contexto de *presente* o *futuro*.

> Estas oraciones condicionales ya las conoces.
>
> **presente de indicativo + presente de indicativo**
>
> **Si +** **presente de indicativo + futuro simple de indicativo**
>
> **presente de indicativo + imperativo**

Termina estas oraciones.

1 Si me ***paga*** en efectivo, _____.

2 Si me ***dan*** el préstamo, _____.

3 Si no ***tienes*** dinero, _____.

● **Poco posibles o imposibles:**

> **Si + imperfecto de subjuntivo + condicional simple**

1 **Poco posibles**: expresan una condición de difícil realización en *presente* o *futuro*.

● *Si mañana **nevara**, no **podríamos** ir en coche al trabajo.* Esta posibilidad, presentada como poco posible, alterna con esta otra: *Si mañana **nieva**, no **podremos** ir en coche al trabajo*, que se presenta como posible.

2 **Imposibles**: la condición que se presenta es imposible en *presente* o *futuro*.

*Los tiempos son malos, si **fueran** mejores, **ampliaría** mi negocio.*

B **Condición en pasado.**

● **Imposibles:** la condición no se puede realizar porque no ocurrió algo en el pasado. Para expresar este tipo de condición, tienes que conocer el *pretérito pluscuamperfecto de subjuntivo*.

El pretérito pluscuamperfecto se forma con el pretérito imperfecto de subjuntivo de *haber*, seguido del participio.

> **Pretérito pluscuamperfecto**
> **hubiera** / hubiese seguido
> hubieras / hubieses seguido
> hubiera / hubiese seguido
> hubiéramos / hubiésemos seguido
> hubierais / hubieseis seguido
> hubieran / hubiesen seguido

Ahora, conjuga estos verbos en pretérito pluscuamperfecto de subjuntivo:

1 Volver: _____.

2 Hacer: _____.

3 Decir: _____.

4 Dormirse: _____.

5 Gustar: _____.

6 Doler: _____.

7 Descubrir: _____.

1 No se produce un hecho porque la condición no ha ocurrido en el pasado.

> **Si +**
>
> **pluscuamperfecto de subjuntivo + condicional compuesto**
>
> **pluscuamperfecto de subjuntivo + pluscuamperfecto de subjuntivo**
>
> (Ambas posibilidades son correctas y poseen el mismo valor y significado.)
>
> • *Si nuestros padres no* **hubieran mantenido** *la panadería, nosotros* **no habríamos seguido y ampliado (no hubiéramos seguido y ampliado)** *el negocio.*

2 No se puede producir un hecho en el presente o en el futuro porque no se ha llevado a cabo la condición en el pasado.

> **Si + pluscuamperfecto de subjuntivo + condicional simple**
>
> • *Si no* **hubiera gastado** *tanto dinero en viajes,* <u>ahora</u> **podría** *invertirlo en la empresa familiar.*
> • *Si no* **hubiera comprado** *el coche este año, me iría de vacaciones en Navidad.*

> **RECUERDA**
>
> Detrás de SI condicional NUNCA usamos el futuro, el condicional, el presente de subjuntivo ni el pretérito perfecto de subjuntivo.

2 **Otras construcciones condicionales.**

1 **A condición de que / Con tal de que** + subjuntivo

Expresan la condición mínima que debe cumplirse para conseguir algo.

• *Trabajaré todo el domingo* **a condición de que** *me* **des** *dos días libres.*
• *Podrás entrar a las 9:00* **con tal de que termines** *a las 18:00.*

2 **En caso de que** + subjuntivo

El hablante considera difícil la realización de la condición expresada.

• *Te quedaría el 100% de tu sueldo solo* **en caso de que te dieran** *una incapacidad total.*

3 **Como** + subjuntivo

Se suele usar para amenazar.

• **Como** *no* **traiga** *un certificado médico, tendremos que descontarle dos días de su trabajo.*

También para presentar algo que tememos o que nos produce fastidio.

• **Como** *no* **vengan** *a ayudarnos, tendremos que hacerlo tú y yo solos.*

4 **A no ser que / A menos que / Excepto que** + subjuntivo

Expresan la condición en forma negativa. Equivalen a *si no*.

• *No podremos salir adelante* **a no ser que acabe** *la crisis.*
  (No podremos salir adelante **si no acaba** *la crisis.)*
• *No ampliaremos la empresa* **a menos que nos concedan** *un buen crédito.*
  (No ampliaremos la empresa **si no nos conceden** *un buen crédito.)*
• *Desaparecerá la cooperativa* **excepto que se reciban** *ayudas solidarias.*
  (Desaparecerá la cooperativa **si no se reciben** *ayudas solidarias.)*

3. Practicamos los contenidos gramaticales

1 A Pon el infinitivo en la forma correcta.

1 ● Voy a hacerte una pregunta típica: ¿Qué (hacer, tú) *harías* si te (tocar) _____ la lotería?
 ▼ Pues no sé... Nunca lo he pensado.

2 ● Si la directora me (dar) _____ ahora los dos días libres que me ha prometido, me (ir) _____ a Cádiz, a un hotel al lado de la playa.
 ▼ Seguro que te los da. Marina siempre cumple lo que promete.

3 ● No veas lo que me han cobrado por arreglar el golpe que me di con el coche en el garaje.
 ▼ Si (estar, tú) _____ más atento, no te (pasar) _____ eso. Ya lo sabes: la próxima vez, mira bien antes de aparcar en el garaje.

4 ● Si no (invertir, nosotros) _____ en nuevas tecnologías, ahora (tener, nosotros) _____ suficiente dinero para acabar el mes sin apuros.
 ▼ ¡Hombre, Rafa, teníamos que hacerlo! No podemos quedarnos atrasados...

5 ● Germán, ¿puedo salir hoy una hora antes del trabajo? Tengo una reunión en el colegio.
 ▼ De acuerdo, a condición de que (terminar, tú) _____ el informe de las ventas de agosto antes de irte.

6 ● Me llevo tu moto un momento; que la 'dire' me ha mandado hacer unos recados. Enseguida vuelvo.
 ▼ Conozco tus «enseguida». Como no (estar) _____ aquí dentro de una hora, *te enteras*.

7 ● No llegaré a fin de mes a no ser que me (tocar) _____ *los ciegos*.
 ▼ ¡Cómo te entiendo! A mí me pasa lo mismo.

8 ● Pero, ¿por qué me miras con esa cara de *cabreo*?
 ▼ No me hables. Tú me dijiste: «Yo te acompaño a hablar con el gerente con tal de que tú me (ayudar) _____ a terminar con los pedidos». Yo te ayudé y tú todavía no me has acompañado.

9 ● Si no (haber) _____ tanto paro, los jóvenes (tener) _____ más ilusión en el futuro.
 ▼ Sí, a ver si termina la crisis.

10 ● Si Álvaro me (regalar) _____ el *ipod* por mi cumpleaños, te daré mi portátil.
 ▼ ¡Qué bien! Gracias.

11 ● No quiero continuar más en esta empresa, no aguanto más.
 ▼ Tú verás, pero creo que si (quedarse, tú) _____, las cosas te (ir) _____ mejor. Recuerda que más vale malo conocido que bueno por conocer.

Para aclarar las cosas:
Te enteras: ya verás las consecuencias.
Los ciegos: nombre con el que se conoce a la Organización Nacional de Ciegos españoles (ONCE), que vende diariamente cupones de lotería.
Cabreo: enfado muy grande.

---

1 B Haz diálogos breves usando las palabras del cuadro «Para aclarar las cosas».

1 C ¿Existe en tu lengua un refrán que signifique lo mismo que el que aparece en la frase número 11?

2 Completa estos diálogos con los verbos del recuadro. Luego, léelos con tu compañero/a con la entonación adecuada.

> volver • estudiar • tener • ~~comprar~~ • haber • saber • decir
> retrasarse • trabajar • ayudar

1 ● Entonces, ¿me hará un descuento?
  ▼ Sí, se lo haré a condición de que *compre* 500 unidades.
2 ● Me voy a tomar un café.
  ▼ Vale, pero como _____, me enfadaré.
3 ● ¿Te marchas ya a Barcelona?
  ▼ Sí, esa es mi intención en caso de que _____ billete.
4 ● ¿Trabajarás el día 24 de diciembre hasta las tres?
  ▼ Sí, excepto que el gerente _____ lo contrario.
5 ● ¿Puedo llevarme esta mañana la camioneta de reparto?
  ▼ Sí, con tal de que _____ a las doce.

6 ● Si no hubieras estudiado Empresariales, ¿qué habrías hecho?
  ▼ Pues..., si no hubiera estudiado Empresariales, (haber) _____ Derecho.
7 ● ¿Si fueras mayor, por ejemplo, si tuvieras veinticinco años, dónde te gustaría trabajar?
  ▼ ¿Si tuviera veinticinco años? _____ en un parque natural.
8 ● ¿Tú crees que para las siete habremos terminado?
  ▼ Pues como no nos _____ alguien, creo que no.
9 ● ¿Puedo solicitar un cambio de departamento?
  ▼ No, a menos que _____ alguna razón importante.
10 ● ¿Crees que si hubiera sabido hablar alemán, me habrían ascendido?
  ▼ Creo que sí, que si _____ alemán, te habrían ascendido.

3 *Si yo fuera gerente...* **Te presentamos un texto encontrado en internet (que hemos adaptado).**

a Completa el texto con los verbos entre paréntesis. Los tiempos verbales que aparecen son los siguientes: condicional simple, pretérito imperfecto de subjuntivo, presente de indicativo.

b Haz una lista con el vocabulario que no conoces. Puedes preguntarlo a tus compañeros/as, a tu profesor/a; puedes, también, consultar el diccionario.

c Si yo fuera... Elegid una profesión entre todos y escribid qué diez cosas haríais o no haríais si fuerais...

1 Si yo fuera gerente de una empresa, (comprobar) *comprobaría* primero si (tener, yo) *tengo* en mi plantilla a un/una excelente comunicador/a social.

2 Si yo fuera gerente de una empresa, (verificar) _____ que mis empleados (tener, ellos) _____ las habilidades comunicativas necesarias para su puesto.

3 Si yo fuera gerente de una empresa, (tener) _____ claro que la comunicación no (ser) _____ un gasto sino una inversión.

4 Si yo fuera gerente de una empresa, me (analizar) _____ porque lo más probable es que yo mismo (ser) _____ un pésimo comunicador y no (saber, yo) _____ dirigir correctamente a mi gente.

5 Si yo fuera gerente de una empresa, (proponer) _____ que el Departamento de Recursos Humanos (trabajar) _____ junto al de Comunicaciones y junto al de Atención al Cliente.

6 Si yo fuera gerente de una empresa, (dar) _____ instrucciones claras y sería coherente con lo que (decir, yo) _____ y lo que (hacer, yo) _____.

7 Si yo fuera gerente de una empresa, no (contar) _____ cosas o situaciones en privado a mis empleados o amigos. Por mucha confianza que haya, nunca se (saber) _____ cuándo se pueden hacer públicos esos comentarios.

8 Si yo fuera gerente, (tener) _____ claro que los primeros promotores de mi imagen empresarial (ser) _____ mis empleados.

9 Si yo fuera gerente, (saber) _____ cuándo (necesitar, yo) _____ ayuda con las comunicaciones de mi empresa y por supuesto, la (pedir, yo) _____ a los expertos.

10 Si yo fuera gerente, (establecer) _____ la diferencia entre un comunicador dedicado a la organización y un periodista, y sabría que cualquier empresa, sin importar su tamaño o condición, (necesitar) _____ un proceso efectivo de comunicación, organizado, planeado, ejecutado y controlado.

En fin, tengo muchos sueños que cumplir cuando sea gerente de una empresa.

(Texto adaptado de: *http://www.dircomsocial.com*)

---

4 Imagina que eres un empresario/a. *¿Qué harías / qué habrías hecho?* En parejas, contestad a las siguientes preguntas. Haced a continuación una puesta en común y elegid las respuestas más originales.

1 ¿Cómo reaccionarías si la policía te detuviera como sospechoso/a de un fraude fiscal que no has cometido?

2 Si te hubiera llamado el guardia de seguridad para decirte que habían robado en tu empresa, ¿qué habrías hecho?

3 ¿Qué harías si un/a empleado/a se echara a llorar y te dijera que lo/a estás explotando?

4 Si heredaras muchos millones de un familiar, ¿qué harías con tu empresa?

5 ¿Qué harías ahora si tu empresa estuviera en quiebra?

6 ¿Qué habrías hecho si los empleados/as te hubieran pedido un aumento de sueldo del 5%?

7 ¿A qué edad pondrías la jubilación en tu empresa si pudieras decidirlo tú mismo/a?

8 ¿Qué habrías hecho si tu mejor empleado/a hubiera contado tu vida privada a todo el mundo en Facebook?

9 ¿Qué habrías hecho si un empleado/a te hubiera dicho que estaba locamente enamorado de ti?

5 **Recuerda lo que has leído y escuchado. Reflexiona y contesta.**

1 *En estos **tiempos** los bancos no conceden créditos fácilmente. Los **tiempos** que corren son malos.*

Ya sabes que 'tiempos' no significa lo mismo que 'tiempo'.
Hay palabras que cambian de significado cuando van en plural. Aquí te damos otras. Busca su significado en el diccionario y úsalas adecuadamente e incluye 'tiempo' / 'tiempos'.

la tripa / las tripas • el seso / los sesos

a ● En las películas de miedo siempre aparece una imagen de un muerto con _____ fuera.
  ▼ Es verdad. A mí me da un asco... No me gustan nada esas películas.
b ● ¡Chicos! A ver si demostráis tener más _____. Eso que hacéis es muy peligroso.
  ▼ Lo que pasa es que tú eres un anticuado. En estos _____ esto es muy normal.
c ● ¡Ayyyyyyyyyyy! Me duele mucho _____.
  ▼ Normal. Si no hubieras comido tanto...
d ● Me encantan _____ rebozados.
  ▼ ¿Sí? ¡Qué cosas más raras comes!
e ● Con este _____ no deberíamos salir a correr.
  ▼ Bueno, llueve un poco, pero no es para tanto.

2 ***No veas** lo que me han cobrado.*

A ¿Con qué intención se usa esta expresión?
  a Para indicar que la persona no debe prestar atención.
  b Para dar énfasis a lo que se cuenta.

B Ahora, compara con *tú verás*. Esta fórmula ya la has estudiado. ¿La recuerdas? Se usa:
  a Para dejar la decisión a nuestro interlocutor.
  b Anunciarle que va a ver algo interesante.

C Y para terminar, elige entre *no veas* y *tú verás*.
  a _____ cómo se enfadó cuando le conté la verdad.
  b _____ lo que haces, pero piénsalo bien.
  c _____ lo difícil que fue el examen.
  d _____ si te conviene rechazar ese puesto. A lo mejor no te lo vuelven a ofrecer.

3 a *Si no **hubiéramos invertido** en nuevas tecnologías, ahora tendríamos suficiente dinero para acabar el mes sin apuros.*

b *Si **te hubiera llamado** el guardia de seguridad para decirte que habían robado en tu empresa, ¿cómo habrías reaccionado?*

A ¿En cuál de los casos se expresa una queja, un reproche?
B Ahora elabora diálogos que expresen reproches. Te damos un ejemplo.
  ● Estoy hecho polvo.
  ▼ Pero, ¿por qué?
  ● Porque ayer trasnoché y he dormido tres horas.
  ▼ Si *te hubieras acostado* antes, no estarías tan cansado/a.

4 ● *Pero, ¿por qué me miras con esa cara de cabreo?*
   ▼ *No me hables.*

A La persona que dice *no me hables*, ¿pide silencio o muestra enfado?
B Decide el sentido que tienen en estos diálogos.
  a ● Mira, mira lo que están poniendo por la tele.
    ▼ No me hables, que tengo que terminar este informe.
  b ● Acaba de llamarme Carmen y me ha dicho...
    ▼ No me hables, que esa mujer me tiene muy harta.
C Y ahora elabora tus propios diálogos con ambos sentidos.

5 *No veas. No me hables.*
A Ya hemos visto el sentido que tienen estos imperativos negativos. En español hay otros que se usan con un sentido establecido: *No me digas, no me vengas con...; no te andes con tonterías.*
Te presentamos unos diálogos en los que aparecen. ¿Con cuál se rechaza una excusa? ¿Con cuál se anima a alguien a hacer algo? ¿Con cuál se muestra sorpresa?
  a ● ¿Sabes? La editorial me ha ofrecido llevarme de viaje de promoción del nuevo libro durante dos meses. No sé si aceptar porque eso de estar dos meses fuera de casa...
    ▼ ¿Tú eres tonto o qué? *No te andes con tonterías* y acepta. Promocionarás tu libro y verás mundo.
  b ● A Villamagna lo han ascendido.
    ▼ *¡No me digas!* Pero si ese chico no vale nada.
  c ● No creo que pueda terminar el proyecto para la campaña publicitaria de Android. No tengo tiempo, en serio.
    ▼ *No me vengas con que* no tienes tiempo. Sácalo de donde sea.
B ¿Puedes usarlos tú en otros diálogos?

4. De todo un poco

ALMEIDA VIAJES

1 **Interactúa.**

A **Vamos a crear una mediana o una gran empresa.**

1 Primero. Decidid en grupos:
- ¿De qué tipo de empresa se trata?
- ¿A qué segmento de mercado (a quién) va dirigido?
- ¿Cómo pensáis diferenciaros de la competencia?
- ¿Cómo pensáis captar a los clientes?
- ¿Cuál va a ser la inversión inicial?
- ¿Con qué capital contáis?
- ¿Vais a pedir un préstamo?

2 Segundo. Debéis:
- Darle un nombre comercial y un logo. Ejemplo: *Este es el logo de la empresa que aparece en LEE, y los siguientes datos también corresponden a esta empresa.*
- Tener un domicilio fiscal (no olvidéis el Código Postal). *Paseo Marítimo Pablo Ruiz Picasso, 19-20, 29016, Málaga.*
- Solicitar un CIF (código de identificación fiscal). *CIF B 92545631*

3 Tercero. Aquí tenéis un modelo de organigrama de una empresa. Repartíos los cargos. Tenéis mucho trabajo, así que ¡manos a la obra!

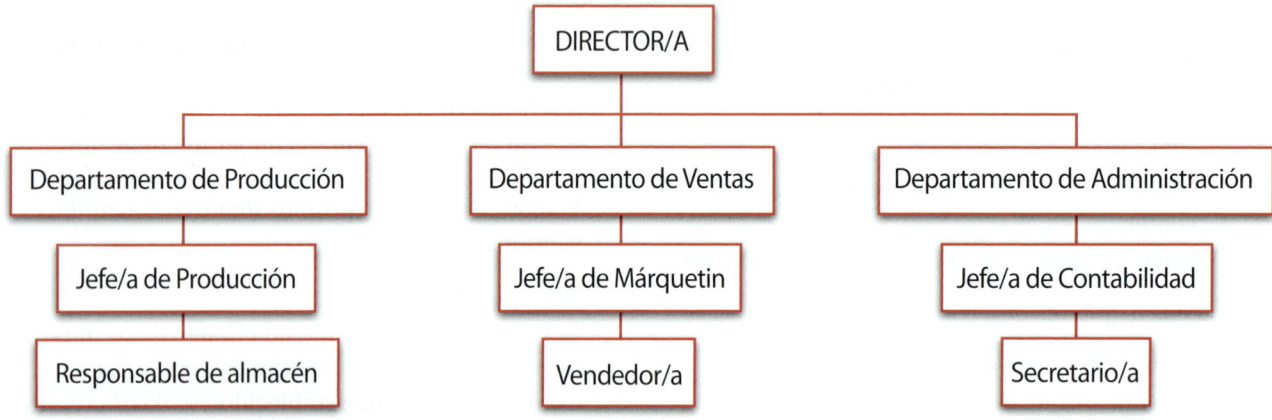

DIRECTOR/A

Departamento de Producción | Departamento de Ventas | Departamento de Administración

Jefe/a de Producción | Jefe/a de Márquetin | Jefe/a de Contabilidad

Responsable de almacén | Vendedor/a | Secretario/a

B **En grupo, llevad a cabo este DEBATE: PAÍSES RICOS Y POBRES.**

Todos sabemos que las grandes empresas se han establecido en países del Tercer Mundo para que su producción resulte menos costosa. ¿Es esto algo positivo para los países menos desarrollados? Discutid de todo esto, pero antes de empezar el debate, contestad a las siguientes preguntas. Después, la clase debe ponerse de acuerdo con lo que entiende por países ricos y pobres.

¡QUÉ MAL REPARTIDO ESTÁ EL MUNDO!	SÍ	NO	DEPENDE
1 Siempre han existido países ricos y pobres, esta es la realidad y nunca va a cambiar.			
2 La globalización aumenta esta diferencia.			
3 Acabar con la miseria es tarea de cada uno de los ciudadanos.			
4 No sirve de nada enviar ayuda a los países pobres, porque hay una mafia que se queda con todo y nunca llega a quien lo necesita.			
5 Si los propios gobernantes repartieran lo que tienen, acabarían con el hambre en su país.			
6 Toda la culpa la tiene el capitalismo.			
7 Si no fuera por las ONG, no recibirían ninguna ayuda.			
8 Si dejáramos de comprar productos de países donde la mano de obra es baratísima por la explotación, ayudaríamos a terminar con el problema.			
9 A la clase política no le interesa solucionar esta desigualdad.			
10 Si los países ricos entregaran el 0,7 % de su PIB, se acabaría la pobreza.			
11 Los pobres son más felices.			
12 Este pensamiento es una tontería: *Más vale encender una vela que maldecir eternamente la oscuridad.*			

2 Habla.

A Los sueños, a veces, se cumplen.

a Mira bien esta historieta.

b Busca en el diccionario las palabras que no sabes.

c Describe y narra todo lo que ves.

d Cuarta viñeta. Primero, decide si eres el jefe o el empleado y luego haz un diálogo con otro/a estudiante.

B ¿Empresario/a o asalariado/a?

1 Antes de empezar a hablar sobre si te gustaría crear tu propia empresa o preferirías tener un salario, lee el siguiente texto:

Los españoles son los europeos con más miedo a perder sus propiedades si emprenden un negocio, según datos de un Eurobarómetro.

Hasta el 45,1% de los europeos preferiría ser «su propio jefe» si tuvieran los recursos para ello, frente a un 49,1% que optaría por seguir como empleado, según datos de un Eurobarómetro difundidos hoy sobre la actitud empresarial en 2009.

En España, al 40,4% de los encuestados le gustaría establecer su propio negocio si pudiera, en tanto que el 52,4% elegiría ser un asalariado, destaca la encuesta, impulsada por la Comisión Europea (CE).

(Texto adaptado de: *http://www.losrecursoshumanos.com*)

2 También puedes escuchar la audición A, donde se dan diez consejos para montar un negocio.

3 Expresa tus ideas con orden: los pros y los contras e intenta llegar a una conclusión. Sabes que tienes diez minutos para preparar este tema. Tienes que explicar por qué has elegido una opción u otra.

Exponlo durante cinco minutos, después el profesor o la profesora, los/las estudiantes te harán preguntas sobre este tema durante cinco minutos aproximadamente.

3 Escucha.

A Diez consejos para montar una empresa. 9

1 Señala la opción que has escuchado.

1 Dedicación **a** parcial **b** total **c** completa

2 El equipo es más importante que **a** la idea **b** la pensión **c** la fundación

3 **a** Recuerda **b** Acuerda **c** Concuerda con ellos cómo repartir el capital

4 Alguien tiene que **a** responsabilizarse **b** vender **c** mandar

5 No hables de lo que es «justo», sino de lo que es **a** razonable **b** contable **c** amable

6 Calcula tus necesidades de financiación con **a** prisa **b** presencia **c** antelación

7 Revisa tú mismo/a las cuentas y los contratos importantes. Hay cosas que no debes **a** decidir **b** delegar **c** mostrar

8 El ideal de referencia: poca **a** inversión **b** venta **c** rebaja inicial

9 No hay ideas perfectas, libres de **a** dinero **b** negocios **c** riesgos

10 Las grandes empresas pueden fallar. Eso es **a** un favor **b** una ventaja **c** un disgusto para ti

2 Lee la transcripción y haz una lista con el vocabulario relacionado con el mundo de la empresa; después, escribe oraciones en las que aparezcan estas palabras.

*Para montar una empresa hay que tener **una dedicación completa**.*

3 ¿Qué te parecen estos consejos? ¿Añadirías alguno? ¿Suprimirías alguno de ellos?

B Emprendimientos en internet: *Noteconfundas.* 10

1 Antes de escuchar.

Leed las palabras, que aparecen en el texto, que se dicen de diferente modo en Argentina y en España.

Argentina	España
Emprendimiento	Empresa, negocio
Neoprene	Neopreno
Testeando	Examinando, comprobando
Aporte	Aportación
La primer	La primera
e-commerce	Comercio electrónico

2 Después de escuchar.

Contesta.

a ¿A qué se dedica esta empresa?
b ¿Cómo se le ocurrió a Paz la idea?
c ¿Cómo saltó a la fama?

d ¿Por qué una empresa por comercio electrónico?
e ¿Cuál es la dirección del sitio?

3 Ahora, leed la transcripción de la entrevista, volved a escucharla y fijaos en los rasgos característicos del habla argentina. ¿Podéis explicar cuáles son?

C El fundador de *Softonic*, Tomás Diago, recibe el Premio Nacional Joven Empresario. 11

1 Antes de escuchar.

a En la audición se escuchan términos ingleses relacionados con la informática. ¿Los conoces todos?

Online, software, shareware, freeware, demo (abreviación de la palabra inglesa demonstration).

b ¿Sabes que es 'una plantilla' en el mundo laboral? Elige la opción correcta.

1 Pieza con que se cubre el interior de la planta de un calzado.
2 Tabla o plancha que se pone sobre otra y que sirve como modelo o como guía para cortarla o para dibujarla.
3 Relación de los empleados de una empresa.

2 Después de escuchar.

¿Puedes reescribir la noticia brevemente poniendo solo los datos más importantes?

_____

_____

_____.

Un paso más

1 Vamos a buscar contrarios.

A Lee esta oración: *Una idea mediocre puede triunfar con un equipo brillante.* ¿Qué dos adjetivos se oponen?

_____.

B Ahora, di el contrario de la palabra subrayada.

a Con los socios, las cosas <u>claras</u>.

b Alguien tiene que <u>mandar</u>.

c Hay cosas que no debes <u>delegar</u>.

d Hace falta poca inversión <u>inicial</u>.

e Puedes <u>fallar</u> a veces.

2 Vamos a descubrir un misterio: ¿qué palabras hay «dentro» del nombre de la empresa, *Noteconfundas*; ¿con qué elementos juega?
Empezamos nosotras: un elemento es la palabra 'no'. Ahora, ¿qué quiere decir *no te confundas?*, ¿lo mismo o algo diferente?

3 En la última audición aparecen una serie de verbos con preposición.

A Sumarse a alguien o a algo.
¿Qué quiere decir *me sumo a ti*? ¿Y *me sumo al proyecto*?

_____.

B Contar con alguien o con algo.
¿Qué quiere decir *cuenta conmigo*? ¿Y *cuento con tu ayuda*?

_____.

C El verbo 'animar' se construye con la preposición 'a': animar a alguien a hacer algo. Ya conoces otros verbos que funcionan igual. *Invitar a alguien a hacer algo, ayudar a alguien a hacer algo, obligar a alguien a hacer algo.* ¿Puedes hacer diálogos breves usando todos estos verbos con preposición?

4 Lee.

1 Antes de leer.

a ¿Sabes qué es *una franquicia*? Esta es la definición que da el Diccionario **Clave** *http://clave.librosvivos.net/*: Contrato mediante el que una empresa autoriza a una persona a utilizar su marca y a vender sus productos, bajo determinadas condiciones: *He solicitado una* **franquicia** *a una famosa marca para poner una tienda.* Establecimiento que está bajo las condiciones de este contrato: *En ese centro comercial hay muchas* **franquicias**.

b ¿Podrías definir *franquiciar* y *franquiciado*?

c *Perseverante, dinámica, fresca, joven, luchadora, ilusionado, consciente, flexible* son adjetivos que aparecen en el texto pero, ¿sabes cuáles son los sustantivos correspondientes?

2 Después de leer.

Elige la opción correcta. En el texto se afirma que:

1 a) El Centro Andaluz de la Mujer concede inmediatamente los créditos ICO.

b) Se necesita un avalista para conseguir un crédito ICO.

c) La licencia de turismo cuesta 18 000 euros.

2 a) Los nueve premios que ha recibido Inmaculada se los ha otorgado el banco malagueño que no quiso financiarle su proyecto.

b) Hubo un momento en que Inmaculada pensó en dejar el negocio.

c) Hubo un momento en que no tuvo ninguna ayuda.

3 a) Al principio Inmaculada franquiciaba sin saber muy bien qué era una franquicia.

b) Inmaculada, al empezar, solo quería tener una agencia.

c) Sabía que, en cuanto montara su primera agencia, el crecimiento sería veloz e imparable.

4 a) La ley española dice que los franquiciados deben tener siempre un Comité.

b) La diferenciación del producto es lo que hace que las comisiones sean altas.

c) La trasparencia es algo fundamental para el funcionamiento de una franquicia según Inmaculada.

5 a) Hay que saber adaptarse al mercado y para ello se necesita flexibilidad.

b) Solo se consigue ser humilde rodeándose de un buen equipo.

c) Solo los perseverantes son humildes.

Declaraciones de Inmaculada Almeida, joven emprendedora malagueña, fundadora de Almeida Viajes S.L

Esta emprendedora tenía tan solo 21 años cuando decidió poner en marcha un negocio de agencias de viajes. Siete años después ha abierto 365 establecimientos en España -de los cuales 311 son franquiciados-, así como delegaciones en Brasil, Chile, México, Panamá y Portugal.

Dice Inmaculada Almeida que «desde la adolescencia siempre he tenido claro que quería ser mi propia jefa. Ya en mi etapa de estudiante era la líder de los grupos de trabajo, y sabía que lo que quería era dirigir mi propia agencia de viajes, porque me encantan el mundo del turismo, los idiomas, la relación directa y el trato con el público...

Entonces, estudié Técnico Superior de Turismo en Málaga, puesto que hacía falta tener una titulación para hacer realidad mi proyecto.

Al principio encontré muchos obstáculos; acudí al Instituto Andaluz de la Mujer para que me ayudaran a poner en marcha el negocio, mediante un crédito ICO, sin aval, pero resultó que sí eran necesarios avales.

Al final, fue La Caixa la que me concedió un crédito de 18 000 euros, con los que adquirí mi licencia de turismo y monté mi primera oficina de Almeida Viajes, en Málaga, en agosto de 2004.

Es cierto que lo pasé mal, pero en ningún momento pensé en tirar la toalla. Incluso el hecho de que me encontrara obstáculos en el camino me dio más fuerza interior para seguir visualizando lo que quería y llegar a mi objetivo.

El momento más difícil fue cuando un banco andaluz me denegó el crédito, un banco que después, curiosamente, ha patrocinado cuatro de los nueve premios que he recibido por mi trayectoria profesional. En ese momento me encontré sin ayuda de nadie; fue muy duro, pero fui muy perseverante y seguí llamando a otras puertas.

El año 2004 acabó con cuatro oficinas abiertas. En 2005 empezamos a publicitarnos en internet y en revistas especializadas, con la sorpresa de que recibimos muchas peticiones de personas interesadas en montar una agencia. En ese momento podía haber decidido echarme para atrás y esperar un poco para crecer, o bien rodearme de un buen equipo y seguir adelante, que fue lo que hice. Así, en ese año 2005 cerramos el ejercicio con 33 oficinas, y en 2006 se produjo un auténtico *boom* con más de 170.

Alguien me comentó que lo que estaba haciendo era franquiciar. Entonces investigué en qué consistía la franquicia, cómo lo hacían otras agencias de viajes y yo ofrecí más a mejor precio, con lo cual me llegaron muchas solicitudes de candidatos a franquiciado.

Ahora me siento muy contenta, porque, entre otras cosas, hemos ayudado a crear más de 700 puestos de trabajo entre las oficinas propias y las franquiciadas.

El sistema de franquicias ha sido un descubrimiento maravilloso para mí. Es un modelo de negocio que me apasiona, igual que la actividad turística, con lo cual tengo la suerte de estar trabajando y de convivir con dos sectores que me encantan. Lo que es evidente es que sin la franquicia, Almeida Viajes no habría llegado donde está hoy en día.

Creo que lo que mi empresa ha aportado, sobre todo, es una imagen dinámica, fresca y joven, que hacía falta en el sector de agencias de viajes. Innovación tecnológica, diferenciación en producto -ya que todas ofrecían lo mismo-, precios más económicos y acuerdos para que los franquiciados reciban comisiones más altas. Además, hemos puesto en marcha un Comité de Franquiciados, que ninguna otra empresa del sector tiene.

Desde otros países contactaron conmigo. Primero desde Portugal, porque Almeida es un apellido portugués -de hecho, mi abuelo era de allí-, y me pidieron abrir oficinas. La primera se inauguró en febrero de 2008 y, un año después, ya había 22 operativas. También tenemos delegaciones propias en Brasil, Chile, México y Panamá.

La crisis afecta, por supuesto, pero lo positivo es que el sector turístico es uno de los que menos se está viendo afectado. Por otro lado, soy una persona optimista, luchadora y como todo mi equipo de trabajo, ilusionado y con capacidad para adaptarse a las circunstancias del mercado.

Me parece que las claves del éxito son saber adaptarse y ver lo que realmente necesita el mercado, para ello hay que ser flexible. También es importante no perder nunca la humildad por muy bien que te vayan las cosas y rodearte de un equipo de buenos profesionales.

En ningún momento se me ha subido el éxito a la cabeza a pesar de mi juventud (28 años en 2011). Puedo recibir muchos halagos y premios, pero siempre me gusta tener los pies en el suelo y no cambiar. Además, también valoro mucho a mi equipo, porque yo sola no habría podido hacer nada.

Y para terminar, el primer consejo que daría a los jóvenes empresarios es que crean en ellos mismos y en sus proyectos por encima de todas las cosas. Después, que sean muy perseverantes y que sepan aprovechar las oportunidades que se les vayan presentando. Y, por supuesto, que no arrojen nunca la toalla y confíen en su idea.

(Texto adaptado de:
http://www.almeidaviajes.com)

Un paso más

1 Vamos a repasar el subjuntivo. ¿Puedes explicarnos por qué aparece en los siguientes casos?

A Cuando monté este proyecto, no me imaginaba que el crecimiento *fuera* tan rápido.

_____
_____ .

B También es importante no perder nunca la humildad por muy bien que te *vayan* las cosas.

_____
_____ .

C Y para terminar, el primer consejo que daría a los jóvenes empresarios es que *crean* en ellos mismos (…) que *sean* muy perseverantes y que *sepan* aprovechar las oportunidades (…) que no *arrojen* nunca la toalla y *confíen* en su idea

_____
_____ .

2 A En el texto se habla de 'denegar un crédito', ¿qué otras cosas se pueden 'denegar'?

_____
_____ .

B ¿Qué otros verbos pueden acompañar a la palabra 'crédito'?

_____
_____ .

3 Lee de nuevo el texto y deduce por el contexto el significado de las siguientes expresiones. Luego busca la traducción a tu idioma.

A Echarse para atrás: _____
_____ .

B Tirar / Arrojar la toalla: _____
_____ .

C Subirse el éxito a la cabeza de alguien: _____
_____ .

5 Escribe.

Como representante de la empresa XXX (tenéis que poner el nombre de la empresa que habéis creado entre toda la clase y también el logo) has escrito una carta a Infocom interesándote por sus productos. Esta es la respuesta que has recibido. Tu jefe/a te pide la carta que tú les mandaste a ellos y no consigues encontrarla. Tienes que volver a escribirla porque no quieres tener problemas, pero antes vamos a ver cómo se escribe una carta comercial.

1 Fecha: se pone junto con el nombre de la localidad. Conviene poner el día de la semana. Málaga, lunes 14 de diciembre de 20…

2 Dirección: debajo de la fecha ponemos la dirección del destinatario. Escribimos la abreviatura Sr., D. o Sra., Da. cuando la carta comercial va dirigida a una persona, y Sres. cuando va dirigida a una empresa o una corporación.

3 Saludo: de forma cordial, ya no son necesarios tantos formalismos como antes, para empezar, podemos escribir: *Muy Sr. mío* para el caso de un señor / *Muy Sra. mía* en caso de una señora. *Muy Sres. míos* para una empresa.

4 Introducción: después del saludo, escribiremos el motivo de la carta comercial.

5 El cuerpo: tras la introducción, nos extendemos y explicamos los restantes motivos. Debemos expresar claramente todas las ideas y los argumentos que queramos comunicar, pero debemos hacerlo ordenadamente cada idea o cada pregunta en un párrafo diferente.

6 Despedida: el saludo debe ser breve y sencillo, sin excesos de formalidad.
Esperando su respuesta, se despide cordialmente… / Sin otro motivo, se despide… / Reciba un saludo de…

7 Firma: en el caso de una empresa o corporación sería suficiente con el sello oficial. Pero si se trata de una persona física, se pone el nombre, el apellido y el cargo, y se firma con bolígrafo, pluma o rotulador.

8 Anexos: si se mandan anexos hay que comunicarlo después de la firma.

⊟ INFOCOM

Informática y Componentes
Avda. Reyes Católicos, 12
28002 Madrid

Nombre y logo de tu empresa

Dirección de tu empresa
Madrid, a 26 de septiembre de 2011

ASUNTO: Según su escrito del 22 de septiembre del presente año, con Ref.123

Muy señor/a mío/a:
Me complace contestarle a las cuestiones planteadas en su carta del 22 del corriente. Efectivamente, además del folleto de ofertas que tiene usted en su poder, disponemos de otros modelos y componentes, cuyo catálogo adjunto.
En cuanto a la otra pregunta, todos nuestros modelos cuentan con tres años de garantía en componentes y mano de obra. Nosotros no nos hacemos cargo del mantenimiento, pero podemos ponerle en contacto con un servicio técnico que nos ofrece total confianza.
Respecto a los precios, podemos hacerles un presupuesto que se ajuste a sus necesidades y un descuento en relación con la cantidad a la que ascienda el pedido. En efecto, los gastos de envío corren por nuestra cuenta, y recibirá su pedido en un plazo no superior a diez días.

A la espera de sus noticias, le saluda atentamente,

Almudena Sánchez Rico
Jefa del Departamento de Ventas

Anexos:
1 folleto de componentes electrónicos.
1 lista de precios de componentes electrónicos.

3

¿Escuchas, lees o miras?

Al terminar esta unidad, serás capaz de...

- Leer, escuchar y hablar sobre literatura, música y cine.
- Entender el sentido de algunos cómics.
- Recomendar canciones, películas, libros.
- Interpretar textos de canciones, películas y libros.
- Ampliar recursos léxicos: compuestos con el prefijo 're-'; sustantivos derivados de adjetivos y viceversa.
- Distinguir presencia / ausencia del pronombre sujeto.
- Manejar las preposiciones *para* y *por*.
- Usar verbos seguidos de preposición.
- Leer y escribir sobre un texto literario siguiendo instrucciones.

1. Pretexto

Locutora: Buenos días queridos oyentes, como todos los viernes, tenemos en Onda Meridional un grupo de oyentes que van a hacernos recomendaciones sobre libros, cedés y películas. Después, ustedes podrán intervenir con sus comentarios y otras sugerencias. Alicia, ¿qué nos propones tú?

Alicia: Pues yo, aprovechando que Ana María Matute ha recibido el premio Cervantes, he releído «Olvidado rey Gudú», una historia ambientada en la Edad Media. Cuenta el nacimiento y la expansión del reino fantástico de Olar.

Leonor: Hablando de releer, yo desempolvé a Vargas Llosa por lo del Nobel de Literatura que le concedieron en 2010. La verdad es que me gusta casi todo lo que escribió, pero opté por «La ciudad y los perros», que fue el primer libro suyo que leí.

César: ¡Uf! Para mí es un libro difícil, ¿no? Está lleno de expresiones coloquiales peruanas.

Leonor: Bueno, esa es una de las razones por las que me gustó. Te obliga a salir de tu mundo.

César: Sí, claro, visto así...

Locutora: Y tú, César, ¿qué nos traes?

César: Ya saben que yo soy un cinéfilo empedernido, por eso les traigo una película uruguaya: «El último tren», de Arsuaga. Los protagonistas, tres adultos y un niño, secuestran una histórica locomotora uruguaya del siglo XIX porque se oponen a su traslado a Estados Unidos, donde la quieren para hacer una película. Para salvarla, recorren el interior del país. Por el camino les pasa de todo.

Locutora: Así que hasta ahora tenemos dos libros y una película. Nos falta algo de música, ¿no? ¿Cierras tú el programa de hoy, Mario?

Mario: Claro, con gusto. Yo les recomiendo una mezcla de jazz y rancheras que me parece bien padre. Les hablo de Lila Downs, una artista de Oaxaca que, además de tener una voz divina, es talentosa, sencilla, amorosa...

Locutora: Comparto tu entusiasmo, Mario. A mí también me encanta.

Mario: Yo la descubrí en la banda sonora de «Frida», el film sobre nuestra querida pintora.

Locutora: Estupendo, Mario. Muchas gracias a los cuatro. Y ahora llega su turno, queridos oyentes. Pueden enviarnos sus comentarios y sugerencias por correo electrónico o colgándolos en nuestro muro de Facebook.

1 Lee, escucha y contesta. 🎧12

a Las personas que hablan no tienen el mismo acento. ¿Podrías señalar algún rasgo peculiar en cada una?

b ¿Qué crees que significan estas palabras?
Desempolvé:
1 quité el polvo   2 volví a sacar del estante
Bien padre:
1 muy buena   2 muy familiar

c ¿Cómo se comporta un **cinéfilo empedernido**?
1 Aburre a todo el mundo.
2 Prefiere el cine a cualquier otra cosa.

d ¿A qué pintora se refiere Mario cuando dice Frida?

2 Comenta.

a ¿Conoces alguno de los libros mencionados? En la unidad encontrarás información sobre algunos. ¿Y la película que sugiere César? Si quieres saber algo sobre ella, puedes entrar en: *http://www.labutaca.net/films/13/elultimotren.htm*

b ¿Has escuchado alguna vez a Lila Downs? Si quieres hacerlo, pincha en: *http://es.wikipedia.org/wiki/Lila_Downs*

c Imagina que llamas al programa de radio: deja tu sugerencia. Puedes elegir libros y canciones en cualquier idioma, eso sí, dando algún argumento para tu recomendación como hacen los invitados.

3 **Reflexiona.**

a En grupos de cinco: leed los diálogos y subrayad los sustantivos y pronombres personales que cumplen la función de sujeto.

b ¿Por qué crees que aparece el pronombre sujeto en estas oraciones?
Después ustedes podrán intervenir; yo desempolvé a Vargas Llosa; Y tú, César, ¿qué nos traes?

c ¿Y por qué no aparece el sujeto en estas otras?
Tenemos en Onda Meridional un grupo de oyentes; Cuenta el nacimiento y la expansión del reino de Olar; Creo que ahora está preparando un musical.

d Señalad los casos de *por* y *para* que aparecen en el diálogo. ¿Recordáis su significado? Completad este cuadro.

Para	Por

---

2. Contenidos gramaticales

1 **El sujeto.**

A **Definición de sujeto.**

Es la palabra o palabras que concuerda(n) con el verbo.

- *Pues **yo** he releído Olvidado rey Gudú.*
- ***Los oyentes** pueden enviar sus comentarios a la radio.*
- *Me encanta **la voz** de Lila Downs.*
- *Me encantan **las canciones** de Lila Downs.*

B **Ausencia del pronombre sujeto.**

En español, la terminación del verbo conjugado marca la persona (habl-**o** / habl-**as** / habl-**a**), por eso, no es siempre obligatorio el pronombre sujeto.

- *Fue el primer libro suyo que **leí*** (primera persona singular: *yo*).
- *Así que hasta ahora **tenemos** dos libros y una película* (primera persona plural: *nosotros/as*).
- *La **quieren** para hacer una película* (tercera persona plural: *ellos / ellas*).
- *Ahora **está** preparando un musical* (tercera persona singular: *él / ella*).

C **Presencia del pronombre sujeto.**

1 El uso del pronombre sujeto es obligatorio:

a Para **diferenciar**/**distinguir** entre varias personas que están hablando entre ellas.

- *Alicia, ¿qué nos **propones tú**?* (La locutora diferencia/distingue a Alicia entre los cuatro invitados.)
- ***Ustedes podrán** intervenir posteriormente con sus comentarios y otras sugerencias.*
  (La locutora distingue/diferencia a los invitados y a los oyentes.)
- *Fran: ¿Vas a contarle a Juan lo de su novia?*
  *Eugenia: Díselo **tú**, porque **yo** no me siento capaz de contárselo.* (Se distinguen/diferencian los interlocutores.)

b Para **evitar la ambigüedad**. La tercera persona del singular puede referirse a *él, ella* o *usted* (*habla, come, va*, etc.). Pero, además, en imperfecto de indicativo, en condicional simple y compuesto, y en todos los tiempos del subjuntivo coincide con *yo* (*hablaría, coma, fuera*, etc.).

(En un grupo de tres personas)
- ***Tendría** que venir a trabajar el sábado.* (Las otras dos personas no saben a cuál de ellas se refiere.)
- ▼ *¿**Yo**? No, **yo** trabajé el sábado pasado.*
- ■ *No, **tú** no, me toca a mí este sábado.*
- *Eso es, me refería a **usted**.*

c **Identificarse** dentro de un grupo, sobre todo cuando se responde a preguntas.
- *¿Os habéis inscrito ya en el curso?*
- ▼ ***Yo**, sí.* (No sabe qué han hecho sus compañeros.)

2 El uso del pronombre sujeto es optativo para poner énfasis en la persona que realiza la acción.

Locutora: *Y tú, César, ¿qué nos traes?*
César: *Ya saben que (**yo**) soy un cinéfilo empedernido, por eso les traigo una película uruguaya: «El último tren».*

● *¿Quieres decir que tenemos (**nosotras**) que rehacer el proyecto?*
▼ *Perdona, pero (yo) no he dicho eso.*

D Preposiciones *por* y *para*.

1 Ya las has estudiado en otros niveles. Aquí tienes un cuadro que reúne todo lo que sabes sobre ellas.

PARA	
Lugar de destino	● *Nos vamos **para el centro**. ¿Te vienes?* ● *Esperadnos, vamos **para allá** ahora mismo.*
Tiempo	● *La presentación del libro está prevista **para mañana**.* ● *No llegará a tiempo **para la fiesta**.* ● *Estaré aquí **para la cena**.*
Objetivo, finalidad, destinatario	● *Organizamos una fiesta **para poder celebrarlo**.* ● *La comida sin grasa es muy buena **para el estómago**.* ● *Ese no es un trabajo adecuado **para alguien como él**.*
'En opinión de'	● ***Para César** el cine es lo más importante.* ● ***Para mí** La ciudad y los perros es un libro muy difícil.*
Comparación	● *Ese apartamento es muy caro **para los metros que tiene**.* ● ***Para lo bueno que es**, este grupo no ha tenido mucho éxito.*

POR	
Lugar aproximado ('a través de', 'a lo largo de', 'alrededor de')	● ***Por el camino** les pasó de todo.* ● *Entramos **por la ventana**; nos habíamos dejado las llaves dentro.* ● *Vamos a darnos una vuelta **por el centro**.*
Tiempo aproximado (salvo con horas)	● *Todos los años vuelve a casa **por Navidad**.* ● *La música disco estuvo de moda **por los años 70**, ¿no?*
Causa, motivo	● *Yo desempolvé a Vargas Llosa **por lo del Nobel de Literatura**.* ● *Esa es una de las razones **por las que me gustó**.* ● *No te quedes en casa **por mí**, de verdad que no me importa quedarme solo. (Aquí la preposición por se entiende como «no te quedes en casa a causa mía».)*
'A cambio de', 'en lugar de', 'en nombre de'	● Estoy harto de trabajar ***por nada**, desde ahora quiero que me paguen.* ● *Ten cuidado con esos papeles, no vayas a dar unos **por otros** y metas la pata.* ● *Hemos elegido una representante que hablará **por el grupo**.*
Acompaña al complemento agente en las oraciones pasivas o cuando solo aparece el participio. (En realidad el participio es una pasiva que por economía ha perdido el verbo)	● *Esa canción fue votada **por los internautas** como la más popular del año.* ● *Bien promocionada **por la editorial**, esta novela será superventas.*

2 Algunos contrastes entre *para* y *por*.

	PARA	POR
Lugar	Lugar, meta que se puede alcanzar o no. ● *Esperadnos, vamos para allá ahora mismo.*	Lugar a través del cual, a lo largo del cual se mueve algo. ● *Por el camino les pasó de todo.* ● *Vamos por el parque, el camino es más corto.* ● *¡Qué olor a azahar entra por la ventana!*
Tiempo	Plazo antes del que debe ocurrir algo; límite en el tiempo. ● *Estaré aquí para la cena.*	Tiempo aproximado, por eso nunca va con horas. ● *Vuelva a casa por Navidad.*
Destinatario → ← Causa	*Para mí*, un café, gracias → ← *Por mí* no hagas café, no te molestes (en este caso *por* se entiende como «yo no quiero ser la causa de que hagas café» o «en lo que a mí se refiere»).	
Finalidad	Se usan indistintamente y con esta estructura: *Para* y *por* + *infinitivo*. ● *Dice esas cosas para / por molestar* (=con el fin de molestar).	

3. Practicamos los contenidos gramaticales

1 A Completa con el pronombre sujeto si es necesario y di por qué lo has usado o no.

1 ● Tengo algunos problemas con mi grupo.
   ▼ _____ podría ayudarte.
   Tus razones: _____

2 ● _____ he engordado cinco kilos al dejar de fumar.
   ▼ Pues _____ engordé tres cuando lo dejé.
   Tus razones: _____

3 ● Si diera _____ un paso más, las consecuencias serían terribles.
   ▼ Pues no lo des, es fácil, ¿no?
   ● No, si no hablaba _____ de mí.
   Tus razones: _____

4 ● Cuando _____ me eligió para ese puesto, _____ se arriesgó mucho.
   ▼ Es verdad, pero_____ sabía muy bien lo que _____ hacía.
   Tus razones: _____

5 ● ¿Quién ha leído *El sueño del celta*?
   ▼ _____ lo tengo, pero todavía no lo _____ he empezado.
   ● ¿Y _____?
   Tus razones: _____

6 ¿Cómo hago el pastel?
   ▼ Hazlo como _____ sabes, _____ verás como le gusta a todo el mundo.
   Tus razones: _____

7 ● Pepe, ¿eres _____?
   ▼ Pues claro que soy _____? ¿Esperas _____ a alguien?
   Tus razones: _____

1 B Ahora completa el siguiente diálogo con el pronombre sujeto si es necesario.

Fran: Tenemos que hablar con el jefe.
Eugenia: Vale, ya hablaré _____. Ya sabes _____ que _____ tengo más delicadeza en las situaciones difíciles que _____.
F.: ¡Qué modesta eres _____!
E.: Bueno, ¿y qué voy a decirle?
F.: _____ eres la perfecta, ¿no? Entonces ¿por qué me lo preguntas _____?

E.: Vale, pero si _____ soy la perfecta, _____ eres un poquito impertinente.
F.: Mejor será no seguir así porque _____ acabaremos mal.
E.: No es para tanto, ¡hombre! _____ tenemos confianza, ¿o no?

2 Completa estos diálogos con *por* y *para* y escribe al lado por qué eliges una preposición u otra.

1 ● *Se ha hecho famoso **por** las cosas que publica en su blog.*
   La he usado porque expresa: causa.
   ▼ ¿Sí? Pues yo lo sigo y no me parece que haya motivos _____ que sea tan famoso.
   La he usado porque expresa: _____.

2 ● ¿Vas _____ el centro? Si quieres te llevo, voy en esa dirección.
   ▼ Muchas gracias, pero prefiero ir dando un paseo _____ el parque.
   Las he usado porque expresan: _____.

3 ● Esa ley no salió adelante porque fue vetada _____ el Parlamento.
   ▼ No me extraña, es que era una ley sin sentido.
   La he usado porque expresa: _____.

4 ● ¿Dónde está Elvira? Hace tiempo que no viene _____ aquí.
   ▼ ¿No te has enterado? Se cayó _____ las escaleras y se rompió el brazo.
   Las he usado porque expresan: _____.

5 ● Esta chica es brillante. Saca muy buenas notas _____ lo poco que estudia.
   ▼ Bueno, sí, será _____ eso o _____ que ha tenido suerte.
   Las he usado porque expresan: _____.

6 ● Carmen y Paqui están más contentas que antes, ¿no te parece?
   ▼ ¡Claro! Es que ahora les va mejor. Pero acuérdate, el año pasado _____ estas fechas, pensaban cerrar la librería y ahora, ¡míralas, tan contentas!
   La he usado porque expresa: _____.

7 ● Gracias _____ sus consejos, han sido muy útiles _____ nosotros,
   ▼ De nada, mujer, _____ eso estamos.
   Las he usado porque expresan: _____.

8 ● _____ ser escritor a mí me parece demasiado amable.
   ▼ Pero, ¿qué idea tienes tú de los escritores? ¿_____ qué no se puede ser escritor y amable?
   ● Chica, _____ mí son todos unos presumidos.
   Las he usado porque expresan: _____.

9 ● Tengo que comprarme una funda _____ el portátil, porque la otra se ha estropeado de tanto usarla.
   ▼ Pues ahora hay una oferta estupenda, te la puedes comprar _____ casi nada.
   Las he usado porque expresan: _____.

10 ● Mire usted, mi hijo fue detenido _____ expresar libremente sus ideas y eso no es justo.
   ▼ No señora, pero su hijo hablaba demasiado _____ los tiempos que corrían esos años.
   Las he usado porque expresan: _____.

11 ● Dicen que no les apetece salir, pero, en realidad se quedan en casa _____ no gastar.
   ▼ ¿Tú crees? _____ mí es que solo son unos aburridos.
   Las he usado porque expresan: _____.

12 ● Necesitamos una persona con facilidad de palabra para que hable _____ nosotros.
   ▼ Sí, y que no se deje convencer _____ cualquier cosa.
   Las he usado porque expresan: _____.

3 **Las siguientes parejas de frases son correctas, pero no significan lo mismo. ¿Puedes explicar la diferencia?**

1 Mira **por** la ventana / Mira **para** la ventana.
2 Vamos **por** la calle / Vamos **para** la calle.
3 Lo he hecho **por** mi novia / Lo he hecho **para** mi novia.
4 Vinieron **por** mi cumpleaños / Vinieron **para** mi cumpleaños.

5 Te lo he regalado **porque** eres buena / Te lo he regalado **para que** seas buena.
6 Me metí **por** esas calles por no dar un rodeo / Me metí **por** esas calles **para** no dar un rodeo.
7 Es un *blog* hecho **por** adolescentes / Es un *blog* hecho **para** adolescentes.

4 **Ahora fíjate en estas imágenes y explica el sentido que tienen para ti.**

© Forges

© Randy Glasbergen

1 En esta imagen se juega con dos sentidos de *por*.
¿Cuáles? ¿Cómo terminarías la pregunta de la chica?

2 En esta otra, ¿qué valor tiene *por*?
¿Se podría usar *para*?

3 ¿Qué valor tiene aquí *para*? ¿Qué le pasa a la persona que ha puesto el cartel?

4 Fíjate en los pronombres sujeto, ¿qué pasaría si los elimináramos? En la segunda viñeta, ¿qué efecto se produciría si el chico dijera: *Con un respeto que yo soy doctor en Historia?*

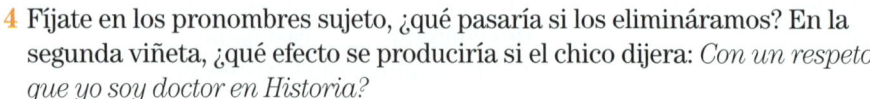

Para aclarar las cosas:
Nota de corte: nota mínima exigida para entrar en una carrera universitaria con numerus clausus.
Chaval: chico. Puede tener valor cariñoso si hay una relación de confianza. Si no la hay, puede mostrar falta de respeto.
Título: se refiere al título universitario obtenido al terminar una carrera.

5 Recuerda lo que has leído y escuchado. Reflexiona y contesta.

1 • *Pues yo he **releído** Olvidado rey Gudú.*
• *Ana María Matute ha **recibido** el Premio Cervantes.*

• *Para salvarla **recorren** el interior del país.*
• *Yo les **recomiendo** una mezcla de jazz y rancheras.*

A Aquí aparecen una serie de verbos que empiezan por *re-*. Unos son verbos compuestos y otros no, ¿puedes distinguirlos?
Releer _____
Recibir _____
Recorrer _____
Recomendar _____

B ¿Y qué nos dices de estos otros? ¿Sabes lo que significan?
Para demostrarlo, haz una oración usándolos.
Rehacer: _____
Revivir: _____
Recordar: _____
Reproducir: _____

2 E.: *Ya sabes que yo tengo más delicadeza en las situaciones difíciles que tú.*
F.: *¡Qué modesta eres!*
E.: *Bueno, ¿y qué voy a decirle?*
F.: *Tú eres la perfecta, ¿no? Entonces, ¿por qué me lo preguntas?*

A Con tu compañero/a, lee este diálogo.

B ¿Qué tono será el adecuado?

C ¿Qué nos dirías del carácter de las dos personas?

D ¿Están enfadados o bromean?

3 • *Esta chica es brillante. Saca muy buenas notas para lo poco que estudia.*
▼ *Bueno, sí, **será por eso** o porque ha tenido suerte.*

A ¿Te parece que tienen el mismo sentido 'será por eso' que 'es por eso'?

B ¿Qué intención comunicativa tiene quien lo dice?
a Acepta parcialmente la opinión del otro.
b Anuncia un hecho que va a ocurrir.

4 • *Gracias por sus consejos.*
▼ *De nada, mujer, **para eso estamos**.*

A ¿Qué crees que significa la fórmula señalada?

B ¿Te parece que se usará en contextos formales o informales?

5 *Opté por La ciudad y los perros.*

El verbo *optar* siempre lleva la preposición *por*. Otros verbos también necesitan una preposición. Lee las frases de la izquierda y empareja cada verbo con su preposición y después, termina la oración.

1 La música me ayuda	**a** con _____
2 Pedro está muy enamorado	**b** en _____
3 No dejo de pensar	**c** a _____
4 Se ha peleado	**d** para _____
6 Está muy capacitada	**e** de _____

4. De todo un poco

1 Interactúa.

A Canciones, libros, películas para diferentes momentos y para diferentes personas.

a En grupos de tres, elaborad tres fichas, como las que os proponemos, para recomendar un libro, una canción, una película o un musical.
b Luego poned en común vuestras fichas y comentadlas.

c Finalmente, cread un espacio común para publicar en internet con: películas / libros / canciones para...
- disfrutar con amigas / amigos
- levantar el ánimo
- días en que te sientes deprimido/a
- etcétera

Canción: *Ska de la Tierra*

Disco: *Pafuera telarañas*
Canta: Bebe
Puedes oírla en: *http://letras.terra.com.br/bebe/348896/*
Ficha: Hay momentos en que hay que protestar. La Tierra está cansada de aguantar todos nuestros excesos. Está enferma y pide ayuda y medicinas. La Tierra tiene fiebre. Ha llegado el momento de hacerte oír: no quieres un mundo contaminado. Ni injusto. Quieres una tierra limpia y solidaria. Y quieres hacer oír tu voz. Canta con Bebe y protesta con ella.

Aquí tenéis también un fragmento de la canción:

Y es que no hay respeto por el aire limpio.
Y es que no hay respeto por los pajarillos.
Y es que no hay respeto por la tierra
que pisamos.
Y es que no hay respeto ni por los hermanos.
Y es que no hay respeto por los que están
sin tierra.

Y es que no hay respeto y cerramos
las fronteras.
Y es que no hay respeto por los niños
chiquininos.
Y es que no hay respeto por las madres
que buscan a sus hijos.

Película argentina: *Nueve reinas* (2000)

Director: Fabián Bielinsky
Intérpretes: Gastón Pauls, Ricardo Darín, Leticia Brédice, Tomás Fonzii

Película para personas a las que les gustan las sorpresas y la intriga.

Ficha: *Nueve reinas* empieza una madrugada y termina por la mañana del día siguiente. En esas 24 horas o un poco más, Juan y Marcos pasan por la mayor experiencia de sus vidas. Dos pequeños estafadores que habitualmente trabajan por unos pocos pesos, se conocen una madrugada y se ven envueltos, inesperadamente, en un negocio de centenares de miles de pesos. Un negocio urgente, inmediato, tanto que no les permite dudar: tienen que seguir adelante y lo hacen.

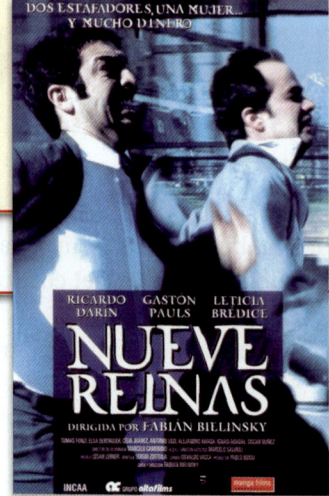

Libro: *El sueño del celta* (2010)

Autor: Mario Vargas Llosa. Premio Nobel de Literatura 2010

Para amantes de la Historia, de la aventura y de la lucha por las libertades.

Ficha: ¿Cómo nos han contado la Historia? ¿Quién nos la ha contado? En este libro, el premio Nobel de Literatura, Vargas Llosa, nos lleva por la época del colonialismo del Congo y de la Amazonia. Nos descubre la vida de un personaje de leyenda cuyas conversaciones y detalles, imaginados y añadidos a la historia, bien podrían haber sido ciertos. La narración nos demuestra cómo podemos cambiar en las etapas de la vida y qué diferentes se ven las cosas desde distintos puntos de vista.

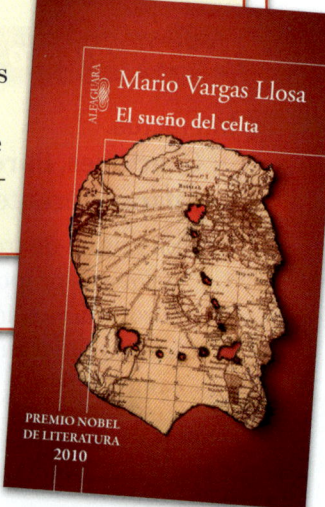

B Rueda de prensa con…

Vuestro grupo favorito latinoamericano (cuatro componentes) ha venido de gira y está en vuestra ciudad. Hay una rueda de prensa en un hotel muy importante y vosotros/as sois periodistas.

a Poned un nombre al grupo.

b Decidid quiénes son sus componentes, qué instrumentos tocan y quién es el/la cantante.

c Una vez escogidos a los cuatro estudiantes del «grupo musical», el resto de la clase elige el nombre de un periódico o de una revista (en papel o virtual) y prepara sus preguntas que deben ir dirigidas a cada uno de los miembros del grupo. ¡Que disfrutéis en la rueda de prensa!

2 Habla.

A Elige uno de estos dos temas. Tienes unos minutos para prepararte y, cuando ya estés listo, exponlo durante unos cinco minutos. Después, tus compañeros/as (y tu profesor/a) te harán preguntas.

1 Va de música.

¿Qué es para ti la música?
Te proponemos algunos pensamientos de personajes famosos sobre la música. Léelos y después, opina.

Geoffroy de Pennart
Sofía, la vaca que amaba la música

> Atribuida a **Shakespeare**: *La música amansa a las fieras.*
>
> **Karl von Weber**: *La música es el único lenguaje universal.*
>
> **Yehuda Menuhim**: *Estoy seguro de que la buena música alarga la vida.*
>
> **Kurt Cobain**: *La música es sinónimo de libertad, de tocar lo que quieras y como quieras, siempre que sea bueno y tenga pasión, siempre que la música sea el alimento del amor.*
>
> **Leon Duadet**: *He oído que la música es el único lenguaje universal y no estoy de acuerdo, pues observo que en este lenguaje las diferentes generaciones no se ponen de acuerdo.*

2 Incitar a la lectura.

a ¿Te gusta leer?

b ¿Cómo crees que se podría incitar a la lectura?

c ¿Qué te parece la viñeta de Forges?

d ¿Crees que sería útil un programa así en la tele?

e ¿Qué opinas de la viñeta de Romeu?

f ¿Prefieres leer libros en papel o en versión digital?

© Forges

© Romeu

B Maldito regalo.

  a Mira bien las viñetas.

  b Busca en el diccionario las palabras que no sabes.

  c Describe y narra todo lo que ves.

  d Cuarta viñeta. Primero, decide si eres el hombre o la mujer y haz un diálogo con otro/a estudiante.

3 **Escucha.**

A Hablemos el mismo idioma.

Este es el título de una canción de Gloria Estefan. Búscala en internet.

1 Antes de escuchar.

  a ¿De qué crees que tratará? Proponed ideas en grupo.

  b Os damos una serie de palabras que aparecen en la canción. Comentadlas en parejas e imaginad por qué están incluidas en la canción: *tantos senderos*; *nos alumbra*; *costumbres, raíces y herencias*; *fronteras.*

2 Ahora escucha la canción.

  a Disfruta de la música, del ritmo. ¿Te gusta?

  b Escribe sensaciones que te produce. Luego compáralas con las del resto de la clase.

  c Mientras la escuchas, apunta palabras o frases que entiendes.

3 Después de escuchar.

  a ¿Se han verificado las hipótesis iniciales?

  b ¿Coincidís con los autores en la forma de usar las palabras que os hemos dado al principio?

4 Volved a escuchar la canción.

  a Tomad nota de la estrofa que más os ha gustado. Comparad con las que han elegido otras personas de la clase y explicad la razón de vuestra elección.

  b ¿Estáis de acuerdo con lo que se dice en esta canción? Haced un breve resumen de su contenido; para ayudaros, podéis leer la transcripción en la p. 207.

B Los planes de la reina Ardid para Gudú. 🎧 13

Ahora vamos a leer y escuchar, como si este fragmento fuera un audio-libro.

1 Antes de leer y escuchar.

a Busca en internet información sobre los trasgos. Puedes entrar aquí:

http://www.mitos.com.es/trasgos.php

o en la wikipedia:

http://es.wikipedia.org/wiki/Trasgo

b Suponemos que sabes lo que es un hechicero. Pero toda la clase debe ponerse de acuerdo en cuáles son sus funciones y poderes.

c Haced lo mismo con las del escudero.

d Pensad ahora en estas palabras que encontraréis en el texto: *bebedizo; extirpar; capacidad de amar; aversión* ¿Qué función tendrán?

Podéis usar el diccionario o consultar el de la RAE en línea *http://www.rae.es/rae.html* o el Clave tam bién en línea: *http://clave.librosvivos.net/*

2 Durante la lectura y la audición.

Tomad notas. Para ayudaros podéis completar este cuadro.

Lugar donde se reúnen	Qué desea la reina	Qué peligro anuncia el Hechicero	Qué añade el Trasgo del Sur	Cómo reacciona la reina

3 Después de leer y escuchar.

a ¿Cómo os habéis sentido leyendo y escuchando?

b Comentad el contenido del fragmento.

c ¿Qué os parece el deseo de la reina? ¿Por qué creéis que quiere algo así para Gudú?

d ¿Os gusta la literatura fantástica?

e Si habéis leído algún libro de este género, recomendadlo a la clase.

f A nosotras nos gusta la autora española Laura Gallego y su trilogía *El valle de los lobos*. Si queréis saber más, podéis entrar en su web: *http://www.lauragallego.com/*

Te presentamos un fragmento de la novela de Ana M.ª Matute *Olvidado rey Gudú*, que se publicó en 1996, un año antes de que lo hiciera el primer libro de la serie de *Harry Potter*. En el fragmento aparecen los peculiares amigos de la reina: un escudero muy atractivo (apuesto); el Trasgo del Sur y el Hechicero. ¿Por qué creéis que la reina Ardid tiene estos amigos?

Una vez reunidos en las habitaciones privadas del Hechicero, el Trasgo del Sur y el apuesto Almíbar, la reina manifestó a sus verdaderos —y quizá únicos— amigos:

— Queridos, ha llegado el momento de tomar una importante decisión respecto a Gudú. Y es la de asegurarle de forma definitiva la corona del Reino. Y como me han mostrado vuestras enseñanzas y mi propia experiencia, una condición indispensable se ha hecho muy patente para dotarle de una especial virtud.

— Queridos míos —repitió con la dulzura y firmeza que solía—, la cuestión es simple y complicada a la vez, y para ello necesito de vuestras artes y sabiduría. Se trata de incapacitar totalmente a Gudú para cualquier forma de amor al prójimo.

— Querida niña —dijo el Hechicero— no deseo contradecirte, pero creo que exageras en tu aversión hacia ese sentimiento. Pero ten por seguro que si hallamos un bebedizo o cosa parecida, no será perfecto, porque no se puede extirpar la capacidad de amar de forma condicionada; si se extirpa, será en todas sus manifestaciones.

— Lo sé —dijo ella con paciencia—. No veo inconveniente.

— Es que —dijo el Trasgo— también le será negada la capacidad de amistad y la capacidad de cualquier afecto. Y, por tanto, tampoco te amará a ti.

— Ya lo he pensado —respondió Ardid—. No tengo nada que oponer a que Gudú no me ame. Con que lo ame yo a él, basta.

(Ana M.ª Matute *Olvidado rey Gudú*)

C Esta portera no sabe nada. ¹⁴

Y ahora vas a escuchar un fragmento de la película
Hable con ella, de Pedro Almodóvar (2002).

**1 Escucha una primera vez y corrige los
errores que comete la portera:**
Dice: paparrazi.
Debería decir: _____

Dice: masa media.
Debería decir: _____

2 Vuelve a escuchar y di si estás de acuerdo con estas afirmaciones.

a La portera no tiene interés en Benigno.
b Marcos es una persona habladora.
c La portera quiere saber detalles de lo que le ha
pasado a Benigno.
d La portera ofrece ayuda a Marco.
e Cuando la portera pregunta, Marco se lo
cuenta todo.
f Benigno está en la cárcel.

g La portera opina que los medios de comunicación
son basura.
h Marco y la portera creen que Benigno es inocente.
i La casa que alquila Marco es propiedad de
la portera.
j La portera no ha podido limpiar la casa.

3 Escucha una vez más y dinos qué significan estas expresiones:

a Me tiene *terminantemente* prohibido que entre a limpiarla.
Tu explicación: _____

b Como es tan calladito, la última vez que vino... *no dijo ni pío*.
Tu explicación: _____

c No me lo quiere decir, *se lo sacaré*.
Tu explicación: _____

> Si quieres saber más sobre esta
> película, puedes entrar en:
> *http://www.clubcultura.com/*

Un paso más

1 En la primera audición has oído:

● *En la vida hay tantos senderos **por** caminar.*
● *Hay tanto tiempo que hemos perdido **por** discutir, **por** diferencias que entre nosotros no deben existir.*
● *Hablemos el mismo idioma, que hay tantas cosas **por** que luchar.*

A ¿Qué significado aporta *por* en cada caso?
Uno de ellos (tres veces) lo conoces muy bien,
¿verdad?
Por en tres casos significa _____.

**B ¿Y en el otro? Elige una de esas dos posibili-
dades para parafrasearlo.**
a Por culpa de.
b Sin.
c A causa de.

**C Ahora sustituye *por* para comprobar tu hipótesis.
Usa *por culpa de*, *a causa de* o *sin* y reescribe la
oración si es necesario.**

a ¡Uf! Todavía tengo un montón de exámenes *por*
corregir.
b No creas que lo sabes todo, seguro que cerca de ti
hay cosas *por* descubrir.
c Nos quedamos sin entradas *por* esperar demasiado para sacarlas.
d Se adelantó la publicación del libro *por* la enorme
demanda del público.
e Cortes de carreteras *por* las lluvias.

2 En la audición B encontramos lo siguiente:

*Pero **ten por seguro** que si hallamos un bebedizo o cosa parecida, no será perfecto.*

A ¿Qué crees que significa *tener por seguro*?

_____

B En la unidad 1 aprendiste a usar 'darle a uno por'. ¿Recuerdas cómo se usa?

Pues completa con una de estas dos expresiones: *tener por seguro* o *darle a uno por*.

a ● ¿Cómo es que últimamente_____ leer, si decías que eso estropeaba la vista?

   ▼ Es que desde que me regalaron una *tableta*, leer me parece menos aburrido.

b ● Está usted muy preocupado, ¿no?

c ▼ Sí, sí que lo estoy, es que si no controlamos la crisis, (imperativo) _____ que perderemos nuestro trabajo.

> **Para aclarar las cosas:**
> **Tableta**: algunas personas la llaman bookreader o ipad.

3 En la audición B también aparecen los sustantivos *dulzura* y *firmeza*.

A ¿Sabes a qué adjetivos corresponden?

  a Dulzura _____

  b Firmeza _____

B Y ahora, a ver si puedes formar los sustantivos correspondientes a estos adjetivos. Después, haz una frase usándolos.

  a Amable _____

  b Sucia _____

  c Exagerado _____

  d Irónico _____

  e Libre _____

  f Pobre _____

4 Lee.

Joaquín Sabina y Chavela Vargas.
Os presentamos la letra de una canción de Joaquín Sabina que interpreta junto a Chavela Vargas. Si queréis saber algo más de ellos entrad en: *www.jsabina.com*; *www.mipunto.com* y una vez allí marcar Chavela Vargas.

1 Antes de leer.
Estas palabras y expresiones pueden tener alguna dificultad.

1 *Ciento volando* viene del refrán: *Más vale pájaro en mano que ciento volando.*

2 *Dar la razón a los espejos* remite al cuento de Blancanieves, en el que una bruja preguntaba a un espejo mágico si era la más hermosa y el espejo siempre decía que sí (hasta que llegó Blancanieves).

4 *Dormir a alguien con cuentos de hadas* corresponde a la costumbre de contar cuentos a niños y niñas antes de dormir. Muchos artistas se rebelan contra el hecho de que creamos en esos cuentos porque nos engañan sobre la realidad de la vida.

3 *La última cena* se refiere a la que celebró Jesucristo con sus discípulos, y que fue una cena especial porque fue la última antes de morir.

2 Lee.
Título: Noches de boda
Año: 1999
Letra: Joaquín Sabina
Música: Joaquín Sabina
Disco: *19 Días y 500 Noches* (1999)

Que el maquillaje no apague tu risa,
que el equipaje no lastre tus alas,
que el calendario no venga con prisas,
que el diccionario detenga las balas.

Que las persianas corrijan la aurora,
que gane el quiero la guerra del puedo,
que los que esperan no cuenten las horas,
que los que matan se mueran de miedo.

Que el fin del mundo te pille bailando,
que el escenario me tiña las canas,
que nunca sepas ni cómo, ni cuándo,
ni ciento volando, ni ayer ni mañana.

Que el corazón no se pase de moda,
que los otoños te doren la piel,
que cada noche sea noche de bodas,
que no se ponga la luna de miel.

Que todas las noches sean noches de boda,
que todas las lunas sean lunas de miel.

Que las verdades no tengan complejos,
que las mentiras parezcan mentira,
que no te den la razón los espejos,
que te aproveche mirar lo que miras.

Que no se ocupe de ti el desamparo,
que cada cena sea tu última cena,
que ser valiente no salga tan caro,
que ser cobarde no valga la pena.

Que no te compren por menos de nada,
que no te vendan amor sin espinas,
que no te duerman con cuentos de hadas,
que no te cierren el bar de la esquina.

Que el corazón no se pase de moda,
que los otoños te doren la piel,
que cada noche sea noche de bodas,
que no se ponga la luna de miel.

Que todas las noches sean noches de boda,
que todas las lunas sean lunas de miel.

Un paso más

1 Y ahora, en parejas o pequeños grupos, contestad a estas preguntas.

a Hay un verbo omitido del que dependen todos los *que* de la canción, ¿sabes cuál es?

b ¿Por qué crees que el maquillaje puede apagar las risas?

c Si el corazón se pasa de moda, ¿qué será lo que ocupe su lugar?

d Para poder volar, ¿cómo deben ser las alas: ligeras o pesadas?

e ¿Cómo puede el equipaje 'lastrar' las alas?

f ¿Qué hay en el diccionario?

g Con tu respuesta anterior puedes contestar a esta pregunta: ¿cómo puede el diccionario 'detener las balas'?

h *Que las mentiras parezcan mentiras*: ¿qué quiere el autor decir con esto?

i *Que ser valiente no salga tan caro, que ser cobarde no valga la pena.* ¿A qué nos está animando el poeta con estos dos versos?

j *Que no te vendan amor sin espinas.* Con este verso Sabina habla del sufrimiento en el amor, ¿estáis de acuerdo con él?

2 Si quieres, escucha la canción en la dirección que te hemos dado y apunta cualquier sentimiento o sensación que te produzca. Al final, tendrás que explicar por qué esta canción lleva el título de *Noches de boda*.

---

5 Escribe.

Opción A

Ya has leído y escuchado la canción de Joaquín Sabina. Sabemos que era difícil, pero la has trabajado mucho y ahora ya eres capaz de escribir sobre los sentimientos que ha despertado en ti (tienes ya algunas ideas apuntadas). Escribe sobre lo que más te ha gustado, lo que menos; con lo que estás de acuerdo y con lo que no. Ya sabemos que exteriorizar los sentimientos es difícil y en otra lengua aún más, pero también sabemos que lo conseguirás. ¡Ánimo!

Opción B
Escritura colectiva.
Volved a leer el fragmento de *Olvidado Rey Gudú*.
¿Ya está?
Ahora os proponemos que colaboréis con Ana M.ª Matute y escribáis una continuación con los siguientes elementos.

- *Para realizar el conjuro hay que aceptar una cláusula importante*, elegid esa cláusula.
- *Si se extirpa la capacidad de amar, también se extirpará la capacidad de...* pensad en algo relacionado con lo que desea la reina Ardid.
- *El peligro es que si algún día Gudú... ¿qué podría hacer Gudú?, entonces desaparecerá para siempre él y todo lo que le haya rodeado.*

Repaso

1 **Interactúa.**

¿Serías un buen empresario o una buena empresaria?

En parejas, haced este test. Primero uno/a de vosotros/as lee las preguntas y el otro o la otra las contesta. Después cambiáis: quien ha preguntado contesta, y quien ha contestado pregunta. Necesitáis papel y lápiz para ir escribiendo los resultados.

1) ¿Fuiste, has sido o eres un buen estudiante?
(Apunta menos cuatro en caso afirmativo; más cuatro en caso negativo)

2) ¿Cuando eras estudiante, disfrutabas de actividades en grupo, por ejemplo, en clubes, equipos deportivos...?
(Apunta menos uno en caso afirmativo; más uno en caso negativo)

3) ¿Cuando eras más joven, te apetecía estar solo con frecuencia?
(Apunta más uno en caso afirmativo; menos uno en caso negativo)

4) ¿De niño/a, hacías la cama, ponías la mesa...?
(Apunta dos puntos si es afirmativo. Caso contrario, quita dos puntos)

5) ¿Cuándo eras niño/a, eras obstinado/a?
(Si la respuesta es sí, suma un punto. Si la respuesta es no, resta un punto)

6) ¿Eras un niño/a miedoso/a? ¿El/la último/a en saltar del trampolín más alto?
(Apunta menos cuatro en caso afirmativo. Más cuatro en caso negativo. Y si eras muy atrevido/a, pon otros menos cuatro)

7) ¿Te preocupa lo que los otros piensen de ti?
(Quita un punto si las opiniones de los demás te importan mucho; caso contrario suma uno)

8) ¿Estás cansado/a de la rutina diaria?
(Si has contestado que sí, suma dos; si has contestado que no, resta dos)

9) ¿Estarías dispuesto/a a gastar todos tus ahorros para independizarte?
(Respuesta afirmativa suma dos puntos; en caso contrario quita dos)

10) ¿Si fracasaras en tu nueva empresa, empezarías a trabajar inmediatamente para montar otra?
(Si has contestado que sí, más cuatro. No, menos cuatro)

11) ¿Eres optimista?
(Si eres optimista, suma dos, en caso contrario resta dos)

RESULTADOS

Si has obtenido 20 puntos o más, significa que tienes todo a tu favor.
Entre cero y 19, no es tan prometedor, pero puede ser un buen comienzo.
Entre menos 10 y cero, las posibilidades de prosperar en tu propio negocio son limitadas.
Las puntuaciones de menos 11 o más bajas son una clara señal de que no sirves para ser empresario/a.
Como todos los tests, los resultados indican, pero no afirman. Y este te habrá servido para enterarte de las faltas o carencias que puedes tener si decides ser empresario.

2 Habla.

A **Sobre gustos no hay nada escrito.**
Prepara el tema durante cinco minutos. Exponlo durante otros cinco.
Al terminar la exposición, tus compañeros/as te harán preguntas.

- ¿Películas o series?
- ¿Cine o DVD?
- ¿En versión original, con subtítulos o dobladas?
- ¿Qué tipo de música escuchas normalmente?
- ¿Qué lees habitualmente?
- ¿Qué prefieres: escuchar un buen disco en silencio o ir a un concierto?
- ¿Un libro en papel o un libro electrónico?

B **La realidad no virtual también existe.**

a Mira bien las viñetas.
b Busca en el diccionario las palabras que no sabes.
c Describe y narra lo que ves.
d Da tu opinión sobre lo que ocurre en las dos últimas viñetas y compara con lo que opina el resto de la clase.

© Quino

3 Escucha.

A **El duro camino de las emprendedoras latinoamericanas.**

1 **Antes de escuchar.**
Fijaos en el título y haced una lluvia de ideas sobre las palabras que creéis que pueden salir en la audición. Empezamos nosotras:

Mercados; negocio...

2 Después de escuchar.

Di si son verdaderas o falsas las siguientes afirmaciones.

		V	F
a	Las empresas fundadas por mujeres hispanoamericanas superan en número a las fundadas por europeas.		
b	Los mercados confían plenamente en ellas, ya que los datos demuestran que cumplen mejor sus obligaciones.		
c	*CEEM* son las siglas de Curso de Estudios Emprendedores de la Mujer.		
d	La mujer emprendedora latinoamericana monta su negocio a edad más temprana que el hombre.		
e	Resulta más fácil para una mujer emprender un negocio en un lugar pequeño y apartado que en un lugar muy poblado y desarrollado.		

3 Lee la transcripción. Subraya las palabras de la lista inicial que aparecen en ella. Luego, expresa tu punto de vista sobre lo que has oído y leído.

B La adicción al teléfono móvil.

1 Escucha y señala la opción correcta.

Según el texto:

1 a) Las empresas de telefonía crean su propia jerga juvenil para atraer a los jóvenes.
  b) Los jóvenes prefieren las redes sociales.
  c) Los jóvenes menores de 19 años son el blanco de las empresas de telefonía móvil.

2 a) Los mensajes cortos circulan de la noche a la mañana.
  b) Los mensajes cortos no son caros.
  c) Los mensajes cortos de texto hoy por hoy constituyen el 18% de los ingresos de las compañías de telefonía móvil en España.

3 a) La publicidad de telefonía móvil nos bombardea con campañas cada vez más competitivas para atraer más clientes.
  b) Es seguro que esta forma de comunicación acabará destruyendo nuestra capacidad de relacionarnos cara a cara con los demás.
  c) La adicción se refiere únicamente a los *sms*.

2 Lee la transcripción y da tu opinión sobre el texto.

C El negocio de las flores.

1 Escucha y completa.

a Colombia es después de Holanda _____.
b Colombia exporta a _____ el 92% de _____ vendidos.
c El auge del negocio de las flores es rentable, de ahí que _____ se hayan dedicado a él.
d La consumidora más típica es la mujer mayor _____ con ingresos medios a altos.
e Los principales días de venta son el día de _____ y en España el día de Todos los Santos (1 de noviembre).
f La esencia de la flor de Loto, una de las más solicitadas, hace su viaje desde _____ hasta Francia, la cuna de las _____.
g Recordemos los girasoles de Van Gogh, _____ de Monet, las rosas de _____, y los lirios y _____ de Antonio López, entre muchos.

2 Después de escuchar.
Contesta a estas preguntas.

a ¿Conoces el nombre de estas flores? Escribe el nombre de cada flor.
¿Sabes más nombres de flores? ¿Por qué no elaboráis un cartel
con vuestras flores preferidas?

clavel • girasol • margarita • loto • rosa
crisantemo • lírio

a _____

b _____

c _____

d _____

e _____

f _____

g _____

b ¿En tu país es normal regalar flores?

c Si tuvieras mucho dinero, ¿te gustaría tener muchos floreros en tu casa con
flores?

d ¿Sabías, antes de escuchar la audición, que España, Colombia y Ecuador son
países productores y exportadores de flores cortadas?

e ¿Te gustaría tener una empresa de jardinería o de flores cortadas? Razona tu
respuesta.

4 Lee.

| INICIO | SOBRE NOSOTROS | | SÚSCRIBE: POST | COMENTARIOS |

Soledad Puértolas. *Compañeras de viaje.*

Biografía

Soledad Puértolas nace en Zaragoza, el 3 de febrero de 1947. A los catorce años se traslada con su familia a Madrid. Estudió Periodismo y Ciencias Políticas. Después de casarse, pasa una temporada en Tronheim, Noruega, y unos años en Santa Bárbara, California. De regreso a Madrid, empieza a darse a conocer como escritora en 1979, cuando obtiene el Premio Sésamo con *El Bandido doblemente armado*. Está casada y tiene dos hijos. Reside en Pozuelo de Alarcón, Madrid.

En el año 1989, ganó el premio Planeta con *Queda la noche*.

En el año 1993, fue recompensada con el premio Anagrama de Ensayo con *La vida oculta*.
En el 2000, fue galardonada con el premio NH al mejor libro de relatos con *Adiós a las novias*. En el 2001, obtuvo el premio Glauka 2001 en reconocimiento a su obra literaria y a su trayectoria intelectual y personal en el ámbito de la cultura. En el 2003, recibió el Premio de las Letras Aragonesas 2003. Con este Premio, Aragón celebra a una autora «consagrada» y «netamente aragonesa».
A partir de 2006 y hasta 2012, forma parte del Patronato del Instituto Cervantes.
En enero de 2010, fue elegida miembro de la Real Academia Española y ocupa el sillón 'g'.

INICIO | SOBRE NOSOTROS   SUSCRIBE: POST | COMENTARIOS

Compañeras de viaje.

Lo siento, no he podido resistirme. No he podido esperar a leer este libro que, sin duda, pasará por mis manos, para hablaros de él. No quería dejar de comentaros esta gran novedad que aparece en este mes de marzo. Se trata del nuevo libro de la recientemente nombrada académica de la lengua, Soledad Puértolas, que nos trae *Compañeras de viaje*, editado por Anagrama desde el pasado dieciocho de marzo.

Además, se trata de un libro de relatos, el quinto de la autora, con lo que os podéis hacer una idea de las ganas que tengo de leerlo. En esta ocasión todos los relatos giran en torno a personajes femeninos que, por diversos motivos, acompañan a alguien en un viaje. Generalmente un hombre, que puede ser su marido o su amante, y aunque en principio el viaje nos las concierne a ellas, las situaciones que se dan irán dejando ver las relaciones con el otro y la verdadera naturaleza de cada una de ellas.

Así, nos encontraremos desde una mujer en un coche conducido por su marido camino de las vacaciones familiares, hasta otra que se encuentra en un tren rodeada de estudiantes que, como ella, se dirigen a Londres, donde la espera un empleo de cuidadora de niños. Otra se encuentra en una ciudad californiana donde el marido va a la universidad mientras ella busca ocupaciones y una más que navega en un velero que compite en unas regatas.

SOLEDAD PUÉRTOLAS
Compañeras de viaje
ANAGRAMA
Narrativas hispánicas

En todos los casos, las mujeres parten como personajes secundarios para, de repente, tomar la palabra y convertirse así en las verdaderas protagonistas de la historia. Si algo tienen todas estas protagonistas en común es que son mujeres soñadoras e inquietas que sienten una gran obstinación por ser ellas mismas, signifique eso lo que signifique. No hay nada como un viaje para que nos despojemos de los lugares habituales y saquemos nuestro verdadero yo.

Por mi parte, ya os había comentado en alguna ocasión que tengo muchas ganas de leer algo de Soledad Puértolas, y al tratarse este *Compañeras de viaje* de un libro de relatos, me parece una ocasión inmejorable que no voy a desaprovechar. Lo único que me falta es buscarle un hueco, pero seguro que se lo encontraré, cuando se quiere de verdad, se encuentra.

Fausto Beneroso. 26 de marzo de 2010.
http://www.papelenblanco.com

Contesta a estas preguntas y justifica tu respuesta con la información del texto.

a ¿Es Soledad Puértolas una persona viajera?
b ¿Por qué le dieron el premio Glauka?
c ¿Qué relación tiene con el Instituto Cervantes?
d ¿Qué hecho importante en su vida ocurrió en 2010?
e ¿De qué tiene ganas la persona que escribe el texto?
f ¿Es *Compañeras de viajes* una novela?
g Resume el argumento de este libro.

5 Escribe.

Tu amiga española, Marta, tiene una bitácora o *blog* donde comenta el último libro
que ha leído, la última canción que le ha gustado, el último concierto al que ha asistido,
la última película que ha visto. A ella le gusta que sus amigos añadáis comentarios.

Comenta en el *blog* de Marta el último libro que has leído, o la última canción que te ha
gustado, o el último concierto al que has asistido, o la última película que has visto. El LEE
anterior puede servirte de modelo.

| INICIO | SOBRE NOSOTROS | SUSCRIBE: POST | COMENTARIOS |

El Blog de Marta

COMENTARIOS

6 Elige la opción correcta.

1 ● Aunque no se lo _____, hay personas que no tienen televisión en sus casas.
   ▼ La verdad, sí que me _____ creerlo.
   a. creéis / convence
   b. creen / parece
   c. crean / cuesta
   d. crean / cueste

2 'Ser un caso', significa:
   a. Comportarse de manera rara. Unas veces tiene sentido positivo y otras de crítica.
   b. Ser una cosa repugnante.
   c. Poner toda la atención en lo que se hace.
   d. Comportarse de una forma excéntrica y grosera.

3 _____ no traiga un certificado médico, tendremos que descontarle dos días de su trabajo.
   a. Porque
   b. Que
   c. Como
   d. Para que

4 ● Si no _____ el laboratorio farmacéutico, ahora _____ suficiente dinero para acabar el mes sin apuros.
   ▼ ¡Marta, teníamos que hacerlo! No podíamos seguir así...
   a. hubiéramos ampliado / tendríamos
   b. ampliamos / tendríamos
   c. ampliáramos / tendremos
   d. hubiéramos ampliado / habríamos tenido

5 ● Pero si siempre _____ que tu trabajo era estupendo, creativo...
   ▼ Creo que en el fondo lo pienso. Pero, a veces, _____ creativo que sea, me cuesta seguir.
   a. dijiste / por más
   b. decías / aún
   c. habías dicho / porque
   d. has dicho / por muy

6 ● ¿Has acabado ya el informe?
   ▼ Sí, _____ mí ya puedes irte.
   a. por
   b. para
   c. según
   d. acuerdo de

7 Nuestra empresa ha mejorado la velocidad de conexión a la red _____ ofrecer un mejor servicio.
   a. con tal
   b. en
   c. con el objeto de
   d. para que

8 A pesar de que lo _____, volvió a preguntármelo.
   a. sabería
   b. conocería
   c. haya sabido
   d. sabía

9 ● ¿Te has fijado en lo sencilla que es? _____ que haya llegado en la empresa, sigue siendo la misma de siempre.
   ▼ Sí, ya me he dado cuenta.
   a. Por muy lejos que
   b. Por poco que
   c. Aun
   c. Por poco

10 ● Trabajaré todo el domingo _____ que me des dos días libres.
   ▼ No sé si podré dártelos, estamos muy justos de tiempo.
   a. excepto
   b. a condición de
   c. como
   d. si

11 ● Si _____ más durante el curso, ahora _____ vacaciones.
   ▼ Eso es fácil de decir, pero difícil de hacer.
   a. estudiaras / tendrás
   b. hubieras estudiado / tendrías
   c. hubieras estudiado / habrías tenido
   d. estudias / hubieras tenido

12 ● ¿_____ qué has venido?
   ▼ _____ que me _____ la batidora, te la devuelvo dentro de media hora.
   a. Para / Para / prestas
   b. A / Por / prestas
   c. Por / Al fin / prestes
   d. A / A / prestes

13 ¿Has copiado en el examen? Como _____ el profesor, _____.
   a. se entera / vamos a ver
   b. se dé cuenta / verás
   c. lo nota / veremos
   d. lo observa / ya se verá

14 ● ¿Qué planes tienes _____ hoy?
   ▼ He quedado _____ ir _____ compras _____ Manuel.
   a. de / en / a / con
   b. por / a / en / con
   c. para / para / a / con
   d. para / en / de / con

15 _____ trabajaba, bien lo _____.
   a. Aunque / despidieron
   b. Por eso / echaban
   d. De ahí que / despidieran
   c. A pesar que / despedían

16 ● Muchas gracias, ha sido una cena estupenda.
   ▼ Gracias _____ ti _____ venir.
   a. a / para   **b.** por / de
   c. a / a   **d.** a / por

17 ● Aunque _____, debo decírselo.
   ▼ Pues vas a pasar un mal rato.
   a. se moleste   **b.** se beneficia
   c. se molesta   **d.** se obtenga

18 ● ¡Con la de cosas que _____ hacer y te pasas
     la vida viendo la tele!
   ▼ Pues soy así. ¡Qué le vamos a hacer!
   a. podrás   **b.** puedas
   c. hayas podido   **d.** puedes

19   Empezó a _____ y en cinco minutos estábamos
     tan mojados que parecía que salíamos de la ducha.
   a. cantarear   **b.** nublar
   c. diluviar   **d.** carraspear

20   Me parece absurdo estar siempre ante la pantalla
     de la computadora.
   ¡_____ posibilidades que hay fuera!
   a. Con el de   **b.** Con las de
   c. Con lo de   **d.** Con la de

21 ● Tu nieto está muy alto _____ su edad.
   ▼ Sí, se parece a su padre.
   a. para   **b.** por
   c. comparado   **d.** con

22 ● ¿Le contaste a Mario lo que pasó?
   ▼ Sí. Y _____ cómo se enfadó cuando se enteró.
   a. no verás   **b.** no veas
   c. no viste   **d.** no ves

23 ● Siempre te estás quejando _____ todo.
   ▼ Es que esta oficina es un desastre.
   a. de   **b.** para
   c. a   **d.** en

24 ● _____ que se lo digo, no mejora.
   ▼ Ten paciencia.
   a. Por eso   **b.** Por poco
   c. Por más   **d.** Por lo

25   No dejo de pensar _____ todo lo que hablamos
     y sigo _____ tomar una decisión.
   a. a / sin   **b.** de / en
   c. en / a   **d.** en / sin

26 ● ¿Otra vez tengo yo que escribirte el informe? Y eso
     que _____ que el del mes pasado era el último.
   ▼ De verdad que este sí que es el último, te lo juro. Y no
     pongas _____, hombre. Ya verás que es verdad.
   a. has dicho / este rostro
   b. prometías / esa mueca
   c. prometiste / ese modo
   d. dijiste / esa cara

27 ● Te dejaré salir _____ te portas bien.
   ▼ Gracias.
   a. a condición de que   **b.** excepto que
   c. de ahí que   **d.** si

28 ● ¿Qué te pasa? Pareces muy enfadada
   ▼ _____; acabo de enterarme de que me van
     a despedir del trabajo.
   a. No me hablarás.
   b. No me dirijas la palabra
   c. No me mires.
   d. No me hables

29 ● Lo _____ cuando salió de la sala.
   ▼ Es que a todo el mundo le cae muy mal.
   a. pusieron verde   **b.** pusieron rojo
   c. pusieron blanco   **d.** pusieron amarillo

30 ● Las dietas rápidas de adelgazamiento son
     peligrosas _____ la salud.
   ▼ Sí, ya lo sé. A ver si como mejor y empiezo a hacer
     senderismo...
   a. por   **b.** para
   c. con   **d.** ante

4

A través de la ciencia

Al terminar esta unidad, serás capaz de...

- Leer, escuchar y hablar sobre la ciencia y la ciencia ficción.
- Expresar relaciones temporales en indicativo y subjuntivo con nuevos recursos.
- Usar nuevas fórmulas para establecer comparaciones.
- Hacer un resumen para *twittearlo*.
- Reconocer el mal humor en las preguntas.
- Reconocer y usar las palabras formadas por el sufijo –*dor*.
- Descubrir falsas creencias sobre la ciencia.
- Interpretar el humor de algunos chistes gráficos.
- Escribir un texto argumentativo o explicativo sobre la ciencia y/o la ficción.

1. Pretexto

¿Sabías que…

…el Terciario fue un período que empezó hace 65 millones de años, cuando los dinosaurios se extinguieron, y que terminó hace 1,7 millones de años?

…mucho **antes de que** el hombre habitara la tierra, existía la vid?

…en el futuro el hombre vivirá **más de lo que** imaginábamos?

…nuestro planeta es **más** caliente **cuanto más** lejos nos encontramos del sol?

…**apenas** se descubrió el mapa del genoma humano, se abrieron las puertas a conflictos ético-morales?

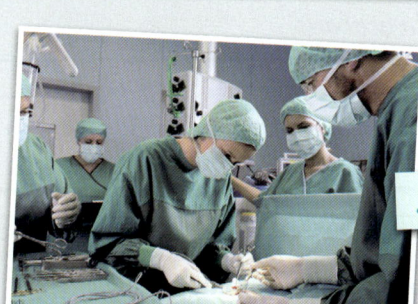

…La cirugía ha avanzado **más que** otras ramas de la Medicina?

1 Escucha, lee y contesta. 18
  a ¿Conocías algunas de estas afirmaciones? ¿Cuáles?
  b ¿Puedes continuar con tu propia lista *Sabías que…?*

2 Ahora reflexiona.
  a Señala los conectores temporales que aparecen en el texto. ¿De qué tiempos verbales van acompañados? ¿Por qué? ¿Qué marcador temporal expresa una acción simultánea con otra?
  b ¿Cuál expresa la idea de anterioridad?
  c Señala las oraciones comparativas. ¿Son todas iguales o hay diferentes tipos de comparación? En esta unidad ampliarás tus recursos para establecer diferentes tipos de comparaciones.

2. Contenidos gramaticales

1 Oraciones temporales con *cuando*.

Marcan el momento en que ocurren dos acciones y las relacionan entre sí.
Esta relación puede ser en presente, pasado o futuro.

Lo que ya sabes	Lo que vas a aprender
PRESENTE	
1 Presente + *cuando* + presente / *Cuando* + presente + presente • *Cuando* leo *un artículo científico, a veces no lo* comprendo *totalmente.* **2** Presente con valor de pasado + *cuando* + presente / *Cuando* + presente con valor de pasado + presente • *Cuando el hombre* llega *a la Luna,* comienza *la era espacial.*	*Cuando* + presente + imperativo / Imperativo + *cuando* + presente En estos casos el imperativo tiene carácter habitual. *No me* distraigas ***cuando*** *estudio.* **Ahora tú:** ***Escúchame cuando*** _____. 

PASADO
Lo que ya sabes
Idea o expresión de pasado + *cuando* + pasado / *Cuando* + pasado + pasado • *Nos conocimos* ***cuando*** *los dos* trabajábamos *en una empresa farmacéutica.* • *Pedro* llegó *a la reunión* ***cuando*** *todo lo importante* había acabado.
Ahora tú: ***Cuando terminó de estudiar*** *todos los temas de física,* _____. ***Nos hemos levantado cuando*** _____.

FUTURO	
Lo que ya sabes	**Lo que vas a aprender**
Futuro + *cuando* + presente/p. perfecto de subjuntivo / *Cuando* + presente / p. perfecto de subjuntivo + futuro • *Te* explicaré *el tema de física* ***cuando*** tenga *tiempo.* • *Van a cambiar el laboratorio* ***cuando*** consigan *la subvención.* En las oraciones temporales el presente y el perfecto de subjuntivo alternan cuando no se produce ambigüedad en la información. • *Iremos de vacaciones* ***cuando nos hayas dicho / nos digas*** *las fechas en las que puedes.* • *Hablaremos sobre la subvención* ***cuando me informe / me haya informado***.	Usamos el imperativo en la oración principal cuando expresamos instrucciones, consejos u órdenes. Imperativo + *cuando* + presente/p. perfecto de subjuntivo / *cuando* + presente/p.perfecto de subjuntivo + imperativo (En estos casos el imperativo se refiere al futuro). • *Devuélveme el libro de Biología* ***cuando*** *lo* hayas terminado. • *Cuando* sepas *el resultado de los análisis,* llámame, *por favor.* **Ahora tú:** ***Escúchame cuando*** _____. 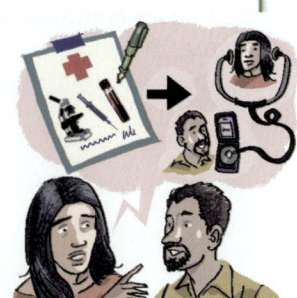

2 Otras construcciones temporales.

Algunas pueden construirse con infinitivo. Funcionan igual que *cuando*, es decir, llevan indicativo y subjuntivo en los mismos casos, excepto *antes de que*.

A Después de (que).
Expresa la idea de posterioridad.

Con infinitivo
Con el mismo sujeto: ***Después de*** *leer (yo) tanto sobre ese tema, estoy (yo) harto de él.*

Con indicativo: *Todos los del laboratorio fuimos a ver a Luisa cuatro días* ***después de que*** *dio a luz.*

Con subjuntivo: *Hablaremos más tranquilamente* ***después de que*** *hayan pasado estos momentos de nerviosismo.*

Ahora tú: _____
_____ .

B Hasta (que).
Señala el límite de una acción.

Con infinitivo
Con el mismo sujeto: *No vamos a dar una opinión* ***hasta*** *saber la versión definitiva del laboratorio.*

Con indicativo: *La clase no empieza* ***hasta que*** *llega la profesora.*

Con subjuntivo
También aparece con el mismo sujeto: *Puedes quedarte en casa* ***hasta que*** *termines, pero, por favor, apaga todas las luces.*

Ahora tú: _____
_____ .

C Tan pronto como / En cuanto / Apenas (formal).
Expresan la idea de inmediatez: una acción ocurre a continuación de otra.

Con indicativo: ***Tan pronto como*** *explicamos la situación financiera, las cosas* *empezaron a mejorar.*

Con subjuntivo: ***En cuanto*** *llegue el pedido, avísame.*

Ahora tú: _____
_____ .

D Siempre que.
Expresa la idea de costumbre.

Con indicativo: *De pequeño,* ***siempre que*** *veía películas de miedo, luego no podía dormir por la noche.*

Con subjuntivo
En algunos casos adquiere un matiz condicional: ***Siempre que*** *quieras hablar conmigo, llámame.*

Ahora tú: _____
_____ .

E Mientras / A medida que.
Expresan una acción simultánea a otra.

Con indicativo: ***Mientras*** *tú recoges las muestras, yo relleno los informes.* (Aquí sí que es temporal.) ***A medida que*** *pasa el tiempo, vamos desarrollando técnicas más precisas.*

Con subjuntivo
En este caso, *mientras* adquiere matiz condicional: ***Mientras*** *esté usted en esta empresa, tendrá que venir a trabajar con bata blanca.* ***Mientras*** *no te pregunten, no digas nada.* ***Iremos*** *buscando soluciones* ***a medida que*** *se presenten los problemas.*

Ahora tú: _____
_____ .

F Antes de (que).
Se comporta de manera distinta a los otros marcadores: no admite el indicativo. Expresa la idea de anterioridad.

Con infinitivo
Con el mismo sujeto: *Todos los días saco (yo) al perro* ***antes de*** *irme a trabajar (yo).*

Con subjuntivo: *Tienes que terminar este informe* ***antes de que*** *llegue el jefe.* *La jefa se marchó* ***antes de que*** *llegara el director general del laboratorio.*

Ahora tú: _____
_____ .

3 Oraciones comparativas.

Lo que ya sabes	Lo que vas a aprender
1 Superioridad Verbo + *más que* • *En algunos países se investiga **más que** en otros.* **2 Inferioridad** Verbo + *menos que* • *Es verdad que trabajo **menos que** mi jefa, pero, ¡claro! ella gana mucho más que yo.* **3 Igualdad** Verbo + *tanto como* • *En muchas áreas científicas en diez años se ha avanzado **tanto como** en todo el siglo xx.* **4 Comparativos irregulares** bueno ➔ mejor grande ➔ mayor malo ➔ peor pequeño ➔ menor **Ahora tú:** • *El avance en la creación de nuevas vacunas ha sido **menor que** _____ .*	**5** Cuando comparamos algo con una idea previa o una suposición, usamos: **más / menos / mejor / peor / mayor / menor ... de lo que** • *Ese trabajo es **más** interesante **de lo que** creía.* • *Todo ha salido **mejor de lo que** imaginábamos.* • *La Bioquímica es **menos** difícil **de lo que** me habían dicho.* **Ahora tú:** _____ . **6** Oraciones comparativas proporcionales.

<table>
<tr><td rowspan="6">Cuanto</td><td>más</td><td rowspan="6">+ ... +</td><td>más</td></tr>
<tr><td>menos</td><td>menos</td></tr>
<tr><td>mejor</td><td>mejor</td></tr>
<tr><td>peor</td><td>peor</td></tr>
<tr><td>mayor</td><td>mayor</td></tr>
<tr><td>menor</td><td>menor</td></tr>
</table>

Funcionan igual que las oraciones temporales:
• ***Cuanto más** oscura es la noche **más** cerca está el amanecer.* (Presente/presente.)
• *Antes **cuanto más** me invitaban a dar conferencias sobre el ADN, **mejor** me sentía. Ahora, no me apetece ya casi nada.* (Pasado/pasado.)
• ***Cuanto más** avance la Arqueología, **más** sorpresas nos llevaremos sobre las antiguas civilizaciones.* (Presente de subjuntivo/futuro.)

3. Practicamos los contenidos gramaticales

1 **A** **Pon el verbo entre paréntesis en el tiempo correcto (puede haber más de una posibilidad).**

1 Cuando Juan Sebastián Elcano (dar, él) *dio* la vuelta al planeta en barco por primera vez en 1522, (tener, él) _____ que pasar por muchas dificultades.
2 Cuando los romanos (conquistar, ellos) _____ Hispania, (introducir, ellos) _____ su lengua.
3 Cuando en el futuro cualquier tipo de cáncer (poder) _____ curarse, es probable que (aparecer) _____ otras enfermedades.
4 Cuando el hombre (llegar) _____ a la Luna, (comenzar) _____ la era espacial.
5 Actualmente cuanto más se (investigar) _____ , mayores avances (aparecer) _____ .
6 Las nuevas tecnologías (desarrollarse) _____ más de lo que (pensar, nosotros) _____ .
7 En el departamento de Biología Nuclear (tener, ellos) _____ tantos proyectos que no (poder, ellos) _____ con todos.
8 Antes de que el hombre (llegar) _____ a Marte, no se sabía si (haber) _____ agua.
9 Cuando en el futuro se (saber) _____ más de las células madre, (ser) _____ más fácil curar enfermedades.
10 En los próximos siglos cuanto mejor se (conocer) _____ el Cosmos, más posibilidades de explicación (haber) _____ sobre su origen.

B **Si no estáis de acuerdo con algunos de estos enunciados, expresad vuestra opinión.**

2 **A** **Completa el texto con los conectores del recuadro.**

en cuanto • antes de que • cuando • hasta que • siempre que • mientras

● ¿Sí?

▼ ¿Cariño? Hola, soy yo, te llamo porque no podré volver a casa (1) _____ haya terminado en el laboratorio.

● ¿Qué pasa? ¿Tienes mucho trabajo?

▼ ¿Que si tengo mucho trabajo? ¡Qué risa me da! Tengo muchísimos análisis y (2) _____ no haga todos los informes, no puedo moverme de aquí.

● Quizá deberías ser un poco más rápida.

▼ ¿Más rápida? ¡Qué fácil es hablar! En este laboratorio te querría ver yo, (3) _____ alguien necesita algo: Marisa, ven; Marisa te necesito; Marisa haz esto, Marisa haz lo otro, pero ya estoy harta y (4) _____ vea al jefe se lo digo. Es que estoy a punto de estallar.

● Pero, Marisa, ya te dije que ese trabajo...

▼ Sí, ya sé que me advertiste (5) _____ empezara, pero, ¿qué quieres? A mí me gusta y (6) _____ algo te gusta, pues lo aceptas casi todo, pero esto ya es demasiado. Bueno te dejo. A ver si consigo adelantar algo.

● Chao, Marisa, y tranquilízate un poco, que si no, te va a dar un ataque. Un beso.

B **Después, escúchalo y compruébalo. En parejas, repetid el diálogo en voz alta poniendo toda la atención en la entonación. Recordad que la chica está enfadada y estresada.** 19

3 **A** **Lee y completa esta entrevista. Hay seis huecos y diez opciones. Después, escúchala y corrígela. En parejas, repetid la entrevista en voz alta poniendo toda la atención en la entonación.** 20

tanto como • más • cuanto más • de lo que imaginaban • menores • cuantas más
menos • que podían imaginar • menor que • tan como

La bióloga Margarita Salas es una de las grandes de la ciencia española. Estos días está preocupada, después del recorte de financiación de la investigación.

Pregunta: ¿Cómo ve la situación actual?
Respuesta: Es muy preocupante que el presupuesto destinado a la investigación (1) _____ el actual.
P. ¿Tendrá esto impacto en los investigadores jóvenes?

R. Sí. Creo que los jóvenes científicos que están empezando la investigación son los que más van a sufrir. Pero me preocupa mucho también el gran desánimo que va a producir en ellos. Muchos que acaban los estudios y podrían elegir una carrera investigadora, están desanimados; (2) _____

tiempo pasa, hay (3) _____ jóvenes para hacer la tesis doctoral en los laboratorios. Si encima ahora se les desanima más con un recorte así, pensarán que la ciencia no tiene futuro en nuestro país.

P. ¿Son útiles los créditos para la ciencia?

R. No, para nada. Los científicos necesitamos subvenciones porque los créditos hay que devolverlos y nosotros no tenemos oportunidad de hacerlo. Sin embargo, (4) _____ subvenciones se den (5) _____ oportunidades tendrán los jóvenes investigadores.

P. ¿Hay inquietud en la comunidad científica?

R. Mucha, es preocupante que pueda haber recorte de becas y contratos.

Hay jóvenes que acaban el doctorado o que han ido al extranjero y que quieren regresar a trabajar aquí, pero si ganan todavía menos (6) _____, vamos a perder la oportunidad de contar con jóvenes científicos bien formados, ya que se van a quedar en países extranjeros. Espero que haya más sensibilidad en el debate parlamentario del presupuesto y se repare un poco esto. Se siembra hoy para cosechar mañana, y si no se siembra, no habrá nada que recoger dentro de unos años.

B Tras escuchar y leer la entrevista, quieres compartirla con tus colegas: haz un breve resumen con los problemas de los que habla Margarita Salas para enviarlo a través de Twitter.

4 En parejas o en grupos de tres, unid correctamente las dos columnas (en algunos casos hay más de una posibilidad) y poned el infinitivo en el tiempo verbal correcto.

La vida de la humanidad será mejor…

cuando haya agua potable para todos.

1 **cuando**
2 en cuanto
3 después de que
4 tan pronto como
5 apenas
6 a medida que
7 mientras
8 antes de que
9 cuanto más
10 cuanto menos
11 cuanto menor
12 cuanto mayor

a ser la preparación y la cultura de toda la población.
b desaparecer las diferencias entre países ricos y países pobres.
c justos ser entre los seres humanos.
d los niños nacer todos sanos.
e se distribuir mejor la riqueza.
f **haber agua potable para todos.**
g se acabar el hambre en los países empobrecidos.
h (darse, nosotros) cuenta de que no puede existir tanta pobreza.
i inventar(se) más vacunas.
j ser la violencia.
k haber una guerra planetaria.
l egoístas (ser, nosotros).

Cuando todos/as hayáis terminado el ejercicio, leedlo en voz alta para comparar los resultados con las otras parejas o grupos y debatidlos con toda la clase.

5 Recuerda lo que has leído y escuchado. Reflexiona y contesta.

1 *Apenas se descubrió el mapa del genoma humano, se abrieron las puertas a conflictos ético-morales.*

A ¿Recuerdas lo que significa *apenas*? Danos dos sinónimos de los que has estudiado.

_____ .

B Ahora fíjate en estas oraciones y dinos qué crees que significa *apenas* en ellas.
• *Anunciaban mucha lluvia para este fin de semana, pero apenas ha llovido.*
• *Apenas hay luz en esta habitación.*

C Y ahora sustituye *apenas* por uno de los sinónimos que hayas elegido antes.

a Apenas salí de casa, se puso a llover.

_____ .

b Apenas sepa algo, te llamo.

_____ .

c No puedo decirte cómo iba vestido porque apenas lo vi.

_____ .

d Apenas sale de casa. Me tiene muy preocupado.

_____ .

2 ● *¿Qué pasa? ¿Tienes mucho trabajo?*
   ▼ *¿Que si tengo mucho trabajo? ¡Qué risa me da! Tengo muchísimos análisis y mientras no haga todos los informes, no puedo moverme de aquí.*

A Leed en parejas este diálogo. ¿Qué tono será el adecuado?

B La persona que pregunta *¿qué pasa?*:
   a Está preocupada.
   b Pregunta por cortesía.

C La persona que responde:
   a Está de muy mal humor.
   b No ha entendido bien la pregunta.

D ¿Por qué crees que repite la pregunta de su interlocutor?

_____ .

3 ● *Quizá **deberías** ser un poco más rápida.*
   ▼ *¿Más rápida? ¡Qué fácil es hablar! En este laboratorio te **querría** ver yo.*

A Claro que recuerdas el condicional y para qué se usa. En este diálogo lo usan los dos interlocutores. Pero, ¿lo hacen con la misma intención comunicativa?
¿Cuál de los dos aconseja y cuál expresa un deseo?

B Y ahora, con tu compañero/a escribe dos diálogos usando ambas funciones del condicional.

_____
_____

4 *Cuantas más subvenciones se den, más oportunidades tendrán los jóvenes **investigadores**.*

A La palabra 'investigador/a', lleva el sufijo *-dor/a*, que se usa para indicar la persona que realiza una acción. Investigador/a ➜ persona que investiga.
Completa esta lista y añade tus propios ejemplos:

a Persona que habla mucho: _____ .
b Persona que sueña: _____ .
c Persona que pesca: _____ .
d Persona que diseña: _____ .

B El sufijo *-dor/a* también sirve para referirse a lugares y objetos.
Completa esta lista y añade tus propios ejemplos:

a Lugar donde se come: _____ .
b Lugar de la casa donde se recibe: _____ .
c Máquina que ordena o computa: _____ .
d Máquina que lava: _____ .

C Y ahora piensa en el primer grupo de palabras. Algunas se han convertido en profesiones. ¿Cuáles? Elabora una lista. Te damos un ejemplo: *pescador*.

_____
_____ .

5 *No, para nada.*

A Está claro que en este contexto, la construcción 'para nada' sirve para negar rotundamente. ¿Significa lo mismo en este diálogo? Explica la diferencia.

   ● *¿Te sirve esto para algo?*
   ▼ *No, para nada.*

B Y ahora, en parejas, escribid dos diálogos en los que aparezcan ambos sentidos.

_____
_____
_____

4. De todo un poco

1 **Interactúa.**

A **Mitos, curiosidades y leyendas urbanas sobre la ciencia.**

a Primero, tu compañero/a te pregunta y tú le respondes sí o no razonando tu respuesta. Él (o ella) tiene la solución. Después cambiáis: quien ha preguntado contesta, y quien ha contestado pregunta. Necesitáis papel y lápiz para ir escribiendo los resultados.

Alumno A

1 Los pollos pueden vivir sin cabeza.

2 El agua gira en dirección contraria en los desagües del hemisferio sur a causa de la rotación terrestre.

3 En el espacio no hay gravedad.

4 Los humanos solo emplean el 10% de su cerebro.

5 Comerse un panecillo con semillas de amapola tiene el mismo efecto que el opio.

6 Una moneda arrojada desde lo alto de un rascacielos puede matar a un peatón.

7 Los adultos no desarrollan nuevas neuronas.

8 La sopa de pollo puede curar el resfriado común.

9 El bostezo es «contagioso».

10 Los rayos nunca golpean dos veces en el mismo sitio.

---

1 Sí, o al menos sin buena parte de la cabeza. **2** No, en realidad hay fuerzas mucho más poderosas que intervienen también. **3** No, en todas partes hay gravedad. **4** Casi con toda certeza usamos más de un 10% del cerebro y esta afirmación probablemente tenga su origen en una mala cita o en una mala interpretación de ciertos trabajos científicos. **5** No, pero sí es cierto que puedes dar positivo en un control de drogas. **6** No, la resistencia del aire le impide alcanzar una velocidad suficiente para eso. **7** Afortunadamente no es cierto, aunque hasta hace no mucho se creía que sí lo era. **8** No tanto como curar, pero ayuda. ¡Cuánto saben las madres! **9** No se sabe si hay algo fisiológico pero, cuando nos aburrimos y alguien bosteza, inmediatamente otras personas bostezan. **10** No solo no es cierto, sino que los rayos parecen preferir ciertos objetos y lugares como el Empire State.

Alumno B

1 La boca de un perro está más limpia que la de un humano.

2 El pelo y las uñas continúan creciendo después de muerto.

3 Los gatos siempre caen de pie.

4 Los hombres piensan en el sexo cada siete segundos.

5 Cuando corres bajo la lluvia, te mojas menos.

6 Un alimento cuando cae al suelo tarda cinco segundos en contaminarse.

7 Los animales pueden predecir los desastres naturales.

8 Las estaciones son causadas por la proximidad de la Tierra al Sol.

9 La Gran Muralla china es la única construcción humana visible desde el espacio.

10 Se tarda siete años en digerir un chicle.

---

1 En realidad es difícil de comparar por lo específicas que son las bacterias de cada especie, así que probablemente no sea correcto decir esto. Pero si quieres, puedes llevar a analizar tus babas y las de tu perro. Lo último es una broma, claro. **2** No, en realidad la piel se deshidrata levemente al morir, por lo que se contrae y entonces parece que crecen pelos y uñas, pero no es cierto. **3** Si, si caen desde la altura suficiente. **4** No hay forma de comprobarlo, pero en cualquier caso parece un poco exagerado, ¿no te parece? **5** Los científicos dicen que sí es cierto. **6** Pues no, se contamina al momento. **7** No, como mucho pueden notarlos un poco antes gracias a sus sentidos normalmente más agudos que los nuestros, pero aún así muchos mueren en estos desastres. **8** No, en realidad tienen que ver con la inclinación de la Tierra. **9** No, en realidad no se ve, y si se viera, tendrían que verse muchas carreteras y autopistas que son más anchas. **10** No. Puede que tus jugos gástricos no lo digieran, pero en poco más de 24 horas habrá abandonado tu cuerpo.

b ¿Conocéis algún mito o leyenda urbana más? En caso afirmativo, contádselo a los/as compañeros/as.

B Einstein.

Aquí tenéis unas citas de Einstein, comentadlas con vuestros/as compañeros/as.

> *«Hay dos cosas infinitas: el universo y la estupidez humana, y del universo no estoy seguro».*
>
> *«Hay una fuerza motriz más poderosa que el vapor, la electricidad y la energía atómica: la voluntad».*

2 Habla.

A Primero lee este texto. Puedes consultar el diccionario, preguntar al profesor o a la profesora o a los/as compañeros/as.

Sabes que tienes diez minutos para preparar este tema. Tienes que explicar por qué has elegido un tema u otro. Exponlo durante cinco minutos, después el profesor o la profesora, los/las estudiantes te harán preguntas sobre este tema durante cinco minutos aproximadamente.

Argumenta e intenta llegar a una conclusión.

Vago/a a letras; empollón/a a ciencias

Los estereotipos condicionan la elección de estudios en el bachillerato.

El alumno de letras es sociable, simpático y abierto, pero vago, incapaz, despreocupado e indeciso. El de ciencias es inteligente, serio y responsable, pero individualista, insociable, aburrido y materialista. Así opinan de sí mismos y de sus compañeros 36 alumnos madrileños de entre 14 y 18 años que fueron reunidos para hablar de la elección de estudios que han hecho o la que están a punto de hacer. Se trata de parte de una investigación dirigida por la profesora de Sociología de la UNED Mercedes López Sáez, en la que los chicos reproducen el estereotipo clásico: los vagos, a letras; los empollones, a ciencias.

Los estereotipos conllevan simplificación y generalización. Son injustos, pero acaban por introducirse en la realidad de manera que resulta difícil saber si es así.

Los propios profesores, en otra parte del estudio en el que se entrevistó a once docentes madrileños, lo constatan. La estadística dice que los alumnos de Ciencias de la Naturaleza y la Salud y Tecnología repiten menos en 2.º de bachillerato (el 22,9% y 28,9%, respectivamente) que los de Sociales y Humanidades (29,6%), y mucho menos que los de Artes (45,5%).

(Texto adaptado de: *http://www.elpais.com*)

B Pasen, señores, pasen a mi consulta.

a Mira bien las viñetas.

b Busca en el diccionario las palabras que no sabes.

c Describe y narra todo lo que ves.

© Quino

3 Escucha.

A Científicos españoles destacados. )) 21

1 **Antes de escuchar.**
¿Podrías decir el nombre de algún científico de tu país? ¿Y de España o Hispanoamérica?

2 **Durante la primera audición.**
Pon atención al nombre de los científicos y a sus avances o descubrimientos.

3 Vuelve a escuchar la grabación (seguramente necesitarás hacerlo dos veces más) y después contesta:

a ¿Cómo se llama el primer científico? ¿Qué inventó? ¿Cuál era su especialidad?

b ¿Cómo se llama el segundo científico? ¿En qué año nació? ¿En qué año recibió el Premio Nobel de Medicina? ¿Cómo se llamó su teoría?

c ¿Cómo se llama la tercera persona de la que se habla? ¿Qué inventó? ¿En qué se convirtió su invento posteriormente?

d ¿Cómo se llama el cuarto científico?
¿Qué premio recibió? ¿En qué año murió?

e ¿Cómo se llama la quinta científica?
¿De quién fue discípula? ¿Qué le ocurrió en mayo de 2007?

4 Despues de escuchar.

Y a ti, ¿qué te gustaría inventar? ¿Cuándo te gustaría inventar algo, ahora, de mayor? Contesta a estas dos preguntas y comprueba lo que han respondido tus compañeros/as. ¡Quién sabe si en el futuro tu invento se hará realidad!

B Ciencia ficción. **²²**

Y ahora hablemos de algo que podría ser ciencia o ficción, dependiendo de la época.

> ¿Sabía usted que la ciencia ficción tiene su origen en la Antigüedad?
> ¿Y que el primer viaje a la Luna fue imaginado por Luciano de Samósata en el siglo II, y no por Julio Verne en el XIX? ¿Sí? ¿No? Pues escuche atentamente nuestro espacio de Onda Meridional «A través de la ciencia», el programa de hoy titulado «Entre la ciencia y la ficción».

1 Antes de escuchar.

a ¿Te interesa la literatura fantástica? ¿Y la ciencia ficción?
b ¿Qué te interesa más la literatura de ciencia ficción o el cine de este género?
c ¿Puedes nombrar alguna obra escrita de ciencia ficción? ¿Y alguna película?
d ¿Crees que la ciencia ficción es ciencia?
e Ahora mira las fotografías y los nombres de escritores que aparecen en la audición.

Luciano de Samósata

Julio Verne

Jorge Luis Borges

Arthur Clarke

Robert Louis Stvenson

H.G. Wells

Jack London

Conan Doyle

Theodore Sturgeon

Mary Shilley

f ¿Sabes quiénes son? Entre todos, con ayuda de internet o, si no, con la de vuestro profesor o vuestra profesora explicad quién es quién.

g ¿Has leído algunas de sus obras o has visto alguna adaptación al cine de estas obras? Cuéntaselo a tus compañeros/as.

2 Durante la audición.
Tomad notas de lo más importante.

3 Después de escuchar.
Di si son verdaderos o falsos los siguientes enunciados según el texto.

	V	F
1 La ciencia ficción es una rama de la llamada literatura fantástica que ya se escribía en la Antigüedad.		
2 El término fue acuñado en 1939 por Hugo Gernsback, escritor de una de las primeras revistas del género.		
3 En *La Odisea* se narran los viajes de Odiseo o Ulises.		
4 La primera obra del género de ciencia ficción, tal y como lo conocemos hoy, es la obra *El mundo perdido*.		
5 Verne encarna el prototipo de autor de ciencia ficción actual, que utiliza los últimos descubrimientos científicos para desarrollar un mundo imaginario.		
6 Este tipo de literatura nos ha servido para imaginar y encontrar respuestas ciertas a nuestras inquietudes, respuestas que parecen tranquilizar nuestra alma.		

Un paso más

1 En las dos audiciones aparecen una serie de oraciones pasivas construidas con *ser* (las estudiaste en la unidad 5 de Nuevo Avance 5). Aquí las tienes. ¿Puedes convertirlas en activas? Fíjate que en las dos primeras y en la última no hay complemento agente. Observa el ejemplo para hacer lo mismo.

a Una nueva y revolucionaria teoría que empezó a *ser llamada* la «doctrina de la neurona».
*Una nueva y revolucionaria teoría **a la que llamaron** la «doctrina de la neurona».*

b En mayo de 2007 *fue nombrada* miembro de la Academia Nacional de Ciencias de Estados Unidos.
_____
_____.

c Y El primer viaje a la Luna *fue imaginado* por Luciano de Samósata.
_____
_____.

d El término *fue acuñado* en 1929 por Hugo Gernsback.
_____
_____.

e Este camino artístico aparentemente ilimitado *fue iniciado* en la Antigüedad.
_____
_____.

2 En la segunda audición encontramos *«narraciones fantásticas entremezcladas con hechos científicos y visiones proféticas»*.
Imaginamos que comprendes el significado de 'entremezcladas'.
Lo interesante es que el verbo está formado así: *entre* + *mezclar*. Te damos otros verbos formados de la misma manera. Busca su significado en el diccionario y haz una oración usándolos.

a Entresacar: _____
_____.

b Entreabrir: _____
_____.

c Entrecortar: _____
_____.

d Entrelazar: _____
_____.

4 Lee.

A *El Semanal*. Viajar al futuro.

1 Antes de leer.
a Imaginad de qué va a hablarse en el texto.
b Enumerad los cambios que habrá en el futuro.

2 Después de leer.
a Comparad vuestras hipótesis con lo que habéis leído.
b Señalad la opción correcta.

La máquina del tiempo, la que nos transportaría a través de los siglos, no está contemplada por la ciencia. No obstante, usted se habrá planteado alguna vez a qué lugar del tiempo querría ir si ello fuera posible. La mayoría elige momentos de esplendor de su ciudad o su país y, habitualmente, iría al Jerusalén del siglo cero para saber todo lo que no sabe de Jesucristo. Unos viajarían en el barco del que bajó Colón poco después de que Rodrigo de Triana gritara haber visto tierra; otros al día en que Cortés llegó al centro de México; otros, a conocer personalmente a Leonardo da Vinci, aunque fuese haciéndose pasar por su lechero; otros, a la Roma imperial en una tarde cualquiera de circo; otros, al periodo en el que se construía la Ciudad Prohibida de la dinastía Ming en Pekín. Pocos, en cambio, viajarían hacia el futuro, cuando, realmente, es mucho más desconocido y apasionante. Lo que ocurrió en el

Descubrimiento o lo que inventó Da Vinci más o menos lo sabemos, pero no somos capaces de imaginar lo que habremos inventado dentro de trescientos años. De la misma forma que un gran científico que vivió a principios del siglo XX habría sido incapaz de anunciar que podría inventarse el teléfono móvil, nosotros hoy tenemos cierta limitación –no tanta, es cierto– para imaginar la vida dentro de tanto tiempo teniendo en cuenta la progresión con la que avanza la ciencia. ¿Cómo será su ciudad en el año 2310? ¿Existirá? ¿El criterio conservacionista permanecerá o le dará a todo el mundo por destruirlo todo y crear un mundo nuevo? Sin embargo, algunas cosas sabemos: los científicos adelantan algunos de los escenarios futuros más inmediatos y queda claro que no habrá que esperar tres siglos para presenciar innovaciones espectaculares. Dentro de unos años, por ejemplo, viajar dejará de ser una pesada espera y un largo recorrido entre lugares distantes: bien saliendo de la atmósfera o bien viajando dentro de ella, unir Moscú y Nueva York será cosa de menos de una hora; de hecho, algunos prodigios de la aeronáutica ya unen Tokio y Washington en sesenta minutos. Cuenta un diario chileno especialista en estas cuestiones que todo lo anterior es cosa de no más de diez años. Olvídense de las dieciocho horas de Madrid hasta Shangai. Los edificios ya no tendrán cables ni enchufes (los muros servirán de conductores electromagnéticos), las imágenes saldrán de la pantalla al modo de hologramas y las conversaciones en diferentes idiomas no serán problema al disponer de traductores simultáneos prácticamente perfectos. La medicina dará pasos de gigante –hasta ahora los ha dado la cirugía– y la reparación de tejidos dañados resultará accesible mediante las célebres `células madre´, la ceguera será un problema superado mediante ojos biónicos y las adicciones serán superadas con facilidad mediante el uso de vacunas de ultimísima generación. Las fuentes de energía habrán cambiado, dejarán de ser altamente contaminantes y la contaminación será cosa del pasado, es decir, de hoy. Conducir será infinitamente más seguro que hoy en día: vehículos inteligentes permitirán un tipo de piloto automático que hará posible hasta dormir un poco entre Bilbao y Burgos. Todo ello es posible que no ocurra en todas partes y al mismo tiempo, ya que previsiblemente la velocidad de desarrollo tendrá desniveles territoriales, pero la distancia entre avance y retraso que hoy se marca claramente en el mapa sociopolítico de los países de la Tierra se acortará. Lo único que no nos dice la previsión científica es si el ser humano será más feliz. Tendrá instrumentos que le harán la vida más agradable, pero no sabemos si será más justa, como esperamos y deseamos. Lo apasionante, pues, es conocer lo que nos espera, no solo lo que nos precede.

3 En el texto se afirma que:

1 a A todo el mundo le gustaría viajar a los acontecimientos más importantes del pasado de su lugar de origen.

b A muchos les molestaría venderle leche a Leonardo da Vinci.

c A una minoría no le gustaría viajar al pasado.

2 a Los científicos de principios del siglo XX tenían la misma capacidad de predicción que los del siglo XXI.

b Solo deberemos esperar una década para ver prodigios aeronáuticos.

c El instinto de conservación será de máxima utilidad para la Humanidad.

3 a Las 'células madre' servirán para recuperar a los adictos de sus adicciones.

b Los edificios prescindirán de los sistemas actuales de electricidad.

c Posiblemente los avances tecnológicos futuros ocurran al mismo tiempo en todo el planeta.

4 Entre todos/as comentad el final del artículo y expresad vuestra opinión justificándola.

Lo único que no nos dice la previsión científica es si el hombre será más feliz. Tendrá instrumentos que le harán la vida más agradable, pero no sabemos si será más justa, como esperamos y deseamos. Lo apasionante, pues, es conocer lo que nos espera, no solo lo que nos precede.

Un paso más

1 En este texto aparecen muchos futuros; es lógico porque se habla de eso, del futuro. Pero nosotras queremos que subrayes los futuros perfectos (hay tres) y que nos digas: ¿a qué son anteriores?

_____.

2 En el ejercicio 5 de *Contenidos gramaticales* hemos comparado dos funciones del condicional.

a Escribe aquí cuáles son:

_____.

b Vuelve a leer el texto y subraya los condicionales que hay en él. ¿Tienen la misma función que los anteriores?

_____.

c Escribe con tu compañero/a ejemplos en los que aparezcan esas funciones.

_____.

5 Escribe.

Opción A

Aquí tienes una serie de citas escritas por autores españoles sobre la ciencia. Elige una de ellas y coméntala. Puedes presentarlo como un texto explicativo o argumentativo.

- Recuerda que **los textos argumentativos** expresan opiniones para convencer.
  Los modelos suelen ser artículos de opinión, crítica de prensa, discursos, publicidad, ensayos. Normalmente se usan conectores explicativos, conectores de causa y consecuencia, conectores **ordenadores** (*en primer lugar, primeramente; en segundo/tercer/cuarto... lugar; por un lado, por otro lado...; por una parte... por otra;* **aditivos** (*asimismo, igualmente*), **intensificadores** (*incluso, hasta, para colmo*), **opositivos** (*a pesar de todo, pero, sin embargo, no obstante, en cierto modo, por el contrario, en cambio*).
  Su estructura consta de presentación, desarrollo y conclusión.
  El registro es estándar y algunas veces culto.
- **Los textos explicativos** hacen comprender un tema y explican por qué es así. Los modelos suelen ser los libros de texto, los libros y artículos divulgativos, las enciclopedias y los diccionarios.
  Normalmente se utilizan conectores explicativos, causales, consecutivos y ordenadores. Su estructura consta de presentación, desarrollo y conclusión. El registro es el estándar.

- *La ciencia es, sin disputa, el mejor, el más brillante adorno del hombre.* **Gaspar de Jovellanos (1744-1811) literato, economista y político español.**

- *Ciencia es todo aquello sobre lo cual siempre cabe discusión.* **José Ortega y Gasset (1883-1955) filósofo y ensayista español.**

- *Ninguna ciencia, en cuanto a ciencia, engaña; el engaño está en quien no la sabe.* **Miguel de Cervantes (1547-1616) escritor. Su obra más famosa es** El Quijote.

- *La verdadera ciencia enseña, por encima de todo, a dudar y a ser ignorante.* **Miguel de Unamuno (1864-1936) filósofo y escritor español.**

- *La ciencia no me interesa. Ignora el sueño, el azar, la risa, el sentimiento y la contradicción, cosas que me son preciosas.* **Luis Buñuel (1900-1983) cineasta español.**

Opción B

Ciencia ficción: ¿Cómo será el mundo dentro de quinientos años? ¿Habrá cambiado mucho? ¿No habrá cambiado casi nada? Si lo viéramos, ¿nos resultaría irreconocible? Escribe un texto exponiendo tus ideas.

5

¿A qué dedicas el tiempo libre?

Al terminar esta unidad, serás capaz de...

- Leer, escuchar y hablar sobre aficiones y tiempo libre.
- Reconocer expresiones coloquiales y usarlas.
- Interpretar un test para conocerte y conocer mejor a tus compañeros/as.
- Rectificar ideas previas que se consideran negativas.
- Usar construcciones reduplicadas en subjuntivo.
- Expresar dudas y deseos usando nuevos recursos.
- Formar sustantivos derivados a partir de adjetivos.
- Rechazar por escrito una invitación de forma que tu interlocutor/a no se ofenda.
- Escribir proponiendo a tus amigos/as un viaje para hacer el Camino de Santiago.

1. Pretexto

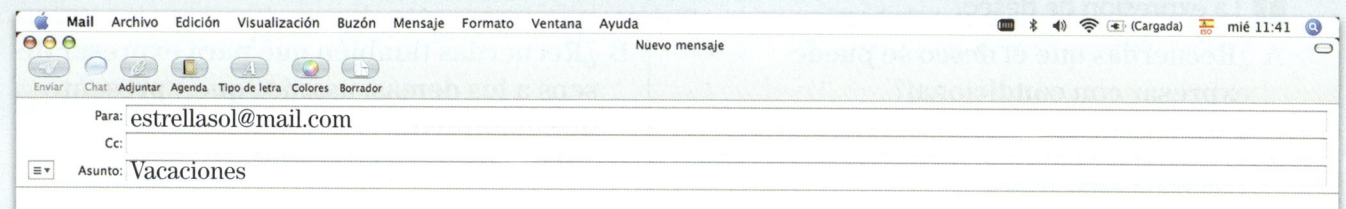

Para: estrellasol@mail.com
Cc:
Asunto: Vacaciones

Hola, Estrella:

¿Qué tal va todo? ¡Tía! ¡Vaya tentación lo de ir a Tarifa contigo para hacer *kitesurf*! Sabes que me apetecería un montón. Pero esta vez no va a poder ser. Te cuento. Por un lado, mis padres van a mudarse y he prometido echarles una mano, así que, quizá, no tenga tiempo, y, además, el 9 de septiembre, como es mi cumpleaños, ya sabes, veintitrés, van a venir mis abuelos de Menorca. Entonces, lo veo dificilísimo, o casi imposible.

¡Ojalá pudiera ir! Sería lo más... Me apetecería un montón... la playa, el viento, volar sobre las olas, los amigos, las fogatas por la noche en la playa... De todas formas, pase lo que pase, ya te diré algo seguro. Que disfrutes muchísimo.

Nos llamamos.

Jorge

1 **Lee, escucha y contesta.**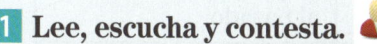

a Di con tus propias palabras por qué cree Jorge que no va a poder ir a Tarifa.

b ¿Dice Jorge que no va a ir definitivamente? ¿Cómo lo expresa?

c Señala si la forma de escribir de Jorge es formal o informal.

2 **Ahora reflexiona.**

a Señala la(s) oración(es) a que expresa(n) deseo. ¿En qué tiempo verbal está(n)?

b Subraya las oraciones que expresan duda o probabilidad. ¿En qué tiempo verbal están?

c Hay una oración que tiene el mismo verbo dos veces y va unido por un relativo. ¿Podrías decir cuál es?

3 **Escribe el correo electrónico que Estrella ha escrito antes a Jorge.**

2. Contenidos gramaticales

1 **La expresión de deseo.**

A **¿Recuerdas que el deseo se puede expresar con condicional?**

● *Sería estupendo que pudieras venir a Tarifa.*

Completa estas frases.

1 A Antonio le _____ tener mucho dinero para viajar por todo el mundo.

2 A mis padres les _____ comprar una casa de campo en Mallorca para cuando se jubilen. Quieren tener un jardín y un huerto.

Y ahora, expresa tú dos deseos reales que quieras *compartir* con tus compañeros.

_____ .

B **¿Recuerdas también que para expresar deseos a los demás, usamos *que* + presente de subjuntivo?**

● *Voy a hacer el Camino de Santiago a pie.*
▼ *Que disfrutes mucho y que todo te vaya bien.*

Contesta.

1 ● Estoy muy cansada; me voy a la cama.
▼ (Tú) _____

2 ● Me voy a pasar una semana a Lanzarote.
▼ Ojalá no haga demasiado calor.
■ (Tú) _____

C **Además, ¿recuerdas que los deseos para los demás y para ti puedes expresarlos usando *ojalá* + presente de subjuntivo?**

● *El próximo fin de semana voy a tirarme en paracaídas.*
▼ *Ojalá no haga viento y caigas bien.*

Contesta.
● *Mañana vamos a subir al Teide.*
▼ _____

Elabora con tu compañero/a dos diálogos usando esta fórmula.

D **Ahora vas a aprender a usar *ojalá* + todos los tiempos de subjuntivo.**

Ojalá + presente	*Ojalá* + pretérito perfecto	*Ojalá* + pretérito imperfecto	*Ojalá* + pretérito pluscuamperfecto
Para expresar deseos posibles referidos al presente o al futuro.	Para expresar deseos posibles recientes, en relación con el p. perfecto.	Para expresar deseos imposibles referidos al presente y al futuro.	Para expresar deseos imposibles referidos al pasado.
Ojalá llueva pronto; el campo está muy seco.	● *Me han dicho que las notas de Estadística ya han salido. Ojalá haya aprobado.* ▼ *Seguro que sí; llevabas los temas muy bien preparados.*	● *Ojalá estuviera aquí mi hermano, así podría echarme una mano, que buena falta me hace. Me encanta el bricolaje, pero no consigo montar estas piezas. (Mi hermano no está aquí, por eso mi deseo es imposible.)* ▼ *Si quieres te ayudo yo, aunque no sea lo mismo.*	● *Ojalá Marta no hubiera participado en el campeonato de patinaje, así no se habría roto el pie. (Marta participó y se rompió el pie; el deseo es imposible.)* ▼ *Ya... pero nunca sabemos qué puede pasar...*

FÍJATE

Ojalá puede aparecer seguido de *que*, pero no es necesario.

Recuerda que también sabes usar *esperar* para expresar deseos. ¿Puedes ponernos un ejemplo?

2 La expresión de la duda o la probabilidad.

A Ya sabes que para expresar la duda o la probabilidad puedes usar los siguientes tiempos verbales.

SEGURIDAD	DUDA, PROBABILIDAD
1 Presente	→ Futuro simple
2 Pretérito perfecto	→ Futuro compuesto
3 Pretérito imperfecto	→ Condicional simple
4 Pretérito indefinido	→ Condicional simple

Contesta a estas preguntas, usando los tiempos adecuados. No estás seguro/a.

1 ● ¿Cuántos años **tiene** Rafael Nadal?
▼ _____ .

2 ● ¿Qué selección **ganó** los mundiales de fútbol de 2010?
▼ _____ .

3 ● ¿Quién **era** la chica que iba ayer con tu hermano?
▼ _____ .

4 ● ¿Por qué **no se ha presentado** al concurso de relatos breves?
▼ _____ .

B También sabes que para expresar la duda y la probabilidad usamos:

QUIZÁ(S), TAL VEZ	Van seguidas de indicativo o subjuntivo.	Con indicativo cuando se quiere expresar más seguridad, y con subjuntivo posibilidad más remota.	● *¿Sabes que hay un concierto en la Catedral?* ▼ *Sí, **quizás** iré con unos amigos.* ▼ *Sí, **quizás** vaya, no sé, es que espero una llamada importante a la misma hora.*
A LO MEJOR	Se construye siempre con indicativo.	Informa de una acción o un hecho de realización muy probable.	● ***A lo mejor** me dan unas entradas para el partido.*
PUEDE (SER) QUE	Se construye siempre con subjuntivo.	Expresa una hipótesis posible.	● *No lo recuerdo bien, pero **puede que** sí, que el verano pasado estuvieron de vacaciones en la península de Yucatán.*

FÍJATE

Pueden aparecer después del verbo:
*Vendrán, **quizá**, a la excursión con nosotros.*

Úsalos adecuadamente.

1 ● Me dijo Pedro que vendría a ayudarme a montar los muebles y no vino.
   ▼ Puede (ser) que no (tener) _____ tiempo. Ya sabes que últimamente trabaja mucho.

2 ● ¡Mira qué feo nos ha quedado el color de la pared!
   ▼ Quizá nos (equivocar) _____ al elegir este color.

FÍJATE

Algo nuevo: coloquialmente puedes usar *igual* para expresar duda.
Contesta: ● *¿Vamos a pescar este fin de semana?*
          ▼ *Igual* _____

3 Las oraciones reduplicadas.

Son un tipo de estructuras concesivas, por eso, expresan en general un obstáculo a pesar del cual se realiza lo expuesto en la oración principal.
Verbo en subjuntivo + cualquier relativo + el mismo verbo en subjuntivo,
+ oración principal (en indicativo).

ATENCIÓN
No se usan los relativos *que*, *el/la/los/las cual(es)*, pero sí, *cual*.

- ***Pase lo que pase***, *no te abandonaré.*
- ***Fuera quien fuera***, *no debiste abrir la puerta.*
- ***Venga cuando venga***, *se lo diremos.*
- ***Lo dijera como lo dijera***, *no deberías haberte enfadado tanto con ella.*
- ***Esté donde esté***, *lo encontraréis.*
- ***Sea cual sea tu decisión***, *la aceptaremos.*

Y ahora tú termina estas oraciones:
1 Preguntes a quien preguntes, _____.
2 Te diga lo que te diga, no _____.

3. Practicamos los contenidos gramaticales

1 A Transforma el infinitivo en la forma verbal correcta. Atención, puede haber más de una posibilidad.

1 ● Han dicho en la información del tiempo que quizá (llover) **llueva** / **lloverá** este fin de semana.
▼ Pues hay que hacer caso porque últimamente no (equivocarse) _____ nada.

2 ● (Ser) _____ estupendo que (poder, nosotros) _____ pasar las vacaciones juntos.
▼ Desde luego, pero lo (ver, yo) _____ casi imposible.

3 ● A lo mejor la próxima maratón (ser) _____ en São Paulo.
▼ Pues no sé si (ser) _____ un sitio ideal para una maratón en verano.

4 ● ¿Vas a ir al cumpleaños de Rafa?
▼ Puede que (ir) _____, pero depende de si me (dar) _____ permiso o no.

5 ● Me han ofrecido un trabajo de monitora de natación e igual lo (aceptar) _____.
▼ Pues, que (irte) _____ fenomenal.

6 ● Abandonó la competición *a todo correr* y llorando.
▼ ¡Qué extraño! Tal vez (sentirse) _____ mal de repente, porque Luz siempre me ha parecido una mujer muy *equilibrada*.

7 ● No sé nada de Serafín, ¿sabes tú algo de él?
▼ A lo mejor (marcharse) _____ a Egipto. Dijo que lo (hacer, él) _____ en cuanto tuviera suficiente dinero.

8 ● Me encantaría hacer escalada, pero, no sé, igual me (dar) _____ un poco de miedo.
▼ (Deber, tú) _____ probarlo. ¡Es estupendo!

9 ● Voy a presentarme a un concurso de construcción de maquetas.
▼ Ojalá lo (ganar, tú) _____. *Eres una manitas.*

10 ● (Apetecer, a mí) _____ que Julieta Venegas viniera a actuar aquí este verano.
▼ Sí, a mí también (gustar) _____ un montón.

B Señala las frases que expresan deseo y las que expresan duda o probabilidad.

C *A todo correr* significa: **a** Corriendo   **b** Al correr

D Define a una persona *equilibrada*. ¿Cuál es su contrario?

E ¿Qué crees que significa *ser un/a manitas*? **a** Ser habilidoso/a   **b** Ser torpe

2 A **Completa con el tiempo adecuado de subjuntivo y relaciona las dos columnas.**

1 ● El concierto empieza a las 21:00 y son las 20:45. ¡Ojalá (llegar) _____ a tiempo!

2 ● Marta me ha dicho que *está de tres meses.*

3 ● La situación actual del club deportivo es muy crítica, ¿qué piensan hacer ustedes para resolverla?

4 ● Mañana me voy de vacaciones al Caribe.

5 ● ¡Ojalá (aceptar, yo) _____ el trabajo de profesor de ajedrez que me ofrecieron en Francia!

6 ● ¿Me acompañas a las rebajas? Es que ayer vi unas botas de montaña preciosas, pero no llevaba dinero, ni la tarjeta de crédito. Ojalá no las (vender, ellos) _____.

7 ● Luis está enfadado conmigo, ¡ojalá no le (contar, yo) _____ lo que pasó en el gimnasio!

8 ● El sábado vamos a alquilar *una avioneta* durante una hora.

9 ● Hoy tengo el último examen de la *carrera.*

10 ● La *cosecha* va a perderse por la *sequía.*

a ▼ Ojalá no (hacer) _____ viento.

b ▼ No te quejes; este que tienes ahora está bastante bien.

c ▼ ¡Ojalá (poder, yo) _____ acompañarte!

d ▼ Venga, vamos, a ver si tienes suerte.

e ▼ Ojalá (ser) _____ niña esta vez después de tres niños.

f ▼ Que lo (hacer, tú) _____ bien y (aprobar) _____.

g ▼ ¡Ojalá (tener, nosotros) _____ la respuesta!

h ▼ No lo creo, hay mucho tráfico.

i ▼ Sí, habría sido mejor, pero ya sabes lo que dice el antiguo refrán: *A lo hecho, pecho.*

j ▼ He oído en la radio que puede que (llover) _____ la próxima semana.

B Y ahora contesta.

1 ¿Sabes el participio de qué verbo está omitido en esta frase? *Marta me ha dicho que está (_____) de tres meses.*

2 ¿Puedes imaginar qué le ha contado a Luis para que este esté tan enfadado con ella?

3 ¿Qué diferencia hay entre un avión y *una avioneta*?

4 ¿Qué significado tiene aquí la palabra *carrera*? ¿Conoces otros significados para esta misma palabra?

5 Explica qué quieren decir las palabras *cosecha* y *sequía*.

6 Intenta deducir el significado del refrán: *A lo hecho, pecho.*

3 A Completa con una de las frases propuestas.

> pase lo que pase · sea cual sea · Lo diga quien lo diga · Lo haga como lo haga
> venga cuando venga · ~~esté donde esté~~ · hiciera lo que hiciera

1 ● Me ha dicho la secretaria que no me preocupe, que encontrará mi ficha de inscripción **esté donde esté**.
   ▼ Pues a ver si es verdad porque, si no, no vas a poder participar en el concurso.

2 ● _____ no me lo creo, eso no puede ser verdad.
   ▼ Tú siempre tan escéptico.

3 ● No se preocupe señora Torija, _____ _____ el señor Dávila la llamará y le dará toda la información sobre el torneo de ajedrez.
   ▼ Muchas gracias por todo, adiós.

4 ● Marta ha decidido pintar ella misma toda su casa.
   ▼ _____ le quedará estupendamente, ya sabes que es muy habilidosa y, además, tiene muy buen gusto.

5 ● Juan echa muchísimo de menos a su antiguo entrenador.
   ▼ Es normal que lo eche de menos, ya sabes que _____ Juan, a él le parecía perfecto.

6 ● Te llamaré _____.
   ▼ Sí, por favor, mantenme informado.

7 ● El director de la empresa Ocio y Tiempo Libre me ha dicho que _____ mi decisión, la respetará.
   ▼ Entonces, estarás contenta, ¿no?

B Define a una persona *escéptica*.

C ¿Qué características tiene una persona *habilidosa*? ¿Cuál es el contrario de *habilidosa*?

D Pensamos que ahora es un buen momento para que entre todos/as, hagáis una lista de adjetivos de carácter y digáis sus contrarios. ¡Ánimo!

4 **A** **Aquí tienes una serie de aficiones y deportes. Haz oraciones de acuerdo con el modelo. Si quieres, puedes añadir la causa.**

1 *Cultivar bonsáis*

__Quizá__ de mayor me dedique a cultivar bonsáis, __porque__ es una afición muy tranquila.

2 *Practicar ala delta*

__Tal vez__ el próximo verano _____

_____

3 *Hacer maquetas*

__Puede que__ algún día

_____

_____

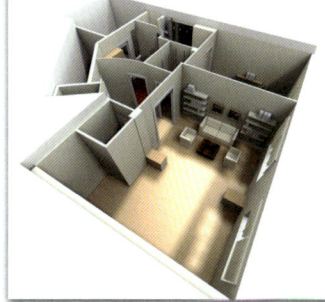

5 *Coleccionar LPs*

__Igual__ _____

_____

4 *Escalar*

__A lo mejor__ _____

_____

B **Ahora comparad los resultados. Si queréis, podéis añadir otras aficiones y deportes y, así, continuáis con esta actividad.**

5 **A** **Te presentamos una serie de imágenes emparejadas. Escribe una frase usando *ojalá* + el tiempo correcto de subjuntivo. Te ofrecemos un modelo.**

1 *__Ojalá__ no hubiera comido tanto, así ahora no me dolería el estómago.*

2 *__Ojalá__* (llover / sequía)

_____

_____

3 *Ojalá* Ojalá (aterrizar el avión / no tener que esperar)

_____

_____

4 *Ojalá* (tocar la lotería / comprar)

_____

_____

5 *Ojalá* (estudiar más / tener un trabajo mejor pagado)

_____

_____

B **Ahora comparad los resultados. Si queréis, podéis añadir más ejemplos que expresen deseo y, así, continuáis con esta actividad.**

6 **Recuerda lo que has leído y escuchado. Reflexiona y contesta.**

1 • ***Pase lo que pase**, ya te diré algo seguro.*
   • *Me ha dicho la secretaria que no me preocupe, que encontrará mi ficha de inscripción **esté donde esté**.*
   • ***Lo diga quien lo diga** no me lo creo, eso no puede ser verdad.*

A **Lee estas oraciones y dinos: ¿qué intención comunicativa tiene la parte en negrita?**

   a Demuestra ignorancia.
   b Refuerza lo afirmado o negado de la oración principal.

C **Y ahora escribe tres oraciones similares.**

B **Elige, entre estas dos posibilidades, la que tenga el mismo sentido:**

   a No sé lo que / No importa lo que
   b No sé dónde / No importa dónde
   c No sabemos quién / No importa quién

2 *¿Qué tal va todo? ¡Tía! ¡Vaya tentación lo de ir a Tarifa contigo para hacer **kitesurf**! Sabes que me apetecería un montón. Pero esta vez no va a poder ser. Te cuento. Por un lado, mis padres van a mudarse y he prometido echarles una mano, así que, quizá, no tenga tiempo, y, además, el 9 de septiembre, como es mi cumpleaños, ya sabes, veintitrés, van a venir mis abuelos de Menorca. Entonces, como acabo de decirte, lo veo dificilísimo, o casi imposible.*

Este texto es muy interesante. En él Jorge rechaza una invitación, pero no lo hace abiertamente. ¿Qué recursos usa para que su amiga no se enfade?

_____

_____

3 *Eres una manitas.*

A ***Ser un / una manitas*** **es una expresión coloquial que significa, como sabes, ser hábil con las manos.**
En español existen otras construcciones en las que aparece un sustantivo en plural con un artículo en singular. Tienen un significado especial. A ver si lo deduces.

   a Pedro es un **bocazas**, no le cuentes nada o se lo contará a todo el mundo.
     Ser un / una bocazas significa _____ .

   b No toques nada, anda, que seguro que rompes algo. ¡Eres un verdadero manazas!
     Ser **un** */* **una manazas** *significa* _____ .

B ¿Podrías tú usar esas expresiones? ¡Inténtalo!

  _____

  _____

  _____

4 ● *Luis está enfadado conmigo, ¡ojalá*   ▼ *Es verdad, habría sido mejor, pero ya*
    no le hubiera contado lo que pasó en   *sabes lo que dice el antiguo refrán:*
    el gimnasio!   ***A lo hecho, pecho***.

A Ya has deducido lo que significa el refrán que está en negrita.
  ¿Lo recuerdas?

  _____

B Ahora, con tu compañero/a, escribe un diálogo para usarlo adecuadamente.

  ● _____   ● _____

  ▼ _____   ▼ _____

5 *Ojalá estuviera aquí mi hermano.*

A Cuando usamos *ojalá* **+ imperfecto de subjuntivo estamos diciendo indirectamente**
  que ese deseo es imposible ahora (como en el ejemplo), o en el futuro.

  Si decimos, *ojalá esté aquí mi hermano*, **¿qué estamos expresando? ¿Cómo imaginas**
  la situación?

  _____

B Analiza estas parejas de oraciones y explica cuál es el contexto
  de cada una.

  a Ojalá la abuela *viva* muchos años.   **c** Ojalá *llegue* la primera a la meta.

  _____   _____

  b Ojalá la abuela *viviera* muchos años.   **d** Ojalá *llegara* la primera a la meta.

  _____   _____

4. De todo un poco

1 Interactúa.

A Tiempo libre.

En parejas, haced este test sobre el tiempo libre para conoceros mejor. Recordad que primero uno/a de vosotros/as lee las preguntas y el otro o la otra las contesta. Después cambiáis: quien ha preguntado contesta, y quien ha contestado pregunta. Necesitáis papel y lápiz para ir escribiendo los resultados. Comentadlos con todo el grupo.

1 **¿Qué sueles hacer los fines de semana?**
  a ¿Sales a pasear o te ocupas en alguna actividad concreta?
  b ¿Te quedas en casa sin hacer nada?
  c ¿Aprovechas para ordenar y limpiar?

2 **Todos tus días…**
  a tienen algo diferente.
  b son iguales y aburridos.
  c están llenos de obligaciones.

3 **¿Intentas hacer actividades que te hagan sentir bien?**
  a Sí.
  b No.
  c ¿Cuándo? No tengo tiempo.

4 **¿Qué haces un día festivo?**
  a ¿Levantarte temprano para disfrutar más el día?
  b ¿Dormir hasta tarde y ver la tele?
  c ¿Preparar la comida para ese día y para el día siguiente?

5 **¿Te molesta perder tu tiempo libre?**
  a Sí, es una sensación que odio.
  b No, el tiempo libre está para descansar.
  c No puedo perder lo que no tengo.

6 **¿En los momentos de ocio haces lo que más te gusta?**
  a Sí.
  b No.
  c Momentos de ocio, ¿qué es eso?

7 **Al volver de las vacaciones, en general sientes que…**
  a lo has pasado muy bien, bárbaro.
  b ya echabas de menos volver a la rutina.
  c vuelves tan cansado que necesitarías unas vacaciones para descansar.

8 **¿Mantenerte activo/a te hace sentir bien?**
  a Sí.
  b No.
  c No tienes otra opción.

9 **En el tiempo libre prefieres:**
  a Organizar de antemano lo que vas a hacer.
  b Decidir qué vas a hacer dependiendo del estado de ánimo del momento.
  c ¡Un respiro!

10 **¿Piensas en qué cosas te gustaría hacer y cómo lo harías?**
  a Sí.
  b No.
  c No tienes tiempo ni para pensar.

RESULTADOS:

Mayoría de A:
Casi nunca te aburres y siempre estás buscando cosas nuevas que te hagan sentir feliz. Divertirse también requiere dedicación y en eso eres un/a experto/a. Sigue sacándole partido a tu tiempo libre y no pierdas ese modo de disfrutar de la vida.

Mayoría de B:
En algunas ocasiones disfrutas del tiempo libre, pero a menudo te dejas llevar por la pereza y no consigues hacer nada para sentirte bien. Organiza mejor el tiempo, reflexiona sobre lo que te gustaría hacer y busca actividades que te ayuden a realizarte. Te sentirás libre y feliz.

Mayoría de C:
Desperdicias el tiempo libre en obligaciones que no te ayudan a ser feliz. Piensa en actividades que te resulten placenteras y no trabajes tanto. Exígete menos y disfruta más.

B Aficiones.

1 Primero, individualmente, rellenad este cuestionario y después hacedlo de forma oral, es decir, interactuad. De este modo os conoceréis todos/as mucho mejor.

I. Aficiones que puedes realizar sin salir de casa	II. Aficiones que cuestan dinero
1 Leer.	1 Ir al cine.
2 Escuchar música.	2 Ir a bares, cafeterías, restaurantes.
3 Pintar / Dibujar.	3 Viajar.
4 Hacer un puzzle.	4 Ir al teatro.
5 Jugar a las cartas.	5 Ir a la ópera.
6 Ver la tele.	6 Visitar parques temáticos.
7 Coser.	7 Ir al hipódromo.
Y ahora tú, añade tres más.	**Y ahora tú, añade tres más.**
8 _____	8 _____
9 _____	9 _____
10 _____	10 _____
III. Aficiones gratis fuera de casa	IV. Aficiones que necesitan equipo especial
1 Pasear.	1 Bucear.
2 Nadar.	2 Escalar.
3 Jugar al fútbol en la playa.	3 Esquiar.
4 Tomar el sol.	4 Patinar.
5 Observar los pájaros.	5 Pescar.
6 Mirar escaparates.	6 Cazar.
Y ahora tú, añade dos más.	**Y ahora tú, añade dos más.**
7 _____	7 _____
8 _____	8 _____

2 Explica ahora.

a ¿Cuál es tu afición favorita?

_____

b ¿Prefieres realizar tus aficiones en solitario o acompañado/a?

_____

c ¿Te gustan los juegos de mesa como el ajedrez, las damas, etc.? ¿Consideras que este tipo de juegos son para personas inteligentes, pasivas, etc.?

_____

d ¿Cambian tus aficiones en verano o en invierno?

_____

3 Interactuad.

Haced un recuento de todas las aficiones escritas en las listas.
¿Cuáles han sido las más nombradas? ¿Las más extrañas?

2 Habla.

A Elige uno de estos dos temas. Recuerda que, después de leerlos, tienes diez minutos para preparar uno de ellos. Luego tienes que exponerlo en público durante unos cinco minutos. Al acabar la exposición, tus compañeros/as y tu profesor/a te harán preguntas.

La Wii Fit Plus, ¿una nueva forma de hacer deporte?
Lee la siguiente opinión.

Después de una gran experiencia con el primer Wii Fit, no dudé ni un instante en conseguir la nueva versión, que más que un juego yo diría que es como una expansión, ya que es lo mismo que el Wii Fit pero con ejercicios nuevos y algunas novedades muy interesantes. Pero ojo, aunque diga «expansión», no lo es, ya que no es necesario tener el primer Wii Fit para poder jugar a este, así que en el caso de que no tengas ninguno, lógicamente te sale mejor adquirir este último.

Como seguramente sabréis se trata de un juego que utiliza la Wii Balance Board, una tabla que capta nuestros movimientos y que calcula nuestro peso. Su objetivo es que hagamos deporte de una forma muy divertida, alejándose de otros títulos del catálogo de Wii más serios en este aspecto, como por ejemplo el Ea Active. Hay una gran variedad de ejercicios divididos en categorías: **Tonificación**, **Yoga** y **Equilibrio** (aquí están los más divertidos), espero no dejarme ninguno atrás.

Un saludo y ¡gracias por leerme!

(Texto adaptado de: *http://www.ciao.es/*)

Nosotros, los viajeros

«DADME UNA MOCHILA» Pocas veces un relato consigue emocionarme como lo ha hecho Paulo Coelho con *El viaje* (El semanal, 788). Como siempre, me emociono cada vez que escucho la palabra viaje. Definitivamente, creo que no hay remedio para lo mío. ¿Qué puedo hacer cuando me muero por conocer gente, por vivir como nunca he vivido antes, por sentir, por descubrir, por ver todo lo que no he visto hasta ahora y que seguramente no volveré a ver? No puedo hacer nada por evitarlo, solo vivir y disfrutar de ello. Disfrutar de todo lo que viajar me regala: tantos amaneceres, tantas puestas de sol, tantas sensaciones y, por encima de todo, tantos recuerdos, que no se ven pero permanecen, porque yo soy lo que los viajes hacen de mí (y qué fantástico es dejarse hacer por ellos). Hay gente que me dice que esta pasión por viajar es capricho o vicio. No entienden que a mí me da la vida. Al igual que Joseph Conrad: «Creí que era una aventura pero en realidad era la vida». Dadme una mochila y seré feliz.

Martina Bastos Andreu. Cesantes-Redondela (Pontevedra, España)

(**El Semanal: Revista semanal que acompaña a El Sur y ABC*)

B Un día de pesca.

1 Mira bien las viñetas.
2 Busca en el diccionario las palabras que no sabes.
3 Describe y narra todo lo que ves.
4 Cuarta viñeta. Primero, decide si eres el pescador o uno de sus amigos y haz un diálogo con otros dos estudiantes.

3 Escucha. 24

A El monopatín, el deporte callejero.

1 Escucha y señala la opción correcta.

En el texto se afirma que…

1 **a** En la década de los setenta, en España, siempre se llamaba 'tabla' a los actuales 'monopatines'.
 b La marca reina de aquellos tiempos en España era «Sancheski».
 c El «Sancheski», en comparación con los modelos de ahora, era 'pan comido' es decir, facilísimo.

2 **a** Entre los años 76 y 86 se produjo el mejor momento para el *skate* en España.
 b Este deporte decayó entre los años 77-80.
 c Entre los años 76 y 86 este deporte sufrió altibajos en España.

3 **a** España en la actualidad tiene uno de los mejores grupos de *skaters* a nivel mundial.
 b La capital mundial del *skate*, según mucha gente, es Barcelona.
 c Esta práctica está muy bien consolidada en España a nivel profesional.

2 Y tú ¿qué opinas de este deporte? ¿Y de las personas que lo practican? ¿Y de la ropa que llevan y de la música que escuchan? ¿Existen en las ciudades grandes de tu país «tribus urbanas»? ¿Cuáles son? ¿Y cómo son?

B Los adolescentes y el tiempo libre.

1 Escucha y completa los espacios libres. 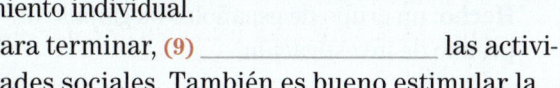 25

Muchas gracias. Para los adolescentes, el tiempo libre y el ocio son muy importantes y normalmente se basan en: (1) _____ es uno de esos conceptos: pertenecer a un grupo de amigos e identificarse con ellos es fundamental, ya que para ellos, el ocio consiste más en el hecho de estar con este grupo de amigos que en las propias actividades. El otro concepto es el (2) _____: Se produce principalmente como un deseo de reafirmar su autonomía. Por eso suelen buscar actividades propias y que no se identifiquen con sus mayores. Por estas razones, a los adolescentes les gusta imitar a sus iguales y (3) _____ que se establecen en su grupo de amigos.

Según estos dos conceptos, (4) _____ para el desarrollo de los adolescentes deben cubrir sus diferentes necesidades de actividad física, desarrollo cultural y participación social. Por ejemplo, las (5) _____. La actividad física, que tiene una importancia vital en la niñez, en cierto modo empiezan a perderla cuando llegan a la adolescencia, pero sería muy recomendable que los adolescentes siguieran haciendo ejercicio y practicando algún deporte, ya que (6) _____

beneficios desde el punto de vista fisiológico porque reduce el riesgo de producir ciertas enfermedades y ayuda a combatir la obesidad y desde el punto de vista psicológico, ya que aumenta la seguridad en uno mismo y, también social al desarrollar la solidaridad y la sociabilidad.

Por eso es muy positivo que los padres y monitores les hagan ver desde pequeños el deporte como una manera de disfrutar con los amigos y de pasarlo bien. En cuanto a (7) _____ hay que decir que deben ser atractivas para que participen en ellas y desarrollen toda su creatividad. En este sentido, hay que tener en cuenta que por su manera de ser, los adolescentes preferirán normalmente actividades que puedan realizar con otros jóvenes, como grupos de teatro, bandas de música, etc. Por supuesto, la lectura es un objetivo que todos los padres deben perseguir en sus hijos adolescentes, pero por desgracia (8) _____ los adolescentes aficionados a los libros. Los videojuegos e internet han sustituido a la lectura como entretenimiento individual.

Para terminar, (9) _____ las actividades sociales. También es bueno estimular la participación de los jóvenes en actividades de este tipo para que tomen conciencia social y aprendan a ser solidarios.

Es importante que los adolescentes tengan alguna afición y que no identifiquen el tiempo de ocio con no tener nada que hacer. El estar horas y horas tumbado viendo la televisión solo aportará desencanto y aburrimiento al adolescente. Sin embargo, hay que tener en cuenta que

(10) _____ . Tampoco es positivo el otro extremo y no debemos buscarles a nuestros hijos un gran número de actividades extraescolares, que lo único que conseguirán será añadir más estrés al producido por su actividad académica.

(Texto adaptado de: *http://www.pulevasalud.com/*)

C ¿Cuáles son tus aficiones? 🔊 26

1 **Nuestra entrevistadora de Onda Meridional se ha acercado a una céntrica plaza de Salamanca a preguntar a un grupo de jóvenes cuáles son sus aficiones. Escucha y marca con una cruz las aficiones de cada uno de ellos y especifica qué tipo de música y qué deportes les gustan.**

Aficiones	música	deporte	bailar	pintar	video-juegos	cine	series	salir por la noche	viajar
Marina									
Javi									
Rafa									
Claudia									

2 **¿Con cuál de estas cuatro personas coincides más en tus aficiones?**

Un paso más

1 **En la primera audición se dice lo siguiente:** *El deporte extremo empezaba en el mismo momento en que te subías al monopatín. Mantener el equilibrio era todo un desafío y si lo lograbas ya podías considerarte todo un héroe.*
¿Recuerdas con qué sentido se usa la segunda persona del singular?
_____

2 **En el texto del Escucha B se habla de la niñez. Es el sustantivo relacionado con 'niño'.**

a Lee la transcripción y busca el sustantivo relacionado con 'adolescente': _____ .

b Y ahora dinos cuáles son los sustantivos relacionados con estos otros adjetivos:
Joven: _____ .   Maduro/a: _____ .   Viejo/a: _____ .

3 **En la tercera audición la reportera dice:** *Para que luego digan que los jóvenes son pasivos.* **Lo dice para rectificar una idea equivocada: la de que los jóvenes son pasivos. Se contrasta esa idea con todo lo que han dicho sobre sus aficiones. La estructura es:** *para que (luego)* **+ verbo de la cabeza (***decir, comentar, ver...***) en presente de subjuntivo.**

¿Crees que la puedes usar?
Idea: los jóvenes españoles no investigan.
Hecho: un grupo de españoles ha ganado un premio de investigación.

Idea: piensas que nunca hago nada en casa.
Hecho: llegas y todo está en orden.
_____
_____

4 Lee.

1 Antes de leer.

a Te damos el significado de estas palabras para que las subrayes en el texto mientras lees.

> **Peregrino:** persona que por devoción va a visitar un lugar santo.
> **Pórtico:** sitio cubierto y con columnas, construido delante de iglesias y otros edificios importantes.
> **Muesca:** hueco que se ha hecho por poner allí continuamente las manos.
> **Sendos:** respecto de dos o más, uno para cada uno.

b Además de estas palabras, ¿qué sabes del Camino de Santiago? Con tus compañeros/as, haz una lista.

2 Después de leer.

Contesta a estas preguntas.

a ¿Cuándo se dice que es un 'Año jacobeo'?
b ¿En qué siglo empezaron las peregrinaciones a Santiago de Compostela?
c ¿Qué es el *Compostela*?
d ¿Qué lugares artísticos hay que visitar?
e ¿Por qué hace hoy en día la gente el Camino?
f ¿En qué coinciden todos los peregrinos actuales?
g ¿Habías oído hablar antes de las peregrinaciones a Santiago?
h ¿Existe en tu país algún lugar de peregrinaje?

Viajar es una de las grandes aficiones de muchísimas personas. Pero hay distintas formas de hacerlo y diversos motivos para emprender un viaje. Te contamos un viaje que existe desde la Edad Media y que cada día tiene más adeptos.

El camino de Santiago

El año Jacobeo se repite cada vez que la fiesta de Santiago Apóstol, 25 de julio, cae en domingo. Si ahora es fácil llegar a Santiago, antiguamente no lo era tanto. Hace mucho tiempo, la ciudad compostelana crecía con peregrinos que solían elegir los meses de verano para llegar hasta los pies del apóstol.

Este peregrinaje dio origen a la primera guía de viajeros de la historia: el Códice Calixtino o «Libro Santo Jacobeo», donde se explicaban las diferentes etapas para llegar a Santiago.

Esta ciudad sonaba ya en el mundo antes que muchas otras. Hay que retroceder al siglo xii, cuando cruzando llanuras, valles y montañas, no por un camino solo, sino por varios, llegaban de toda Europa peregrinos jacobeos. Los que conseguían volver a sus hogares traían el «Compostela», un escrito que certifica que habían cumplido su promesa.

Santiago sigue viviendo en plena Edad Media y cada monumento tiene su tradición. El bello Pórtico de la Gloria, de la espléndida catedral,

que es considerado como la obra cumbre del románico, fue, durante siglos, la entrada del templo. En la base de la columna central se puede observar cinco muescas por las que pasan sus manos todos los peregrinos porque da suerte, la misma que el golpear con la cabeza en la figura del autor del pórtico: el maestro Mateo, para poder coger algo de sabiduría del escultor.

En la biblioteca de la catedral está el «botafumeiro», un incensario de hierro, de más de un metro de altura y 80 kilos de peso y que se utiliza solo en ocasiones especiales.

Al lado de la catedral está el Hostal de los Reyes Católicos, actual Parador Nacional.

El número de personas que recorre el camino hacia Santiago de Compostela crece a medida que los peregrinos cuentan sus experiencias. Cada año se les sella la credencial que asegura que han realizado el camino a más de 120 000. Pero, ¿qué lleva a tanta gente hasta Santiago de Compostela haciendo un alto en sus vidas?

Hay quienes lo hacen por motivos religiosos, pero mucha gente busca establecer contactos con otras personas. Otros vienen por motivos culturales o deportivos. Incluso hay quienes persiguen el progreso personal y recorren la ruta para conocerse mejor. Pero todos coinciden en que el camino hacia Santiago resulta muy enriquecedor en cualquier aspecto, sea espiritual o cultural.

En los últimos años ha aumentado el número de peregrinos asiáticos y alemanes. Este curioso dato se debe a que el alemán Hape Kerkeling y la coreana Kim Mamhee, relataron sus experiencias de caminantes en sendos libros que se convirtieron en *best-sellers*.

También coinciden todos en recomendar la experiencia, aunque solo sean unas etapas, porque según ellos, lo que vives allí te cambia.

Buen Camino, como dirían los peregrinos al cruzarse por la ruta.

Si quieres saber más sobre el camino, entra en:
http://www.caminosantiago.org/cpperegrino/ federacion/inicio.asp
http://www.caminosantiago.com
http://caminodesantiago.consumer.es

Un paso más

1 Cada vez que el 25 de julio *cae en domingo*.

a ¿Qué sentido tiene aquí el verbo 'caer'? Sustitúyelo por otro verbo.

_____

b ¿Recuerdas lo que significa el mismo verbo en esta otra construcción?

- ¿Cómo se llamaba nuestra entrenadora de gimnasia rítmica?
▼ *Pues no caigo.*

2 Esta ciudad *sonaba* en el mundo antes que muchas otras.

a Aquí también te pedimos que sustituyas el verbo 'sonar' por otro.

_____

b ¿Qué queremos decir con esto: *tu cara me suena de algo*.

_____

3 Cada año se les sella la credencial. ¿Qué otras cosas podemos 'sellar'?

_____

5 Escribe.

A Te ha interesado tanto lo que has leído sobre el Camino que quieres más información la puedes buscar en Youtube: Vídeos Camino de Santiago.

Definitivamente vas a hacer El Camino de Santiago, pero no quieres hacerlo solo/a. Manda a tus amigos de habla hispana de todo el mundo un correo electrónico comunicándoles tu proyecto y animándolos a que te acompañen, para ello debes hablarles de:

- fechas aproximadas
- alojamiento
- duración del viaje
- equipo necesario
- número de etapas y los sentimientos que te han hecho tomar esta decisión.

Recuerda, también, todos los contenidos gramaticales que has aprendido en esta unidad; para ello puedes volver al *Pretexto*.

B Se compra o se vende.

A veces las personas, con el paso del tiempo, pierden o adquieren nuevas aficiones. Cuando esto ocurre, mucha gente intenta vender su equipamiento o, viceversa, comprarlo de segunda mano. Contesta a este anuncio y después escribe uno diciendo que vendes tu equipo de *surf*, tu raqueta de tenis, tu ajedrez o lo que quieras, siempre que sea algo que esté relacionado con aficiones o deportes.

VENDO TIENDA DE CAMPAÑA DE ALTA MONTAÑA CUATRO ESTACIONES EN SANTANDER

Vendo tienda de alta montaña (cuatro estaciones) Artiach Modelo Everest usada en dos ocasiones. El precio es negociable e incluye los gastos de envío.

Persona de contacto:
Pilar Moreno Zurita
Contacta con el anunciante
673205169 (Pilar)

Un viaje alrededor de los sentidos

Al terminar esta unidad, serás capaz de...

- Leer, escuchar y hablar sobre aprender una lengua en relación con los cinco sentidos.
- Hablar y escribir sobre sensaciones asociadas a paisajes, comidas, ciudades, costumbres, música.
- Hablar sobre el amor y los sentidos.
- Manejar nuevos recursos léxicos relacionados con los sentidos.
- Captar el humor de una viñeta.
- Usar nuevos recursos para expresar cambios.
- Captar la diferencia entre la presencia y ausencia de los artículos.
- Mejorar tu manejo de los pasados.
- Disfrutar de diferentes textos literarios.

1. Pretexto

INICIO   SOBRE NOSOTROS   SUSCRIBE: POST | COMENTARIOS

Martes, 18 de mayo
Escrito a las 12:12

Hace tiempo abrí este *blog* en español para obligarme a pensar y escribir sobre mi experiencia de estos años estudiando, aprendiendo, sintiendo la lengua y todo lo que la rodea. Estoy a punto de terminar el nivel B2 y hay muchas cosas que quiero contarles en esta entrada.

UN VIAJE ALREDEDOR DE LOS SENTIDOS

Me parece que aprender una lengua es como un viaje alrededor de los sentidos. Y les pongo unos ejemplos:

El sentido del gusto. Antes de venir a España (escribo desde Cádiz), el aceite de oliva me daba asco, ¡puag, toda esa grasa! Después de casi un año aquí, me he hecho un fan incondicional. Y puesto que estoy en Cádiz, ¿qué me dicen de las gambas y los langostinos de Sanlúcar? Tomarlos cerca de la playa, en un chiringuito, acompañados de un buen vino blanco es para volverse loco… de gusto. Y voy a cambiar a otro sentido porque me estoy poniendo morado solo con imaginar todo lo bueno que he probado en este país.

El sentido de la vista. Para mostrar mi experiencia con este sentido, tendría que poner fotos de todos los lugares que he visitado. Les voy a hablar, por ejemplo, de las telas de Guatemala. Vean y gocen. Sobran las palabras. Y si tuviera que elegir un paisaje o un lugar, mirándolos, no sabría si elegir la Plaza Mayor de Salamanca y su casco antiguo; o los glaciares del Perito Moreno en Argentina, o la Cordillera de los Andes. Ahí sí que me quedé boquiabierto. Claro, ustedes pensarán que hay monumentos más impresionantes o lugares más bellos, pero yo les hablo de los que he visto.

El sentido del olfato. Una compañera de curso un día me dijo: «Cuando llegué a Salamanca por primera vez, sentí que olía a colonia». Yo solo había percibido el olor de la contaminación en algunas ciudades. Pero me puse a buscar los olores de España y decidí que había muchos diferentes: a comidas, claro, pero también huelen los millones de olivos de Jaén; y los árboles del Parque del Oeste de Madrid o el azahar en Sevilla. Y la pólvora de Valencia por las fiestas de San José… En fin, les propongo que busquen los suyos.

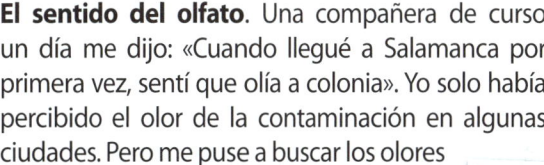

El sentido del oído. Aquí podría referirme al ruido de las calles llenas de vida. Al bullicio de los mercados donde se mezclan los sentidos. Al jolgorio de las fiestas populares en ciudades y pueblos. Pero quiero destacar el sonido espectacular de los Tambores de Calanda. Es algo que solo se puede entender si se vive en directo. Al principio, al escucharlos, no sabes si ponerte furioso o salir corriendo. Al final, si te dejas llevar, llegan a formar parte de ti.

Y termino con el sentido del tacto. ¿Qué es mejor, acariciar las distintas frutas de cualquier país del mundo hispano o tocar sus cerámicas artesanas? También me gusta sentir la lluvia en la cara, por eso he visitado lugares como Santiago de Compostela, donde llueve mucho, o pisar la arena fina de las playas… En fin, lo dejo o me pondré triste aunque si lo pienso bien, debo estar feliz por haber podido disfrutar de todo esto.

1 **Lee, escucha y contesta.**

a ¿Qué lugares se mencionan en el texto?

b ¿Con qué sentido se asocian?

c ¿Qué te ha llamado la atención de cada sentido?

d Ya has estudiado en el nivel B2.1 la palabra 'bullicio'. ¿La recuerdas? Si no, no importa: deduce por el contexto si es un ruido agradable o desagradable.

e ¿Y 'jolgorio'? Es un ruido que podemos asociar a _____.

2 **Comenta.**

a ¿Qué opinas de la comparación entre aprender un idioma y el viaje alrededor de los sentidos?

b Para entender lo que se dice sobre los Tambores de Calanda pincha aquí: *http://www.youtube. com/watch?v=VaCegZ5b08c*
Después, cuéntanos qué te ha parecido. ¿Conoces algo equivalente?

c En tres minutos, elige un sentido y escribe todo lo que asocias con él. Luego compara con lo que ha escrito el resto de la clase.

3 **Reflexiona.**

a ¿Recuerdas los verbos de cambio? Subraya los que aparecen en el texto.

b ¿Cuál de ellos expresa un cambio más duradero? ¿Y cuál se refiere a un cambio puntual?

c ¿Qué diferencia crees que hay entre estas dos oraciones: *Aprender **una** lengua es como un viaje / Aprender **la** lengua es como un viaje?*

d De estas dos parejas de oraciones una no es correcta, ¿cuál? ¿Podrías decir por qué?
1 a. *Cuando llegué a Salamanca, sentí que olía a **colonia** / **b.** Cuando llegué a Salamanca, sentí que olía a **la colonia**.*
2 a. *Hay **monumentos** más impresionantes.*
  b. *Hay los **monumentos** más impresionantes.*

e *Tomarlos cerca de **la** playa.* ¿Por qué crees que se usa *la*?
1 Se habla de una playa conocida.
2 Se presenta la playa como algo único.

Para aclarar tus dudas, lee con atención los *Contenidos gramaticales*.

2. Contenidos gramaticales

1 **Expresar indeterminación o especificación por medio de los artículos.**

Un / Una	*El / La*	*Ø*

Usamos el artículo indeterminado cuando nos referimos a algo que:
- mencionamos por primera vez
- no podemos identificar porque hay varios iguales
 	
• *Aprender **una** lengua es como **un** viaje.*
• *Y si tuviera que elegir **un** paisaje o **un** lugar…*
	Usamos el artículo determinado cuando nos referimos a algo que:
	- ya hemos mencionado previamente
	- es único o lo presentamos así
	
	• *Abrí este blog en español para pensar sobre lo que he sentido aprendiendo **la** lengua.*
	• ***La** Plaza Mayor de Salamanca.*
		No usamos ningún artículo cuando:
		- hablamos de una cantidad indeterminada:
		  • en singular para sustantivos no contables
		  • en plural para sustantivos contables
		- no hablamos de algo concreto
		
		• *Cuando llegué a Salamanca por primera vez, sentí que olía a **colonia**.*
		• *Hay **monumentos** más impresionantes o **lugares** más bellos, pero yo les hablo de los que he visto.*

FÍJATE

a El artículo indeterminado se usa con nombres **no contables** si van especificados.
Está cayendo una lluvia → Está cayendo una lluvia **torrencial.*
** Tengo un hambre → Tengo un hambre **de lobo**.*
Pero en oraciones exclamativas podemos decir: *¡Está cayendo **una** lluvia…! ¡Tengo **un** hambre…!*

b El artículo no se usa delante del número de los reyes y de los Papas.
*Alfonso **X** (décimo), Juan Pablo **II** (segundo).*

2 Expresar cambios en español.

A Ya has aprendido a usar algunos verbos de cambio como *ponerse, hacerse, volverse* y *quedarse.* ¿Los recuerdas? Pues vamos a comprobarlo. Usa el más adecuado.

1 ● Cuando lo vi con mis propios ojos _____ boquiabierta.
  ▼ No me extraña, es que fue muy fuerte*.

2 ● _____ muy desconfiado. No sé si fue bueno para él que le tocara tanto dinero a la lotería.
  ▼ Es verdad, a veces parece que todo el mundo quiere robarle.

3 ● ¿Qué te pasa? Estás sudando con el frío que hace.
  ▼ Es que _____ nervioso cuando tengo que hacer un examen oral.

4 ¿Que no cuente la verdad a mis lectores? ¿ _____ usted loco? Si _____ periodista fue para contar la verdad.

> * **Ser muy fuerte** / **¡Qué fuerte!**: expresión coloquial que significa impresionante. Se usa con sentido positivo o negativo.

B También has aprendido para qué se usan *ser* y *estar.* Pero vamos a refrescar la memoria completando estas reglas y ejemplos.

Usamos _____ para definir las características de una persona, animal o cosa, para clasificar los sujetos.

Por ejemplo:
1 Mis amigas _____ estupendas ☺.
2 La fruta _____ muy buena para la salud.
3 Dicen que los gatos _____ animales independientes.

Usamos _____ para localizar o para expresar el estado de las personas, los animales y las cosas.

Por ejemplo:
1 Mis amigas _____ estupendas con esa ropa que les queda tan bien. ☺
2 Esta fruta _____ buenísima, en su punto.
3 Si los gatos _____ enfadados, ten cuidado.

C Ahora vamos a ver la relación que existe entre *ser* y *estar* y los verbos de cambio.

Verbos de cambio	
Relacionados con *ser* Porque expresan cambios relacionados con características definitorias.	**Relacionados con *estar*** Porque expresan cambios relacionados con el estado.
Hacerse + sustantivo + (adjetivo) + adjetivos excepto los que expresan estado (*cansado/a, harto/a, contento/a*). ● **Se hará famoso** *con este libro.* ● **Me he hecho un fan** *incondicional del aceite de oliva.*	**Ponerse** + adjetivos / adjetivos de color + expresiones que indican estados ● **Nos pusimos morados** *de comer langostinos en Cádiz.* ● *Voy a dejar de escribir o* **me pondré triste**.
Volverse + adjetivo + *un / una* sustantivo + adjetivo ● *Es para* **volverse loco**... *de gusto.* ● *Antes era intratable, parece que* **se está volviendo más sociable**.	**Quedarse** + adjetivos que expresan estado + complementos preposicionales ● *El Perito Moreno es un lugar para* **quedarse boquiabierto**. ● **Se quedó viuda** *muy joven y no ha vuelto a casarse.*

D Y dos verbos de cambio más relacionados con *ser*.

Llegar a ser   + sustantivo / oración de relativo
                     + adjetivo (sustantivados)
                     + pronombres indefinidos

Expresa cambios en los que ha habido un proceso; los cambios se presentan como logros y, normalmente, el cambio implica una mayor duración.

• ***Llegarás a ser la persona*** *más importante de su vida /* ***lo que te propongas****.*
• *Llegarás a ser* ***importante*** */* ***alguien*** *muy importante.*

Convertirse en   + sustantivo (suelen ir precedidos de artículos)
                     + adjetivos sustantivados

Expresa un cambio de cualidad o naturaleza sin que haya participación del sujeto. Alterna con *volverse* y con *llegar a ser.*

• *Entrar todos los días en* Facebook ***se ha convertido en una adicción****. No puedo dejar de hacerlo.*
• *El hada* ***convirtió la calabaza en una carroza****.*
• *Esa cerveza* ***se ha convertido en la*** *preferida por los jóvenes.*

---

3. Practicamos los contenidos gramaticales

1 **Completa usando el artículo determinado o indeterminado más adecuado.**

1 Me gusta más *el* té que *el* café.
2 _____ aceite de oliva es bueno para _____ salud.
3 Hemos recibido _____ carta certificada.
4 Aquí venden _____ alfombras preciosas y ahora están rebajadas.
5 Te espero a _____ 16:00 en _____ café de la calle Garibay.

6 Voy a yoga _____ lunes.
7 ¡Tengo _____ dolor de cabeza...!
8 _____ controladores aéreos ganan mucho dinero.
9 Tengo _____ coche en el garaje.
10 _____ español se habla cada día más.

2 **Completa con los artículos determinado o indeterminado, solo si son necesarios.**

1 En cuanto llegó a casa, se quitó *los* zapatos de tacón.
2 _____ simpatía es necesaria para ser _____ vendedor.
3 Te espero aquí dentro de _____ media hora.
4 En esta escuela hay _____ cien personas europeas.
5 Mañana no hay _____ clase, porque es _____ fiesta.

6 El rey de España se llama Juan Carlos _____ I (primero).
7 Este libro se publicó en _____ 2011.
8 El otro día mi nieto me preguntó si _____ Reyes Magos existen.
9 No quiero _____ tomate en _____ ensalada.
10 ¿Me invitas? No he traído _____ dinero.

3 **A** **Antes de realizar la práctica siguiente, te proponemos que te fijes en las diferencias y completes las oraciones adecuadamente.**

1 Me gusta _____ calabacín.

2 Mi madre es _____ abogada.

3 Escucho _____ música cuando trabajo o estudio.

4 En esta ciudad no hay _____ playa.

5 En ese restaurante solo hay _____ pasta.

6 Me gustan _____ pimientos.

7 Mi madre es _____ abogada famosa.

8 Hoy no he escuchado _____ noticias.

9 En mi ciudad hay _____ playa estupenda.

10 En ese restaurante hay _____ pastas muy originales.

B **Elige la opción correcta. Si las dos son posibles, explica la diferencia. Luego escucha la grabación para comprobar tus respuestas.** 🔊 ²⁸

● ¿Desde cuándo es usted **un** / **el** / **ø** vegetariano?

▼ Desde [1] **ø** / **los** 18 años. Dejé de comer [2] **la** / **ø** carne cuando empecé a vivir con [3] **una** / **la** chica que no la comía. Al principio [4] **ø** / **la** comida no me sabía a nada, me sentía como [5] **el** / **un** conejo o [6] **la** / **una** vaca, todo el día *rumiando*, pero ahora, me he acostumbrado a esa forma de alimentación y me siento mejor. [7] **La** / **ø** verdad es que me alegro de haber cambiado.

● ¿Qué es lo que más trabajo le ha costado?

▼ Personalmente creo que lo más difícil es aprender a cocinar de otra manera, pensar en [8] **los** / **ø** menús apetitosos que sean vegetarianos no es nada fácil, no se crea. ¡Ah! Hay [9] **ø** / **una** otra cosa. Todos los vegetarianos nos quejamos de que en [10] **unos** / **los** restaurantes convencionales solo podemos comer [11] **las** / **ø** ensaladas o verduras rehogadas y a veces ni eso porque llevan [12] **el** / **ø** jamón. ¿Por qué no tienen

[13] **el** / **un** menú alternativo para vegetarianos? Estoy seguro de que no solo lo elegiríamos nosotros y les saldría rentable.

● La gente cree que comiendo así, uno se queda con hambre, ¿es cierto, eso?

▼ ¡Hombre! Eso es como todo, si usted se pone morado de [14] **los** / **ø** filetes de pollo, no tiene [15] **un** / **ø** hambre, pues lo mismo pasa si se llena de [16] **las** / **ø** hamburguesas vegetarianas. Yo solo le digo que si algo no se prueba, no se puede opinar sobre ello. Yo soñaba con [17] **unos** / **los** chuletones de Ávila y no he tardado casi nada de tiempo en pasarme a [18] **unos** / **los** «chuletones» de *seitán*.

Y también le digo [19] **ø** / **una** otra cosa: que es falsa esa idea de que los que no comen carne son como acelgas. ¿Le parece a usted que soy [20] **el** / **un** tipo *canijo*?

▼ No señor, al contrario.

Para aclarar las cosas:

Rumiar: forma de comer propia de vacas, camellos, etc.

Seitán: especie de trigo con el que se hacen «filetes» que se parecen a los de carne, pollo, etc.

Canijo/a: persona de aspecto débil, sin energía, ni fuerza.

4 **A** **En parejas, reaccionad usando los verbos estudiados:** *ponerse, volverse, quedarse, llegar a ser.*

Te han concedido una beca para estudiar español en cualquier país hispano, ¿cómo te sientes?
→ ***Me pongo muy contento/a***.

1 Te nombran académica/o de tu especialidad (Medicina, Historia, Lengua, Arte, etc.). ¿Qué piensas?
Por fin _____ lo que había soñado. (pretérito perfecto / indefinido).

2 Antes, siempre te levantabas tarde, eras un poco perezoso, ahora madrugas y te pones en movimiento. ¿Qué te ha pasado?
Las personas cambiamos y yo _____ _____ activo/a. (pretérito perfecto).

3 Unos amigos extranjeros a quienes no les gustaban los horarios españoles, ahora comen entre las dos y las tres, se acuestan entre la una y las dos, salen hasta muy tarde, ¿qué les dices?
Parecéis otros, _____ españoles. (presente de *estar* + gerundio).

4 Hace un frío tremendo y tu compañero/a de piso sale de casa sin abrigo. ¿Qué le dices para que no salga así?
Ponte algo de abrigo o _____ _____ helado/a. (futuro).

5 Vuelves a ver a un/a amigo/a después de mucho tiempo. Te cuenta los cambios que han ocurrido en su vida: ha hecho la carrera de Periodismo y trabaja en el extranjero, por eso viaja mucho. La parte triste es que su marido / su mujer murió. ¿Qué piensas?
¡Hay que ver cuántos cambios! _____ _____ viudo/a. (pretérito perfecto).

6 Hay una asociación ecologista que te gusta mucho y quieres formar parte de ella. Llamas por teléfono y preguntas.
¿Qué tengo que hacer para _____ _____ socio/a? (infinitivo).

7 Ibas a declararle tu amor y en el momento de abrir la boca no te salió la voz. ¿Qué pasó? ¿Cómo reaccionó él / ella?
Yo _____ mudo/a y él / ella _____ de piedra. (indefinido).

8 Estáis en una boda y la comida es estupenda. Miras a tu amigo que está comiendo muchísimo. ¿Qué le dices?
Parece que no has comido en un mes.
_____ morado.
(presente *estar* + gerundio).

9 Una compañera de trabajo no sabe qué hacer para conseguir que su jefa deje de criticarla. ¿Puedes darle algún consejo?
Podrías _____ amiga suya. (infinitivo).

10 De pequeña siempre le decían que valía mucho y que _____ una persona importante. (condicional).

B **En parejas, contestad a las preguntas usando los verbos de cambio que has estudiado.**

1 ¿Cómo está este señor que parece una estatua viviente?
Ejemplo: *Se ha quedado quieto, parado, «congelado».* ☺

2 ¿Qué transformaciones podemos prever en estos niños?
- Relacionadas con el carácter.
- Relacionadas con su profesión.

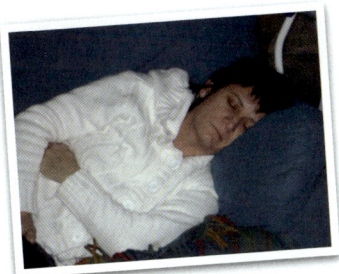

3 Antes estaba despierta, ¿qué le ha pasado?

4 ¿Siempre van vestidas así? Entonces, ¿qué han hecho?

5 Les ha pasado algo. ¿Qué? ¿Cómo están ahora?

5 **Recuerda lo que has leído y escuchado. Reflexiona y contesta.**

1 *Quedarse de piedra* significa, como sabes, quedarse sorprendido.
En español hay otras expresiones relacionadas con materiales.
Aquí indicamos alguna con un ejemplo. Deduce qué significan y busca un equivalente en tu lengua.

 a Este libro es un **ladrillo**; no he podido llegar a la página 30.
 _____

 b El abuelo tiene una mala salud de **hierro**.
 _____

 c Dentro de poco mis padres celebrarán sus bodas de **oro**.
 _____

2 **Me he hecho un fan** *incondicional del aceite*.
Además de 'fan', ¿qué otras cosas puedes hacerte?
 _____

3 *Me estoy poniendo morado*.
¿Qué significa? Lo puedes deducir por el contexto, seguro. Se asocia siempre con… Y tiene un sentido de crítica o ironía.
 _____

4 *Pensar en menús apetitosos que sean vegetarianos no es nada fácil,* **no se crea**.
 A ¿Para qué crees que se utiliza ese 'no se crea'?
  a Para reforzar el hecho de que no es fácil.
  b Para sugerir al interlocutor que no crea lo que oye.

 B Ahora, fíjate en este diálogo y con tu compañero/a escribe uno parecido.
  ● Pero, ¿por qué no buscas trabajo?
  ▼ Pero si lo busco; lo que pasa es que en estos tiempos encontrarlo es complicado, **no se crea**.

  ● _____
  ▼ _____
  ● _____
  ▼ _____

5 *Me sentía como un conejo o una vaca, todo el día* **rumiando**.
En el ejemplo, el sentido de rumiar es literal, pero ¿qué significará el mismo verbo en este otro caso?
Deja de rumiar las cosas, no vale la pena pensar tanto.
 _____

4. De todo un poco

1 Interactúa.

A **Dibujar textos: ver, leer y dibujar. Hablar, escuchar y ponerse de acuerdo: sentir.**

1 Preparad cartulinas y pinturas de colores.

2 Formad grupos y elegid un texto que os guste.

3 Leedlo y después dibujad en una cartulina lo que os sugiera.

4 Si en el texto hay personajes, elegid uno y dibujadlo según aparece en el texto. Os damos unos ejemplos.

5 Poneos de acuerdo para seleccionar breves fragmentos que estén relacionados con el dibujo.

6 Exponed vuestros dibujos y comentadlos.

Os damos unos textos para ayudaros. Os proponemos también comentar lo que os sugiere el contenido de cada texto.

Texto 1.

Un fragmento de *La casa del río verde*.

Hoy, al llegar a su barrio, Elena se encuentra con todos los vecinos en la calle. Tiene dificultades para avanzar. Mientras lo intenta, oye frases sueltas: «que no iba atado...», «fue por culpa del balón...», «si se conocían...», «ay qué desgracia, Dios mío...», «eso lo deberían prohibir de una vez...». Cuando por fin llega hasta ellos, se encuentra a la señora Aranda llorando: su perro, un *rottweiler* de diez años, ha atacado a su nieto de cuatro con el que estaba jugando. Afortunadamente el niño solo tiene heridas sin importancia, pero ha sido un buen susto.

Ahora en el barrio todo el mundo tiene miedo: unos dicen que hay que matar al perro, otros, que esa raza es muy violenta y que no debería estar permitido tenerlos como animales de compañía. Los Aranda no entienden lo que ha podido pasar. Llevan veinte años viviendo en el barrio. Siempre han tenido perros grandes. Al *rottweiler* se lo encontraron tirado en un contenedor cuando solo tenía unos días. Lo criaron con biberón y con todo el cariño de una pareja ya sin hijos a los que cuidar. Todos los vecinos lo conocían y sabían que era un perro noble. Los Aranda se preguntan si esos que piden la muerte del animal no se dan cuenta de que ha sido un accidente.

«¡Vaya día!», piensa Elena, a la que el suceso le ha dejado mal sabor de boca.

Taxi corretea por el jardín y mueve el rabo con alegría al verla llegar. Este animal que es puro músculo y que pesa treinta kilos está a punto de tirar a Elena al suelo cuando quiere mostrarle su alegría.

-¡Taxi! ¡Taxi! ¡Quieto! El perro se ha echado a sus pies, obedeciendo a la voz. Elena lo mira pensativa, preguntándose cómo un taxi podría convertirse en tanque de combate de la noche a la mañana.

-¡Puf!, menudo susto –comenta Mario al entrar en casa detrás de su mujer-. Tenías que haber visto el lío que se ha montado en cinco minutos. Juan, el veterinario, llegó enseguida, para poner un tranquilizante al perro. Tampoco entiende muy bien lo que le ha pasado a *Wolf*. Dice que a veces a estos perros les entran celos y los manifiestan mordiendo. ¡Y pensar que es el mismo que sacó a Carlitos de la piscina cuando tenía solo un año! ¿Te acuerdas? Si no lo salva *Wolf*, el niño se ahoga. Los Aranda no saben qué hacer.

Martina Tuts. SGEL. Madrid.

Texto 2.

El grillo maestro

Allá en tiempos muy remotos, un día de los más calurosos del invierno, el director de la Escuela entró sorpresivamente al aula en que el Grillo daba a los Grillitos su clase sobre el arte de cantar, precisamente en el momento de la exposición en que les explicaba que la voz del Grillo era la mejor y la más bella entre todas las voces, pues se producía mediante el adecuado frotamiento de las alas contra los costados, en tanto que los pájaros cantaban tan mal porque se empeñaban en hacerlo con la garganta, evidentemente el órgano del cuerpo menos indicado para emitir sonidos dulces y armoniosos. Al escuchar aquello, el Director, que era un Grillo muy viejo y muy sabio, asintió varias veces con la cabeza y se retiró, satisfecho de que en la Escuela todo siguiera como en sus tiempos.

Augusto Monterroso

Texto 3 y 4.

En este caso os proponemos que alguien lea estos poemas en voz alta y que el resto de la clase dibuje lo que oye. Comparad después las diferentes versiones.

Chamariz

Abril

El chamariz en el chopo.
¿Y qué más?
El chopo en el cielo azul.
¿Y qué más?
El cielo azul en el agua.
¿Y qué más?
El agua en la hojita nueva.
¿Y qué más?
La hojita nueva en la rosa.
¿Y qué más?
La rosa en mi corazón.
¿Y qué más?
¡Mi corazón en el tuyo!

Juan Ramón Jiménez

Chopo

Estados de ánimo

Unas veces me siento
como pobre colina
y otras como montaña
de cumbres repetidas.
Unas veces me siento
como un acantilado
y en otras como un cielo
azul pero lejano.

A veces uno es
manantial entre rocas
y otras veces un árbol
con las últimas hojas.
Pero hoy me siento apenas
como laguna insomne
con un embarcadero
ya sin embarcaciones
una laguna verde
inmóvil y paciente
conforme con sus algas
sus musgos y sus peces,
sereno en mi confianza
confiando en que una tarde
te acerques y te mires,
te mires al mirarme.

Mario Benedetti

Embarcadero

Manantial

B El idioma y los sentidos.

En español los sentidos aparecen en refranes y expresiones fijas. Os vamos a dar algunos y os proponemos lo siguiente:

a Explicad su significado con vuestras propias palabras.
b Buscad un equivalente en vuestro idioma.
c Elaborad diálogos para usarlas.

Aquí tenéis las expresiones y dos diálogos como ejemplo.

---

1 ● No me gusta.
   ▼ Pero si no lo has probado.
   ● Ya, pero *es que no me entra por los ojos.*

2 *Este asunto huele muy mal.*

3 ● Creo que sospecha algo de lo que estamos preparando.
   ▼ Sí, *tiene la mosca detrás de la oreja.*

4 *Mi mujer tiene mucha vista para los negocios.*

5 Me *sabe mal* no poder ir a su fiesta.

6 Este chico *ha oído campanas y no sabe dónde.*

7 *Para darle esa noticia tan triste hay que tener mucho tacto.*

8 *Me da en la nariz / Me huelo* que este negocio nos va a salir bien.

9 *A nadie le amarga un dulce.*

---

2 **Habla.**

A Elige uno de estos dos temas. Tienes unos minutos para prepararte y, cuando estés listo/a, exponlo durante unos cinco minutos. Después, tus compañeros/as (y tu profesor/a, si así lo desea) te harán preguntas.

1 ¿Cómo aprendes mejor?

Te proponemos que hables de cómo «te entra» mejor un idioma. Hay personas para las que lo importante es ver escritas las palabras y asociarlas con imágenes. Otras personas sienten que el idioma les «entra» a través de lo que oyen. Otras, en cambio, tienen muy desarrollado el olfato porque, dicen, es el sentido más unido al recuerdo. ¿Cómo es tu caso?

- ¿Prefieres las presentaciones orales, los debates?
- ¿Te gusta hablar con gente nativa aunque no lo entiendas todo?
- ¿Aprendes mucho oyendo canciones o viendo la televisión?
- ¿Tienes que escribirlo todo para recordarlo?
- ¿Asocias los olores con lugares y palabras?

2 El amor y los sentidos.

Se dice que a los hombres se les conquista por el estómago, así que imaginamos que su sentido más desarrollado será el del gusto. También se dice que a las mujeres se las conquista con la palabra, hablando. Deducimos, pues, que el oído es muy importante para ellas. Esto, claro, son estereotipos, pero nos sirven para proponerte que hables de lo que te conquista a ti de una persona: su mirada, su manera de hablar o de moverse, su sonrisa, su voz, su perfume... ¿Conoces estos versos de una canción popular? «Cinco sentidos tenemos, los cinco necesitamos, pero los cinco perdemos, cuando nos enamoramos».

B El sentido común es el menos común de los sentidos.

© Pepo

a Mira bien las viñetas y describe y narra lo que ves.

b Busca en el diccionario las palabras que no sabes.

c En la última viñeta completa lo que dice Condorito. Piensa en algo absurdo que sorprende mucho a su interlocutor. Luego, decide si eres Condorito o su interlocutor y habla con un compañero/a imaginando la conversación que siguió.

3 Escucha.

A Una mujer desconocida. 🎧 29

Vas a oír este texto de Antonio Muñoz Molina.

1 Antes de escuchar.

Imagina que quieres leer en un lugar tranquilo (que no sea tu casa). ¿Cuál elegirías? Cierra los ojos y dinos cómo «ves» la escena.

2 Escucha y contesta.

Según el texto...		V	F
	a La mujer estaba en una torre junto al mar.		
	b Primero leía y luego bebía cerveza.		
	c Fumaba lentamente.		
	d La mujer estaba seria.		
	e Se tocaba el pelo mientras leía.		
	f Quien escribe cree que la mujer es extranjera.		

3 Después de escuchar.

Sin duda, has podido responder a las preguntas aunque hay expresiones y palabras que quizá no hayas comprendido. Vamos a trabajar con algunas. Contesta a las preguntas eligiendo entre las opciones que te damos.

a Cristaleras.
1 Ventanas grandes.　　**2** Cristales de colores.
¿Dónde las podemos encontrar? _____
_____

b Estar ajena a.
1 Estar concentrada.　　**2** No prestar atención a lo que pasa.
¿Cuándo te has sentido así? _____
_____

c Estar de paso.
1 Ir a pie.　　**2** Estar de visita.
¿Cuándo has estado así y por qué? _____
_____

d Doblar el pico de la página delicadamente.
Aquí no te damos a elegir. Tendrás que hacer algo. Toma un libro, ¿qué haces con una hoja para señalar por dónde vas leyendo?

e Anochecer.
Y ahora, dinos, ¿con qué asocias 'anochecer'? ¿Con el día o la noche?
Entonces, ¿de qué hora se hablará?

f Trago.
Lee la transcripción y dinos qué entiendes que hace la mujer con la cerveza.
Traduce esta palabra a tu lengua.

g Ahora compara la imagen de ti mismo/a del principio con la que nos da el texto y escribe las semejanzas y diferencias.

Semejanzas	Diferencias

h Al acabar la audición, haz frases utilizando el vocabulario que desconocías.

B La comida nos entra por todos los sentidos.

1 Antes de escuchar.

a Comenta con tus compañeros/as el título de esta audición.

b ¿Qué sentidos intervienen cuando comemos? Justifica tu respuesta.

c ¿Qué sabes de las patatas y los tomates?

Asegúrate de que conoces estas expresiones:
- Estar a la vuelta de la esquina.
- Sin ir más lejos.
- No quedarse atrás.

Y estas palabras relacionadas con los sabores:
- Insípido/a.
- Apetitoso/a.

d En el texto aparecen las palabras correspondientes a estas imágenes. Escribe debajo de cada una su nombre y luego comprueba si has acertado.

1 _____ 2 _____ 3 _____

4 _____ 5 _____ 6 _____

2 Durante la audición.

a Apunta a qué sentidos se alude.

b Escribe los nombres de los alimentos que se mencionan.

c Fíjate en los datos referidos a las patatas y los tomates.

d Vuelve a oír y completa la información que falta.

3 Después de escuchar, contesta a estas preguntas.

a ¿De qué cambios en la alimentación se habla?
b ¿Cómo se consigue que los alimentos sean más apetitosos?
c Se habla de revoluciones alimentarias de otras épocas, ¿de cuáles?
   Comentad las preguntas finales.

**Comemos por necesidad, claro está, pero también por placer. Pero,
¿es siempre un placer natural? Escuchen y opinen.**

Una ensalada de tomates muy suaves y arroz (1) _____ _____ _____, un bocadillo de mortadela sin grasa y, de postre, un plátano que protege contra la hepatitis y un café (2) ____ _____. No es un menú de ciencia ficción, sino lo que podríamos comer en un plazo relativamente cercano. Los nuevos alimentos están *a la vuelta de la esquina*. De hecho, algunos se encuentran ya a nuestra disposición en los supermercados y otros, incluso, han podido llegar ya a (3) _____ _____: es el caso de la soja transgénica, que forma parte de algunos productos de panadería y de alimentos para bebés, o de una margarina que reduce los niveles del colesterol malo (4) ____ ____ _____.
¿Sorprendente? No tanto si tenemos en cuenta que la técnica siempre ha tenido un papel de extraordinaria importancia en los alimentos y que muchos de los que tradicionalmente han formado parte de la dieta han sido producto de la (5) _____ _____.
¿Se han fijado alguna vez en cómo huele el café nada más abrir el paquete, o en el apetitoso color que tienen algunas salsas de tomate? Pues ninguna de esas características es innata, al menos en la mayoría de los casos.
Comer es un placer para los sentidos y las empresas están intentando que lo sea más todavía. Así, científicos de todo el mundo investigan cómo dar a los alimentos colores más atractivos o texturas más agradables. Por ejemplo, en Suiza el salmón que se cría en piscifactorías se tiñe de rosa para eliminar el color gris que tendría naturalmente. Tampoco el ruidito que hacen los cereales del desayuno al servirlos en una taza es (6) _____ _____: se estudia y se mejora con un *crujómetro*. Y es que estas características influyen más de lo que creemos en nuestra percepción de la comida. Además, la población pide alimentos cada vez más seguros. En todo caso, la revolución a la que estamos asistiendo con los nuevos alimentos no ha sido la primera en la historia de la (7) _____ humana. *Sin ir más lejos*, el tomate no llegó a Europa hasta el siglo XVI, procedente de Latinoamérica y en aquella época se consideró una planta (8) _____. Algo similar ocurrió con la patata, que también llegó en el siglo XVI del mismo sitio y que se consideraba un alimento insípido. El siglo XIX tampoco *se quedó atrás* en cuanto a alimentos nuevos. Por ejemplo, la leche en polvo nació en Estados Unidos en (9) _____, donde se patentó la deshidratación como método para transportar este alimento con mayor facilidad. En 1869, el emperador Napoleón III convocó un concurso para encontrar un sucedáneo de la mantequilla que fuera más asequible. El (10) _____ nos dio la margarina. En fin, ¿qué les parece que la comida se vuelva más sensual –es decir, más agradable a los sentidos– de manera artificial? ¿Renunciarían al olor del café, al color del salmón o al ruidito crujiente de los cereales después de saber que están un poquitín manipulados?

Al acabar la audición, haz frases utilizando el vocabulario que desconocías.

C Vas a oír fragmentos de música típica de diferentes  países. Te pedimos que:

a Relaciones la música con los textos donde tienes las transcripciones.

b Digas con qué país relacionas cada fragmento musical.

c Te tomes un momento y asocies cada fragmento con otras sensaciones, con alguna ciudad, con algunos momentos especiales.

d Escribas palabras inspiradas por la música al tiempo que la escuchas.

Un paso más

1 **Lee la transcripción del Escucha A y dinos:**

a ¿Qué tiempo verbal predomina?

_____

b Cuando se usa este tiempo verbal, ¿qué estamos expresando?

2 **Vuelve a leer la transcripción y fíjate en cómo se expresan las acciones que realiza. Escríbelas aquí.**

_____

_____

_____

3 **En el Escucha B han aparecido estas expresiones:**

Estar a la vuelta de la esquina. *Sin ir más lejos.* *No quedarse atrás.*

Completa estos diálogos usando la más adecuada.

a ● Los restaurantes famosos siempre están a la última.

▼ Sí, es cierto, pero algunos de los pequeños tampoco _____.

b ● Deberías ponerte a estudiar. Los exámenes

_____.

▼ No me lo recuerdes, que me pongo como un flan.

c ● No encuentro a nadie inteligente a mi alrededor.

▼ ¿Ah, no? Pues _____. Aquí me tienes a mí.

4 **Lee las transcripciones del Escucha C.**

a En ellos aparecen colores y tonos. ¿Puedes escribirlos aquí?

_____

b En el tango *Volver* se dice: *Volver con la frente marchita.* ¿Qué es lo que 'se marchita' en sentido literal?

_____

c En ese mismo tango oímos 'mirada febril' y 'alma aferrada'. ¿Podrías explicarnos qué imágenes te evocan esas construcciones?

_____

_____

_____

_____

4 Lee.

1 Antes de leer.

a ¿Recuerdas palabras relacionadas con el sentido del gusto? Te damos unos ejemplos, continúalos con toda la clase:

- *Saber a...*; *masticar...*; *morder...*

b En el texto se habla de partes de la gramática, como el artículo (*el, la*, etc.). ¿Recuerdas otros? Escríbelos aquí con un ejemplo.

_____

_____

_____

2 Durante la lectura.

a Subraya las palabras relacionadas con los sentidos.

b Busca lo que dice el autor sobre el diccionario.

3 Después de leer.

a Compara tu lista inicial de palabras relacionadas con el sentido del gusto y las que aparecen en el texto.

b ¿Qué opinas de los sabores de las diferentes partes de la gramática?

c ¿Y el diccionario? ¿Te parece adecuada la comparación o prefieres otra?

4 Y ahora contesta con lo que se dice en el texto.

a Las palabras son _____.

b El sabor del sustantivo se parece a _____
_____.

c Los artículos y las preposiciones son como _____
_____.

d El padre no podía dormir y por eso _____
_____.

e En el diccionario y en la enciclopedia las palabras
_____.

El orden alfabético

Yo no tenía sueño, de manera que tomé el libro de gramática de debajo de la almohada y me dispuse a leerlo con la intención de encontrar las diferencias entre el sustantivo y el adjetivo o entre el verbo y el adverbio.

El verbo tenía una textura fibrosa y un sabor concentrado. Me quedé pensando y traté de imaginarme el momento de la historia, o de la prehistoria, en el que de pronto apareció el tiempo o los tiempos y fue posible mirar hacia adelante y hacia atrás, hacia ayer y mañana. Ayer se murió mi abuelo y mañana lo enterraban. Vistas así, las palabras eran ventanas por las que te asomabas a la realidad. Gracias a la existencia de un verbo en pasado o en futuro, las cosas desaparecidas continuaban durando y las que no habían llegado comenzaban a suceder.

El adjetivo me pareció algo insípido, aunque al morderlo, producía un ruido excitante, como una lámina de caramelo.

El sustantivo era sin duda alguna el rey. Te llenaba la boca con su olor ya antes de empezar a masticarlo y, al romperse por la presión de los dientes, liberaba más jugos de los que parecía contener. El sabor del sustantivo estaba cerca de las sensaciones que producen las frutas al contacto con la lengua. Y los había amargos, dulces, ácidos, empalagosos, agridulces y picantes. Algunos no se podían tragar excepto envueltos en un adjetivo. Los artículos y las preposiciones no sabían a nada, pero al colocarlos entre los dientes y presionar, se rompían como las pipas de girasol. En cierto modo eran semillas: si plantabas un artículo o una preposición debajo de la lengua, enseguida les nacía un sustantivo: no podían estar solos. El adverbio desprendía el olor característico de algunas vísceras como los riñones, y las conjunciones tenían también algo de fruto seco. Era entretenido masticarlas, pero no podían sustituir una comida.

No sabía qué hora era cuando terminé de repasar los accidentes gramaticales, pero aunque apagué la luz, continuaba excitado, sin sueño. Mi padre se había levantado varias veces recorriendo el pasillo de un extremo a otro. Podía distinguir sus pasos de los de mi madre como un verbo de un adverbio. En una de las ocasiones en que pasó por delante de mi dormitorio, papá abrió sigilosamente la puerta y asomó la cabeza. Iba a fingir que dormía cuando casi sin querer le llamé.

–Papá– Se acercó hasta la cama y tras buscar la expresión de mi rostro entre las sombras se sentó en el borde.

–¿Cómo va el inglés?– pregunté.

–Mal, hijo. Nunca ha ido bien. No tengo facilidad para los idiomas. Creo que nunca llegaré a aprenderlo.

Cuando papá abandonó el dormitorio encendí la luz y cogí el diccionario escolar para hacerme una idea del orden de las cosas. Una cosa parecía cierta, y es que el diccionario y su versión gigante, la enciclopedia, eran como neveras. En su interior las palabras se mantenían disponibles, frescas. No tenías más que abrir la puerta de ese raro objeto por la letra que más rabia te diera, la E, por ejemplo, y ahí estaban las excitaciones, las excusas, los expedientes, las explanadas y las explosiones, pero también las expresiones y el éxtasis. Con la ventaja, frente a la nevera, de que podías consumir todas las palabras y misteriosamente continuaban allí. No era necesario, como los yogures y los huevos, que las repusieras cada vez que las gastabas.

Texto adaptado. *Juan José Millás.*
El orden alfabético.

Un paso más

1 Hablemos de sabores.

En el texto se dice que el adjetivo era insípido. ¿Puedes decir qué sabor tienen estos alimentos?

a El azúcar es _____.   c El limón es _____.   e El yogur es _____.

b El café es _____.   d El bacalao es _____.

2 Qué alimento dirías que es...

a Jugoso _____.   b Empalagoso _____.   c Picante _____.

3 En el texto se dice: *No tenías más que abrir la puerta de ese raro objeto por la letra que más rabia te diera.*

Usamos la construcción... 'que más rabia te dé' cuando queremos decir a alguien que elija lo que quiera. Para elegirlo puede usar cualquier criterio, incluso si es absurdo.

Completa estos diálogos usándola.

a ● ¿Qué camiseta me pongo?
▼ _____.

b ● ¿Qué cubiertos pongo, los de todos los días o los de plata?
▼ ¡Qué más da! Pon _____.

5 **Escribe.**

Opción A

Siguiendo el modelo del *Pretexto*, escribe un texto en el que hables de tu propio viaje alrededor de los sentidos. En él tienes que hablar de:

- Los sabores que has descubierto en tus viajes (puedes hablar de cualquier país).
- Las sensaciones que te producen los lugares, los paisajes.
- Con qué asocias los olores.

Opción B

Experiencias sensoriales en la mesa. Sabores de colores. Una excelente comida en un lugar perfecto.

Hemos entrado en este blog *http://www.saboresdecolores.com/* y hemos encontrado algo que nos ha gustado mucho.
Lee este texto y escribe algo parecido.
Si además de una buena comida, estamos en un lugar perfecto... Describe el lugar donde te gustaría tomar una excelente comida.

Y de pronto, volvió el frío... pero... no pasa nada si al llegar a casa podemos disfrutar de un plato caliente, reconfortante y delicioso.
Hoy os propongo una crema, diferente y sabrosa, con contraste de sabores: el dulce de la zanahoria asada, el toque de acidez de la naranja. Y si os animáis y le añadís una cucharada de nata, le daréis un toque deliciosamente cremoso. Cuando la preparaba, mi memoria viajó a Inglaterra, a un viaje que hicimos A. y yo. Paramos en el camino a tomar algo caliente y era una crema que llevaba naranja. ¡Oh! ¡Qué rica estaba! Y el pan con la que la acompañamos... No tengo palabras.

Repaso

1 Interactúa.

Recordad que primero uno/a de vosotros/as lee las preguntas y el otro o la otra las contesta. Después cambiáis: quien ha preguntado contesta, y quien ha contestado pregunta. Necesitáis papel y lápiz para ir escribiendo los resultados.

Los sentidos. Habla de lo que sientes en...

1. Un amanecer un día de primavera en medio del campo.

2. Una noche estrellada de verano junto al mar.

3. Un mediodía de otoño paseando por un bosque con una alfombra de hojas bajo tus pies.

4. Una chimenea en una casa de campo un día nevado de invierno.

El mundo de la ciencia. (Si no conoces la respuesta, usa tu fantasía.)

1. ¿Quién ha sido en tu opinión el científico más importante de todos los tiempos?

2. ¿Cómo empezó la vida en nuestro planeta Tierra?

3. ¿Por qué se extinguieron los dinosaurios?

4. ¿Qué ocurriría si se derritiera todo el hielo de nuestro planeta?

2 Habla.

A Sobre las aficiones.

Lee el texto que te presentamos y prepara el tema durante diez minutos. Exponlo durante cinco. Al terminar la exposición, tus compañeros/as te harán preguntas.

¿Estás totalmente de acuerdo con el texto? ¿Solo parcialmente? ¿En total desacuerdo?

> *Tener algo que nos entretiene y apasiona hace nuestra vida más interesante. Estamos más sanos y mejora nuestro estado emocional. Además, a través de una afición podemos conocer personas con quienes ya tenemos algo en común. Es decir, que con la práctica de aficiones se hacen buenas amistades.*
>
> *Ortega y Gasset decía que: «Las aficiones revelan, mejor que nada, la personalidad del que las cultiva». Si alguien emplea su tiempo de ocio en algo, debe importarle. Por tanto, a través de sus aficiones podemos saber algunas cosas sobre una persona incluso antes de haberla tratado.*

Recuerda que:

- Tienes que justificar tu respuesta.
- Tienes que expresar tus ideas con orden.
- Debes presentar una conclusión.

B Viñeta.

En el laboratorio.

a Mira atentamente esta viñeta.

b Describe lo que ves.

c ¿Qué experimento crees que están haciendo estos científicos?

d ¿Qué resultados crees que quieren obtener?

e Toma el papel de uno de ellos y dialoga con tu profesor/a.

3 Escucha.  32

A Poema de Pablo Neruda.

1 Antes de escuchar.

a ¿Has oído hablar de Pablo Neruda? ¿Sí? ¿No?
Te presentamos una brevísima biografía.

Poeta chileno nacido en Parral en 1904. Su infancia transcurrió en Temuco donde realizó sus primeros estudios.

Aunque su nombre real era Neftalí Reyes Basoalto, desde 1917 adoptó el seudónimo de Pablo Neruda. Fue escritor, diplomático, político, Premio Nobel de Literatura. Murió en 1973.
En su obra poética destacan «Crepusculario», «Veinte poemas de amor y una canción desesperada», «Residencia en la tierra», «Tercera residencia», «Canto general», «Los versos del capitán», «Odas elementales», «Cien poemas de amor», «Memorial de Isla Negra» y «Confieso que he vivido».

b Ahora vas a escuchar el soneto LXXXIX (ochenta y nueve) de «Cien poemas de amor».

1.º Simplemente escúchalo.
2.º Intenta añadir las palabras que faltan, las conoces todas; algunas están relacionadas con los sentidos.

Cuando yo muera quiero tus manos en 1 _____:
quiero la luz y el trigo de tus manos amadas
pasar una vez más sobre mí su frescura:
2 _____ la suavidad que cambió mi destino.
Quiero que vivas mientras yo, dormido, te espero,
quiero que 3 _____ sigan oyendo el viento,
que 4 _____ el aroma del mar que amamos juntos
y que sigas pisando la arena que pisamos.
Quiero que lo que amo siga 5 _____
y a ti te amé y 6 _____ sobre todas las cosas,
por eso sigue tú floreciendo, florida,
para que alcances todo lo que mi amor te ordena,
para que se pasee mi sombra 7 _____,
para que así conozcan 8 _____ de mi canto.

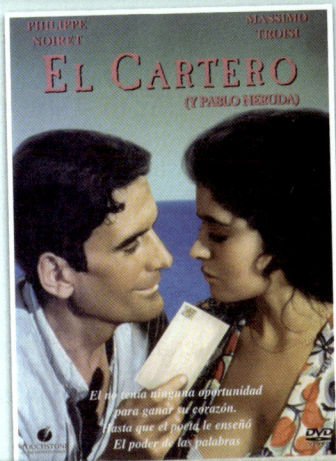

2 Después de escuchar.

a Lee atentamente el poema.

b ¿Te ha gustado?

c ¿Lees poesía en tu lengua? ¿Sí? ¿No? ¿Por qué?

d ¿Crees que ahora, al terminar el nivel B2, estás ya preparado para leer ciertos poemas en español? Razona tu respuesta.

e ¿Has visto o has oído hablar de la película *El cartero y Pablo Neruda*? Te presentamos la ficha de la película.

TÍTULO:	El cartero y Pablo Neruda	**PREMIOS:**	1995: Óscar: mejor banda sonora original drama. Cinco nominaciones 1995: tres premios BAFTA: música, película de habla no inglesa, dirección. Cinco nominaciones 1995: David de Donatello: mejor montaje. 3 nominaciones.
AÑO:	1994		
DURACIÓN:	115 minutos		
PAÍS:	Italia		
DIRECTOR:	Michael Radford		
GUION:	Michael Radford, Massimo Troisi, Anna Pavignano, Furio Scarpelli, Giacomo Scarpelli (Novela: Antonio Skármeta)	**GÉNERO:**	Drama | Amistad. Vida rural. Años 50
MÚSICA:	Luis Enríquez Bacalov (AKA Luis Enrique Bacalov)	**SINOPSIS:**	Mario (Massimo Troisi) es un hombre sencillo que acepta un empleo de cartero. Su trabajo consiste en llevar el correo a un único destinatario, el poeta chileno Pablo Neruda (Philippe Noiret), que vive exiliado en un pequeño pueblo italiano. Mario se siente fascinado por la figura de Neruda, y entre los dos hombres irá creciendo una gran amistad.
FOTOGRAFÍA:	Franco di Giacomo		
REPARTO:	Philippe Noiret, Massimo Troisi, María Grazia Cucinotta, Linda Moretti, Renato Scarpa, Anna Bonaiuto, Mariano Rigillox		
PRODUCTORA:	Coproducción Italia-Francia; Cecchi Gori Group Tiger Cinematográfica / Penta Film / Esterno Mediterráneo Film / Blue Dahlia Productions		

(http://www.filmaffinity.com/es/film621676.html)

f Como has leído en la ficha, la banda sonora recibió un Óscar. Puedes escucharla aquí: *http://www.youtube.com/watch?v=UkAFn8eZ_R8*

B Buscar datos sobre la salud es la tercera acción más popular entre los internautas.

> Buenas tardes queridos oyentes de Onda Meridional. En nuestro espacio *A través de la ciencia*, nuestro corresponsal en Chile, Raimundo Cabrera, va a hablar sobre un estudio llevado a cabo sobre la tercera acción más popular entre los internautas estadounidenses.

1 Tras la audición, di si son verdaderos o falsos los siguientes enunciados.

a	Al corresponsal le parece muy normal el lugar que ocupa esta actividad.	V	F
b	Los internautas buscan información solo sobre las enfermedades que padecen.	V	F
c	Claudia Opazo solo ofrece en su *web* información comprobada.	V	F
d	Leisewitz cree que en Chile el panorama es distinto del de EE.UU. y señala que los chilenos no están a ese nivel, que allá aún funciona el boca-oído.	V	F
e	Para Paula Daza, el futuro está en generar contenidos para que la gente pueda acceder a la información desde sus computadoras, pero nunca a través de los celulares.	V	F

C Alpinismo. Edurne Pasaban, 9 años en la cumbre.

> Buenas noches, queridos oyentes. Ayer, nuestra corresponsal en Navarra, Amaya Goñi, acudió a la conferencia ofrecida Por Edurne Pasaban, titulada «De los Pirineos al Himalaya».

1 Antes de escuchar.
- Se llama *ochomil* a una montaña que tiene la cima a 8000 metros de altura.
- Un *bajón*: en el contexto en el que lo dice Edurne significa que tuvo una época depresiva, con pocas ganas de hacer cosas.
- *Coronar*: llegar a la cima de una montaña.

2 Después de escuchar.
Resume brevemente la noticia con tus propias palabras.

4 Lee.

A Lee este texto de *Como agua para chocolate* de Laura Esquivel.

1 Antes de leer.
- **a** ¿Qué crees que significa la expresión mexicana «estar como agua para chocolate»?

  1 Estar listo. Quiere decir que la situación está en su punto exacto para ser resuelta o para que algo empeore o mejore.

  2 Para hacer el chocolate, se hervía el agua y después se añadía este, que era muy espeso. Por analogía, «estar como agua para chocolate» es estar hirviendo. Es decir, muy alterado, excitado, etc.

b Te presentamos las imágenes que corresponden a las siguientes palabras. ¿Podrías relacionarlas?

1 _____

2 _____

3 _____

4 _____

a piso   **b** charola   **c** buñuelo   **d** licor de Noyó

2 Durante la lectura.

Subraya otras palabras que desconoces. Escríbelas en la pizarra y entre todos buscad todo el vocabulario necesario para comprender totalmente el texto.

3 Después de la lectura.

Subraya los enunciados verdaderos.

a Tita se sentía muy bien al recordar la primera visita de Pedro el año anterior.

b Recordaba todo lo referente a esa visita.

c Tuvo que irse a otro lugar cuando Pedro la miró.

COMO AGUA PARA CHOCOLATE

Cada vez que Tita cerraba los ojos podía revivir muy claramente las escenas de aquella noche de Navidad, un año atrás, en que Pedro y su familia habían sido invitados por primera vez a cenar a su casa, y el frío se le agudizaba. A pesar del tiempo transcurrido, ella podía recordar perfectamente los sonidos, los olores, el roce de su vestido nuevo sobre el piso recién encerado; la mirada de Pedro sobre sus hombros... ¡Esa mirada! Ella caminaba hacia la mesa llevando una charola con dulces de yemas de huevo cuando la sintió, ardiente, quemándole la piel. Giró la cabeza y sus ojos se encontraron con los de Pedro. En ese momento comprendió perfectamente lo que debe sentir la masa de un buñuelo al entrar en contacto con el aceite hirviendo. Era tan real la sensación de calor que invadía todo su cuerpo que ante el temor de que, como a un buñuelo, le empezaran a brotar burbujas por todo el cuerpo —la cara, el vientre, el corazón, los senos—, Tita no pudo sostenerle esa mirada y bajando la vista cruzó rápidamente el salón hasta el extremo opuesto, donde Gertrudis pedaleaba en la pianola el vals *Ojos de juventud*. Depositó la charola sobre una mesita de centro, tomó distraídamente una copa de licor de Noyó que encontró en su camino y se sentó junto a Paquita Lobo, vecina del rancho. El poner distancia entre Pedro y ella de nada le sirvió; sentía la sangre correr abrasadoramente por sus venas. Un intenso rubor le cubrió las mejillas y por más esfuerzos que hizo no pudo encontrar un lugar donde posar su mirada.

(*Como agua para chocolate*, capítulo 1, Tortas de Navidad, página 17, Mondadori)

B **Ya estás a punto de acabar el Nivel B2. Te presentamos la «Prueba de autoevaluación del *MCER*» para que la leas y expliques a tus compañeros/as y a tu profesor/a si has alcanzado los objetivos propuestos. ¡Enhorabuena, si lo has hecho. Ya has conseguido mucho! ¡Ánimo para empezar el C1! ¡Suerte!**

1	**Comprensión auditiva:** comprendo discursos y conferencias extensos e incluso sigo líneas argumentales complejas siempre que el tema sea relativamente conocido. Comprendo casi todas las noticias de la televisión y los programas sobre temas actuales. Comprendo la mayoría de las películas en las que se habla en un nivel de lengua estándar.
2	**Comprensión de lectura:** soy capaz de leer artículos e informes relativos a problemas contemporáneos en los que los autores adoptan posturas o puntos de vista concretos. Comprendo la prosa literaria contemporánea.
3	**Interacción oral:** puedo participar en una conversación con cierta fluidez y espontaneidad, lo que posibilita la comunicación normal con hablantes nativos. Puedo tomar parte activa en debates desarrollados en situaciones cotidianas explicando y defendiendo mis puntos de vista. Presento descripciones claras y detalladas de una amplia serie de temas relacionados con mi especialidad.
4	**Expresión oral:** sé explicar un punto de vista sobre un tema exponiendo las ventajas y los inconvenientes de varias opciones.
5	**Expresión escrita:** soy capaz de escribir textos claros y detallados sobre una amplia serie de temas relacionados con mis intereses. Puedo escribir redacciones o informes transmitiendo información o proponiendo motivos que apoyen o refuten un punto de vista concreto. Sé escribir cartas que destacan la importancia que le doy a determinados hechos y experiencias.

(http://cvc.cervantes.es/ensenanza/biblioteca_ele/marco/)

5 **Escribe.**

A **El curso ha terminado. Escribe un correo a tu anterior profesor/a, o si lo prefieres, en tu cuaderno de viajes, o en tu diario. Tienes que contar todo lo que has aprendido, cómo has trabajado en clase, qué relación has tenido con tus compañeros/as, qué costumbres te han llamado la atención, tus avances, tus dificultades, los temas que te han interesado, los que no, qué te ha parecido el libro, etc.**

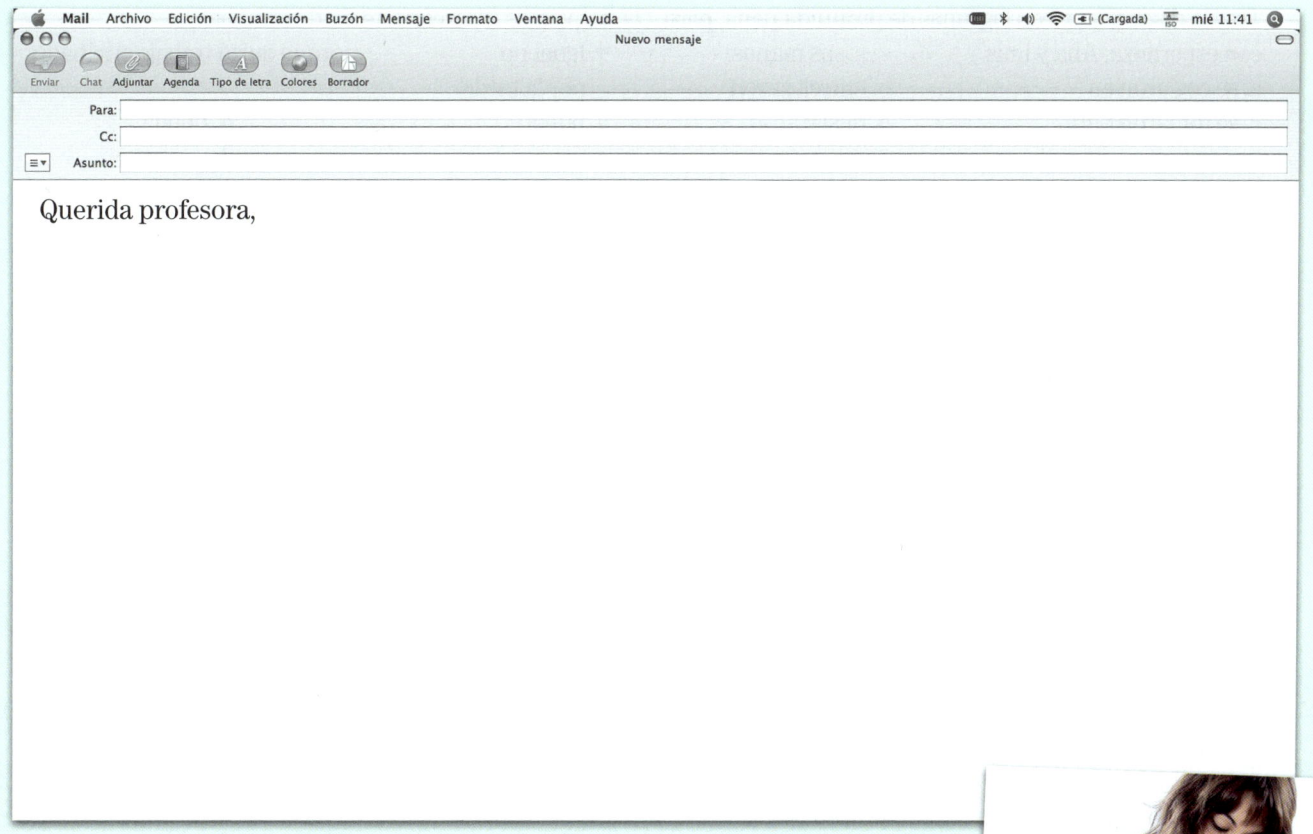

Querida profesora,

B **Y para terminar, escribe sobre los sentimientos que te ha despertado la lectura del Soneto LXXXIX de Pablo Neruda y el fragmento de *Como agua para chocolate* en tu diario o en tu cuaderno de viajes.**

6 **Señala la respuesta adecuada.**

1 Cuando sepas el resultado de los análisis, _____, por favor.
a. comunícastelo
b. compruébalas
c. llámame
d. me lo digas

2 ¿Qué pasa? ¿Tienes mucho trabajo?
La persona que hace la pregunta…
a. está preocupada
b. está ofendida
c. está confundida
d. pregunta por cortesía

3 Hablaremos más tranquilamente después de que _____ estos momentos de nerviosismo.
a. pasarían
b. tienen
c. tengas
d. hayan pasado

4 El alumno de letras es sociable, simpático y abierto, pero vago, _____, despreocupado e indeciso.
a. orgulloso
b. incapaz
c. poderoso
d. emprendedor

5 La clase no empieza _____ llega la profesora.
a. después que
b. antes que
c. hasta que
d. cada vez que

6 ¿Sabías que apenas se descubrió el mapa del genoma humano, _____ a conflictos ético-morales?
a. se abrieron las puertas
b. se entrecerraron las puertas
c. se cerraron los ojos
d. se abrieron las ventanas

7 Tras la discusión, y con lágrimas de profunda pena, pero con esperanza, Ana y Luis _____ sus manos.

a. se cogieron en
b. entrelazaron
c. se tomaron para
d. deslazaron

8 La Bioquímica es menos difícil _____ me habían dicho.

a. que
b. de lo que
c. que a mí
d. de la que

9 _____ no te pregunten, no digas nada.

a. Si
b. Con tal de
c. De ser
d. Mientras

10 Cuanto más oscura es la noche _____ está el amanecer.

a. cuanto más lejos
b. cuando menor
c. lejos
d. más cerca

11 ● Me han dicho que las notas de Estadística ya han salido. Ojalá _____.
▼ Seguro que sí; llevabas los temas muy bien preparados.

a. haya aprobado
b. hayan superado
c. superan el aprobado
d. aprobaría

12 Pedro *es un bocazas*, significa:

a. Dice muchísimos tacos
b. Grita muchísimo
c. Tiene la voz muy grave
d. Lo cuenta todo

13 Ojalá Marta no hubiera participado en el campeonato de patinaje, _____ se habría roto el pie.

a. así no
b. del modo así
c. por tanto
d. de ser así

14 Para _____ que los jóvenes son pasivos.

a. decir
b. que dicen
c. decir lo
d. que luego digan

15 Me encanta el bricolaje, pero no consigo montar estas estanterías. Ojalá estuviera aquí mi hermano, así podría echarme una mano, que _____.

a. lo necesario estaría
b. buena falta me hace
c. estupendo convendría
d. lo que me encantaría

16 A lo mejor me dan _____ para el partido del viernes.

a. unos billetes
b. unos bonos
c. unos invitaciones
d. unas entradas

17 ● ¿Vamos a pescar este fin de semana?
▼ Igual no _____ porque quizá trabaje el sábado por la tarde.

a. puedo
b. pueda
c. vaya
d. venga

18 Lo dijera _____ lo dijera, no deberías haberte enfadado tanto con él. ¡Es solo un niño!

a. que
b. cual
c. como
d. se

19 No toques nada, anda, que seguro que rompes algo. ¡Eres un _____!

a. pelota
b. manazas
c. tozudo
d. engreído

20 Abrí este *blog* en español para pensar sobre lo que he sentido aprendiendo _____ lengua española.

a. una
b. la

21 Este libro _____; no he podido llegar a la página 30.

a. es un ladrillo
b. está deprimido
c. es dormilón
d. es entretenido

22 Cuando llegué a Salamanca por primera vez, sentí que olía a _____ colonia.

a. sin artículo
b. una
c. la

23 Me he hecho _____ aceite de oliva.

a. fan en
b. forofo en
c. compatible al
d. adicto al

24 Y hablando del sentido del oído, podría referirme _____ ruido de las calles llenas de vida.

a. un
b. al
c. sin artículo

25 Entrar todos los días en Facebook se ha convertido en algo más que una costumbre. No _____.

a. parar haciéndolo
b. puedo dejar de hacerlo
c. pienso de hacerlo
d. dejaría hacerlo

26 Llegarás a ser _____ te propongas.

a. los que
b. quienes
c. lo que
d. más que

27 Me sentía como un conejo o una vaca, todo el día _____.

a. votando   b. ventilando

c. rasgando   d. rumiando

28 Me han concedido una beca para estudiar español y _____ contentísima en cuanto he leído la noticia.

a. me he puesto   b. me he vuelto

c. he llegado a ser   d. me he hecho

29 No tenías más que abrir la puerta de ese raro objeto por la letra que _____ te diera.

a. menos importancia   b. más rabia

c. tanto razón   d. menos tamaño

30 El libro electrónico tiene una ventaja _____ al clásico de papel y es que puedes poner el tamaño de letra que quieras.

a. contra de   b. de acuerdo

c. sobre   d. frente

A Reacciona.

1 ● ¡Qué caras son las entradas para el concierto!

▼ Pues aunque *sean muy caras, yo pienso ir.*

2 ● ¿Para qué estás en Facebook?

▼ _____.

3 ● Andrea no me ha enviado ni un correo, ni un *sms*, ¡qué raro!

▼ Sí, y eso que _____

_____.

4 ● ¡Hombre! ¿Qué haces tú aquí?

▼ He venido a que _____

_____.

5 ● Carlos le dedica muchísimo tiempo a escribir en su bitácora.

▼ ¿Tú crees? Pues a pesar de (que) _____

_____.

6 ● Con el fin de _____, tendrán que echarme una mano, por favor.

▼ No se preocupe, doña Lucía, que ya estamos preparándolo todo.

7 ● Ayer estuve en casa de Pedro. ¡Tiene una cantidad de DVD...!

▼ Yo también los he visto, pero por muchos ____

_____.

8 ● ¡Qué tranquila está Gloria antes de salir a escena! Me da una envidia...

▼ No te creas, por muy _____

_____.

9 ● Me parece que viene más gente de la que yo esperaba y he hecho poca comida.

▼ Tranquilo, por poco _____

_____.

10 ● Aquí hay mucho humo, salgo a la terraza a (que) _____.

▼ Es verdad y eso que _____

_____.

B Valores para el siglo XXI.

1 ¿Qué valores te gustaría enseñar a tu hijo o a tu hija?

a Toda la clase elabora un listado de los valores que cree que son importantes.

b Luego, en pequeños grupos, se seleccionan los imprescindibles, se ponen en común y se redacta un cartel con los cinco valores fundamentales.

c Ahora, fijaos en los valores que este papá le propone a su bebé.

d Debajo de cada viñeta tenéis que escribir una frase −como si fuerais el papá− en la que aparezcan la palabra y la imagen.

CEREBRO

1 *Hijo mío, tu cerebro es como un ordenador* .

2 _____ .

3 _____ .

4 _____ .

5 _____ .

DIOS

© *Quino*

6 _____ .

2 **Estas expresiones las has visto en la unidad.**
Completa los diálogos con la que corresponda.

> Vivita y coleando • Ser un caso • Ser una gozada / Ser un gustazo • Llover a cántaros

1 ● ¿Qué tal el tiempo por ahí? Aquí

  _____ .

 ▼ Aquí parece el diluvio. Hacía tiempo que no llovía así.

2 ● ¿Han visto la nueva película de Icíar Bollaín?

 ▼ ¿Cuál? *¿También la lluvia?*

 ● Sí, esa, _____ , ¿verdad?

3 ● ¿Sabes? Luis ha decidido, así, de repente irse a vivir a Japón.

 ▼ No me extraña, es que Luis _____ , no hay otro como él.

4 ● María ha vuelto a nacer.

 ▼ ¿Por qué lo dices?

 ● Pues porque tuvo un accidente gravísimo y ahí la tienes, _____ y sin secuelas.

C Los internautas leen mejor.

Completa el texto con las palabras o conjunto de palabras siguientes.

inmediata • acostumbrados a • evidencias • desarrolla • sobre todo • existieran
pasando por • amenaza • por placer • deducir

El informe PISA revela que el alumnado que más usa la Red (1) _____ una mayor comprensión lectora.

Algunos especialistas han advertido sobre los peligros de la era de internet para la comprensión lectora. «Creo que la mayor (2) _____ es su potencial para disminuir nuestra capacidad de concentración y reflexión», declaraba Nicholas G. Carr, experto en Tecnologías de la Información y la Comunicación (TIC) y asesor de la *Enciclopedia británica* desde hace dos años. Es obvio que las nuevas tecnologías cambian usos y costumbres —aunque los especialistas no se ponen de acuerdo en si esto le quita o no espacio a la lectura tradicional entre los jóvenes—. «Los estudiantes (3) _____ actividades como leer correos electrónicos, *chat* o noticias *online*, a usar diccionarios o enciclopedias en internet, a participar en discusiones de grupo en línea o a buscar información en la Red, tienen en general mayor habilidad lectora, con los textos impresos, los de toda la vida», dice el informe PISA, que analiza a alumnos de 15 años de 65 países.

Conviene aclarar que la prueba evalúa esa habilidad con distintos tipos de texto (desde párrafos de novelas o cuentos, a textos periodísticos o históricos (4) _____ gráficos, tablas o facturas). Sin embargo, a pesar de los datos del informe PISA, no podemos (5) _____ que la era digital esté afectando negativamente a la capacidad lectora de los jóvenes, considerada de manera amplia.

El profesor de la Universidad Carlos III de Madrid, Miguel Ángel Marzal, opina: «El alumnado se *enseña* en la escuela, pero se *educa* en el ciberespacio. La escuela tiene un plan de estudios académico, pensado para aprobar un curso y pasar al siguiente. Este plan implica un aprendizaje alejado de la realidad (6) _____ del chico que, sin embargo, sí encuentra un reflejo perfecto de sus inquietudes en el ciberespacio. Leen menos la lectura escolar, incluida la de ficción, porque no es inmediata, ni interactiva y (7) _____, muy poco visual, pero sí leen y escriben mucho en redes sociales.»

Michael Davidson, uno de los principales analistas educativos de la OCDE, destaca que, «aunque la proporción de alumnos españoles que leen por placer ha bajado desde 2000, la de los que leen ficción por placer ha aumentado del 25% al 30%. Este aumento es un signo positivo». «Impulsar la lectura (8) _____ de cualquier tipo de texto entre los que no leen debe ser una prioridad», añade Davidson, ya que el estudio PISA ha relacionado el gusto por leer con la obtención de mejores resultados en la competencia lectora. La pregunta que puede surgir es: ¿dificultan las TIC la lectura por placer? ¿Si no (9) _____ Tuenti o los videojuegos, los adolescentes dedicarían más tiempo a leer? «Lo dudo —dice el profesor de la Facultad de Educación de la Universidad de Granada Juan Mata—. Tal vez harían lo que siempre han hecho: charlar o jugar en la calle. No hay (10) _____ de que el tiempo dedicado a navegar por internet o a chatear con los amigos sea un tiempo sustraído a la lectura por placer».

(Adaptado de: *http://www.elpais.com*)

1 **Lee el texto de nuevo y resúmelo. Destaca aquello que más te haya llamado la atención.**

_____

_____

_____

_____ .

2 **En este texto encontramos muchos verbos y adjetivos seguidos de preposición. Por ejemplo, *experto en; ponerse de acuerdo en* + algo; *participar en*. Primero, en parejas, haced oraciones usando estos verbos con preposición. Luego, continuad la lista con otros verbos que ya conocéis.**

*Nicholas C. Carr es **experto en** TIC.*

a No confío en _____ .

b Fíjense en _____ .

c Te veo muy concentrado en _____ .

3 **También encontramos estos otros: *acostumbrados a; afectar a; dedicar a.* Hacemos lo mismo: primero, escribid breves diálogos y después, continuad la lista.**

*¿Los adolescentes **dedicarían** más tiempo a leer?*

a Os animo a _____ .

b No me atrevo a _____ .

c Estamos obligados a _____ .

4 **Hemos elegido algunas palabras del texto para que les busquéis compañía. ¿Qué palabras pueden acompañarlos?**

a *El informe Pisa **revela** una información.* ¿Qué más podemos ***revelar***?

_____ .

b *El **tiempo** dedicado a la lectura.* ¿Qué otros adjetivos podemos «ponerle» a ***tiempo***?

_____ .

c *La pregunta que puede **surgir**.* ¿Qué otras cosas pueden ***surgir***?

_____ .

5 **Y para terminar, un juego. En el texto encontramos palabras acentuadas como *académico, británica, tecnología, información, concentración*.**
En parejas o grupos de tres, rellenad este cuadro con el mayor número de palabras en cinco minutos.
Podéis consultar el diccionario, pero, ojo con perder tiempo.
Gana la pareja o grupo que:

a Haya escrito más palabras.
b Las haya escrito correctamente.
c Pueda explicarlas después a quienes no las conozcan.

Palabras como *académico*	Palabras como *concentración*	Palabras como *tecnología*

A 1 Pon los infinitivos en los tiempos verbales correspondientes.

Mi compañero José, que trabaja en la misma empresa que yo pero en diferente departamento, es amigo mío. Todos tenemos algún defecto y el suyo es que es muy supersticioso. El otro día dijo que no quería entrar en mi despacho porque había dejado el paraguas abierto en el suelo. Me molestó un poco (o más que un poco) y le dije lo siguiente:

● Si no (ser, tú) *fueras* tan supersticioso, (llevar) **(1)** _____ una vida menos complicada. Si no (creer) **(2)** _____ que pasar por debajo de una escalera trae mala suerte, (arriesgar) **(3)** _____ menos tu vida, porque un día de estos te va a pillar un coche. Si no (tener) **(4)** _____ esa manía de no ser nunca trece en la mesa, (disfrutar) **(5)** _____ el jueves pasado de una cena maravillosa en vez de rechazar la invitación. Si no (tomarse) **(6)** _____ tan en serio todas esas cosas, los martes y trece (ser) **(7)** _____ días normales para ti. Si no te (horrorizar) **(8)** _____ cruzarte con un gato negro, (aprender) **(9)** _____ que estos animales son muy cariñosos y (tener) **(10)** _____ uno para que te (hacer) **(11)** _____ compañía. Si no (obsesionarse) **(12)** _____ con que el color amarillo es gafe, (poder) **(13)** _____ salir con Pilar, que es encantadora, pero, claro casi siempre lleva puesto algo amarillo...

Y lo que es el colmo, si no (llevar) **(14)** _____ tantos amuletos: la pata de conejo, la herradura y aquel trébol de cuatro hojas que encontraste en el jardín del hotel, el cuello no se te (resentir) **(15)** _____ como lo hizo el mes pasado.

Entonces José me dijo un poco enfadado:

▼ Oye, oye, *para el carro. ¡Vaya sermón!* ¿Es que tú no eres supersticioso?

● ¿Yo? le contesté–. Por supuesto que no, eso trae mala suerte.

Los dos nos echamos a reír y bajamos a la cafetería a tomar un té.

Para aclarar las cosas:
Para el carro: deja de decirme tantas cosas, porque no me gusta.
¡Vaya sermón!: tus palabras recuerdan las de los curas en las iglesias.

2 ¿Eres supersticioso/a? Enumera supersticiones de tu país o de otros que conozcas.

B 1 **A lo largo de la unidad has ido encontrando mucho vocabulario relacionado con los bancos. En la lista que te ofrecemos se han producido alteraciones, ya que las definiciones no coinciden con la palabra definida. Arréglala con tu compañero/a y con la consulta a los diccionarios. Aquí tienes uno en línea por si hay conexión a internet en el aula.**

http://clave.librosvivos.net/

Término	Definición
1 La cuenta corriente.	**a** Documento que acredita un compromiso.
	b Obligación que se ha contraído, especialmente si consiste en un pago o en una devolución de dinero.
2 El bono.	**c** Dinero que se presta o se da provisionalmente.
3 El aval.	**d** Documento por el que una persona responde del pago de una deuda.
4 El impuesto.	**e** Cantidad que se paga por el uso de un dinero recibido como préstamo.
5 La garantía.	**f** Documento de deuda a medio plazo al portador y con interés fijo y periódico.
6 El crédito.	**g** Empleo de una cantidad de dinero con la intención de obtener beneficios.
7 La deuda.	**h** Tributo o cantidad de dinero que se paga al Estado, a las comunidades autónomas o a los ayuntamientos de manera obligatoria para contribuir al sostenimiento del gasto público.
8 El interés.	**i** Un tipo de cuenta que permite disponer del dinero inmediatamente.
9 El préstamo.	**j** Préstamo o cantidad de dinero que se pide prestada a un banco o a una entidad semejante.
10 La inversión.	

2 **Ahora utiliza este vocabulario en frases condicionales.**

*Si pudiera, te perdonaría **la deuda**, pero es imposible.*

a Si hubiera tenido dinero, (inversión) _____.

b Ampliaremos la empresa con tal de que el banco (préstamo) _____.

c Cancelaremos nuestra cuenta corriente como no (interés) _____.

d Tendremos que cerrar el negocio excepto que (impuestos) _____.

e Si hubieras conseguido (crédito), _____.

C **Completa el texto con las palabras del recuadro con ayuda del diccionario y de tu compañero/a.**

> asimismo • también • homenaje • patrocinio • delegación
> vencedora • entidades • la promoción

III Edición del Premio Miguel Zurita a La Empresa Solidaria.

La revista *Dato Económico* convoca la III Edición del Premio Miguel Zurita a La Empresa Solidaria.

La revista *Dato Económico* convoca la tercera edición del premio Miguel Zurita a la Empresa Solidaria de La Rioja. El premio reconoce la labor de las firmas riojanas en el área de la solidaridad, la cooperación al desarrollo, la acción social, la responsabilidad social corporativa, el respeto al medioambiente y las nuevas tecnologías.

El premio cuenta con el (1) _____ de la Federación de Empresarios de La Rioja (FER) y la colaboración de Éniac Sistemas Informáticos y Seguros Lagun Aro.

• **EUROPA PRESS. 04.07.2010**

Anteriores ediciones

El galardón, que hasta ahora se conocía como Premio Dato de Oro a la Empresa Solidaria de La Rioja, ha cambiado su nombre en su tercera edición como (2) _____ al recientemente fallecido presidente de honor de *Dato La Rioja*, Miguel Zurita.

(3) _____, cabe recordar que en la segunda edición, que contó con la participación de 36 candidaturas, el proyecto ganador fue la Obra Social de la compañía Eurochamp, mientras que Arluy se alzó como (4) _____ en el primer certamen.

Para participar

Podrá presentar la candidatura cualquier empresa u organización de carácter empresarial, con sede o (5) _____ en La Rioja, o cualquier empresario/a riojano/a.

Las empresas participantes tendrán presencia en La Rioja y, bien serán impulsoras del proyecto, o bien parte clave en (6) _____ de la iniciativa solidaria. También se valorarán los proyectos solidarios de compañías de fuera de la región cuyos beneficiarios residan en La Rioja. Quedan excluidos los proyectos de (7) _____ públicas o semipúblicas.

Los proyectos deberán ser presentados antes del 4 de octubre de 2010 en la sede de la revista *Dato La Rioja*.

C/ Miguel Villanueva 5, 1º Puerta 3.
26001 Logroño (La Rioja)
Ref.: Premio MIGUEL ZURITA
(8) _____ por correo electrónico:
larioja@revistadato.es

1 **En el texto aparecen las siguientes palabras. Lee las definiciones y contesta a las preguntas.**

a **Convocar:** referido especialmente a un concurso, anunciarlo o hacer públicas las condiciones y los plazos para que las personas interesadas puedan tomar parte en él.

¿Cómo es el sustantivo del verbo convocar? _____.

¿Se puede convocar a alguien para hacer algo? ¿No? ¿Sí? ¿A quién y en qué casos?

_____.

b **Patrocinio es un sustantivo que significa:** ayuda o protección que alguien con medios suficientes proporciona a quien lo necesita, especialmente la ayuda económica que se ofrece con fines publicitarios.
Si tuvieras medios suficientes, ¿qué tipo de proyecto te gustaría *patrocinar*? ¿Por qué?
_____.

c **Te ofrecemos cinco sustantivos para que busques entre ellos los sinónimos del sustantivo *galardón*.**
dictado • premio • categoría • recompensa • bandeja

d **En el texto aparece el verbo *caber*, que en este caso significa:** existir o ser posible: *No cabe la menor duda.* **Y si decimos:** *Ya no cabe nada más en la maleta*, **¿qué significado tiene?**
¿Recuerdas cómo se conjuga el pretérito indefinido y el presente de subjuntivo? Conjúgalos.

Pretérito indefinido	Presente de subjuntivo
_____	_____
_____	_____
_____	_____
_____	_____
_____	_____

e *Semipúblicas* **es un adjetivo que va precedido del prefijo *semi-*** que significa 'medio'. Haced un concurso para formar diez palabras compuestas con *semi* + sustantivo o *semi* + adjetivo. La pareja que lo haga en menos tiempo y obtenga más soluciones correctas gana.

f **En el texto aparece el gentilicio *riojano/a*. Ahora poned el gentilicio de las dieciséis Comunidades Autónomas restantes. Gana quien primero termine y lo haga con mayor corrección.**

Galicia: _____ . Valencia: _____ .
Asturias: _____ . Castilla La Mancha: _____ .
Cantabria: _____ . Madrid: _____ .
País Vasco: _____ . Castilla León: _____ .
Navarra: _____ . Extremadura: _____ .
Aragón: _____ . Andalucía: _____ .
Cataluña: _____ . Murcia: _____ .
Baleares: _____ . Canarias: _____ .

Y de las dos ciudades autónomas que están al otro lado del Estrecho.

Ceuta: _____ . Melilla: _____ .

g **También aparece varias veces la palabra *empresa*. En parejas, haced un mapa mental con todo lo que asociéis con esta palabra. Luego elaborad un breve texto usándolas.**

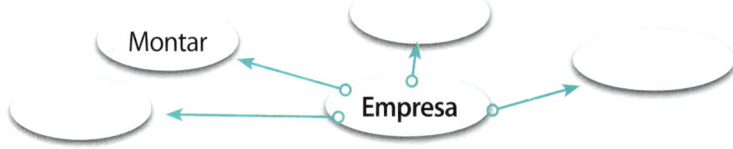

D **Completa el texto con las palabras o conjunto de palabras siguientes.**

> por encima de todos • criticara • exceso • unos pocos • sobre todo
> aquellos tiempos • la estación • que • en la cama • sin cortinas

Con su primer sueldo pagó el primer plazo de un gran equipo de música, casi el único mueble sólido o valioso que había en su casa, brillante, de botones plateados y de agujas indicadoras que oscilaban como las de los sismógrafos, en (1) _____ anteriores a las tecnologías digitales. Tenían (2) _____ discos, un *Carmina Burana* que a él le gustaba mucho, hasta el punto que se entusiasmaba y hacía ademanes como de cantar en el coro o dirigir la orquesta, un doble de los Beatles y algo de música sudamericana (...).

Pero había un disco que a ella le gustaba (3) _____, y que aún se sabe de memoria, aunque hace tiempo que no lo escucha, una selección de canciones de Joan Manuel Serrat que procuraba oír cuando él no estaba, no porque la (4) _____ abiertamente, sino porque sonreía con cierta condescendencia, una sonrisa que era de esos gestos (...) que resumen un carácter y alertan sobre él, de desdén y de paciencia, de incansable vocación pedagógica. De ese disco a ella le gustaba (5) _____ una canción, *Tiempo de lluvia*: le parecía que hablaba justo de aquel otoño de su vida, el de los veintidós años y el comienzo de todo, un otoño lento, de cielos limpios por las mañanas y atardeceres nublados y con viento, cuando lo más dulce de todo era entrar de noche (6) _____ y notar el roce ya cálido y agradecido de las sábanas sobre la piel, libre ahora del sudor del verano, más sensitiva, renacida, con un (7) _____ de sensibilidad que ella aún no atribuía al embarazo, a la brizna de vida (8) _____ crecía en su vientre.

Tardes de lluvia en las que el sol volvía cuando ya se esperaba el anochecer, después de la oscuridad engañosa del nublado: miraba desde la ventana, aún (9) _____, la lluvia resplandeciendo al sol oblicuo del atardecer, y al volverse hacia el interior de la habitación, casi vacía, estaba viendo el mismo lugar que retrataba la canción:

Es tiempo de lluvia,
de vivir de beso en beso
entre paredes de yeso
y dejar los días correr...

La canción estaba hecha para ella, para aquel septiembre y aquella tarde exacta en la que aún ignoraba que iba a tener un hijo a finales de la siguiente primavera que sería así (10) _____ inaugural de su maternidad, igual que el otoño estaba siendo la de su ingreso en el trabajo y en la vida conyugal. *Es tiempo de lluvia*, seguía escuchando, cantaba ella también, muy quedo, *tiempo de amarse a media voz*.

(Texto extraído de: *Plenilunio.* **Antonio Muñoz Molina.**)

Si quieres oír la canción, entra en: *http://www.youtube.com* y si quieres la letra, entra aquí: *http://www.musica.com/letras*

1 **Vuelve a leer el texto ya completo y contesta.**

a ¿Por qué en el primer párrafo se habla de un sueldo?

b ¿Qué relación tiene la mujer que habla con la canción *Tiempo de lluvia*?

c ¿Por qué oía esta canción cuando estaba sola?

2 **Busca en el texto lo que se dice sobre:**

a El otoño: _____.

b Las sensaciones que siente la mujer al meterse en la cama: _____.

c Las tardes de lluvia: _____.

3 **En el texto se describe así un mueble:** *casi el único mueble sólido o valioso que había en su casa, brillante, de botones plateados y de agujas indicadoras que oscilaban como las de los sismógrafos.* **Con tu compañero/a, describid otro mueble y presentadlo en clase para que los compañeros adivinen cuál es.**

_____.

4 **Subraya las palabras que describen la manera de ser de una persona y, en parejas, escribid un texto usándolas en un retrato psicológico.**

_____

_____.

5 **Si os apetece, buscad una canción en *youtube* y presentadla en clase explicando qué os evoca como lo hace la mujer del fragmento que acabáis de leer. Aquí os damos el fragmento de una, *Balada de otoño*, también de Serrat. Si queréis oírla entera, entrad en:** *http://www.youtube.com/*

Pintaron de gris el cielo
y el suelo
se fue abrigando con hojas,
se fue vistiendo de otoño.
La tarde que se adormece
parece
un niño que el viento mece
con su balada en otoño.

Una balada en otoño,
un canto triste de melancolía,
que nace al morir el día.
Una balada en otoño,
a veces como un murmullo,
y a veces como un lamento
y a veces viento.

A En parejas, unid las dos columnas adecuadamente y completad las oraciones. Existe más de una posibilidad.

En cuanto termine este análisis, ***sabré qué enfermedad tiene el paciente.***

1 En cuanto	**a**	fuimos al congreso de Farmacología, _____.
2 Cuando	**b**	se descubra la vacuna del SIDA, _____.
3 Oye, antes de que	**c**	venga la jefa, _____.
4 Hasta que	**d**	os fuisteis al congreso de Gijón, _____.
5 Mientras	**e**	tengamos los resultados, _____.
6 Después de que (vosotros)	**f**	la Luna oculta al Sol, _____.
7 Siempre que	**g**	llegue a casa, _____.
8 A medida que	**h**	consiga ser el jefe, _____.
9 Hasta que	**i**	se descubre algo sobre el cáncer, _____.
10 Cuando	**j**	termine este análisis, _____.
11 Tan pronto como	**k**	haces la comida, yo _____.
12 Apenas	**l**	la nombraron directora del proyecto, _____.

B 1 Aquí tienes una serie de palabras relacionadas con la ciencia, escríbelas en los textos correspondientes. Luego, trata de explicar los mismos conceptos con tus propias palabras.

la clonación

los asteroides

la biomasa

los fósiles

la mutación

las proteínas

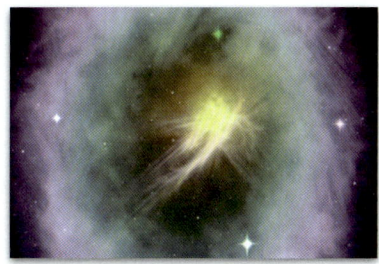

una supernova

la radiactividad

un eclipse

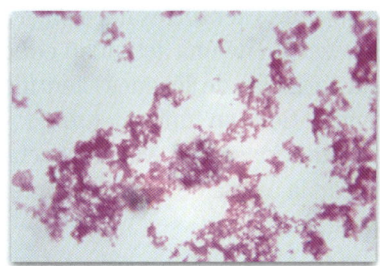

un virus

1 _____ tiene carácter de energía renovable porque su contenido energético procede de la energía solar.

2 Maria Sklodowska, más conocida por Marie Curie, fue una química y física polaca (posteriormente nacionalizada francesa) pionera en los estudios sobre _____ .

3 _____ en genética y biología, es una alteración o cambio en la información genética de un ser vivo.

4 _____ son objetos rocosos y metálicos que orbitan alrededor del Sol pero que son demasiado pequeños para ser considerados planetas.

5 _____ son los restos o señales de la actividad de los organismos conservados en las rocas sedimentarias. La ciencia que se ocupa de su estudio es la Paleontología.

6 _____ es el proceso por el que se consiguen copias iguales de un organismo ya desarrollado.

7 _____ es la desaparición transitoria de un astro (total o parcialmente), debida a la interposición de otro (astro). Normalmente se habla solo de los del Sol y de la Luna, que ocurren solamente cuando el Sol y la Luna se alinean con la Tierra de una manera determinada.

8 _____ desempeñan un papel fundamental para la vida y son biomoléculas. Son imprescindibles para el crecimiento del organismo.

9 En biología, _____ es un «ser vivo» microscópico que solo se multiplica dentro de las células de otros organismos y que produce infecciones.

10 _____ es una explosión estelar que puede notarse incluso a simple vista y aparece en lugares de la esfera celeste donde antes no se había detectado nada.

2 Ahora, si estáis interesados/as, hablad sobre la clonación y las células madre o del Cosmos. Podéis hacerlo en parejas o en grupos. El profesor o la profesora pueden ayudaros, también podéis leer artículos en internet, pero no es necesario que lo hagáis ahora. Puede ser un trabajo que se presentará más tarde.

C **Historia de Jóvenes Científicos.**
Completa el texto con las palabras del recuadro.

> trabajar en equipo • un punto de aterrizaje • al mismo tiempo
> será enviado • al mismo tiempo • en actividades de divulgación
> la eficacia • incendios forestales

El Programa de Jóvenes Científicos nace en el año 2003 con la organización de una actividad educativa denominada Jornadas de Jóvenes Científicos (JJC). Esta actividad tiene su fundamento (1) _____ _____ promovidas desde varias asociaciones juveniles con la ayuda de varias empresas tecnológicas privadas.

El Programa de Jóvenes Científicos se dirige a estudiantes de ESO y Bachillerato, y busca impulsar el conocimiento científico y tecnológico, y les ofrece la oportunidad de desarrollar un proyecto técnico-científico exigente y atractivo. (2) _____, el programa trata de mejorar las habilidades sociales y humanas de los estudiantes, que son esenciales en un buen científico.

Las primeras JJC tuvieron lugar entre marzo y junio de 2003. A ellas asistieron 30 estudiantes de entre 15 y 17 años. En esa primera edición, Feria de Innovación Galáctica 2003, se otorgó un premio especial.

La segunda edición de las Jornadas tuvo lugar en 2006 con un proyecto técnico más complejo. El Profesor Robert Twiggs, del Laboratorio de Desarrollo de Sistemas Espaciales de la Universidad de Stanford, invitó a los participantes de las JJC al Certamen ARLISS, un concurso internacional que reúne a estudiantes universitarios de Estados Unidos, Canadá y Japón. El objetivo consiste en diseñar, construir y probar una sonda espacial, que se lanza a 4 km de altura y debe ser capaz de volver de modo autónomo a una distancia de menos de 25 metros de (3) _____ predefinido.

Nuestro proyecto, denominado AIRSat, obtuvo la tercera posición en el Certamen, además de diversos premios nacionales y del reconocimiento de la Agencia Europea del Espacio (ESA), que invitó a uno de los estudiantes al proyecto ESMO, en el que universitarios de toda Europa diseñan un orbitador que (4) _____ a la Luna.

La tercera edición de las Jornadas se inició en febrero de 2008 con la participación de 16 estudiantes, que trabajaron en el desarrollo de un avión autónomo no tripulado que realiza tareas de salvamento y detección de (5) _____.

El Programa de Jóvenes Científicos y todas las actividades desarrolladas en él han demostrado en todas sus ediciones (6) _____ de todas ellas. Los estudiantes reciben una formación científica y humana que mejora sus habilidades en el campo técnico y científico; aprenden a (7) _____ en un proyecto complejo; a mejorar su modo de plantear y resolver problemas; a presentar sus resultados en exposiciones públicas... Y todo ello mejorando (8) _____ sus calificaciones escolares.

(Texto adaptado de: *http://www.jovenescientificos.net*)

1 Vuelve a leer el texto ya completo y resume cada párrafo en una o dos líneas.

a _____ .

b _____ .

c _____ .

d _____ .

e _____ .

f _____ .

g _____ .

2 Vamos a establecer una cadena de palabras. Te damos una y tú tienes que buscar la que falta, como en el ejemplo.

Acción: *promover* ➜ **el resultado:** *la promoción* ➜ **la persona que lo hace:** *el / la promotor/a*

a La organización: _____ .

b El / la programador/a: _____ .

c El diseño: _____ .

d Emprender: _____ .

3 Ahora, elige una serie. ¿Podrías escribir un texto breve con las palabras que la forman?

☐ _____

☐ _____

☐ _____

☐ _____

☐ _____

☐ _____

☐ _____

4 A continuación, dinos los contrarios.

a Empresas **privadas**: empresas _____ .

b Un proyecto **complejo**: _____ .

c **Mejora** sus habilidades: _____ .

d Ser **capaz**: _____ .

e Trabajar **en equipo**: _____ .

5 Con tu compañero/a escribe una oración usando cada uno de los contrarios.

5 *Otras actividades* *Unidad 5*

A 1 Completa este texto con las palabras del recuadro. Puede haber más de una posibilidad.

> tal vez • pase lo que pase • puede (ser) que • ojalá • quizá • que (x2)

Hola, Ramón. ¿Qué tal va todo?

Muchísimas gracias por tu invitación. Me apetecería muchísimo poder ir a tu casa a ver el paso de las palomas del que tanto me ha habéis hablado mis padres y tú, pero (1) _____ me resulte imposible. Te explico. Justo por esas fechas tengo muchísimo trabajo en el despacho, así que (2) ___ _____ no tenga tiempo. (3) _____ avance mucho en el trabajo y así pueda estar el día 10 allí. (4) _____ , te enviaré noticias para que sepas mis planes.
Me daría muchísima pena no poder ir porque imagino que el campo estará precioso este otoño, y también, por lo bien que lo he pasado contigo y con tu familia siempre que he estado allí con vosotros, y lo bien que me habéis tratado. Además mi padre siempre me ha contado que el paso de las palomas es todo un espectáculo, y que de joven pasaban horas (tu tío, tu padre y él) en la choza con los prismáticos esperando su llegada. (5) _____ consiga arreglarlo y pueda ir.
Y hablando de otras cosas, ¿qué tal en el nuevo trabajo? ¿Te sientes cómodo y a gusto? Ya me lo contarás todo cuando nos veamos.
Como te acabo de decir, en cuanto sepa algo definitivo, te escribiré. (6) _____ lo pases muy bien y (7) _____ no trabajes mucho.

Hasta pronto. Abrazos.
Enrique.

2 Y ahora.

a Señala los temas de este mensaje.
b ¿Por qué lamentaría Enrique no poder ir a visitar a Ramón?
c Señala las frases que expresan deseo.
d Señala las frases que expresan duda o probabilidad.
e ¿Qué opinas sobre la observación de las aves? ¿Te resulta una afición interesante?

3 Eres Ramón, contesta al correo electrónico de Enrique.

B A lo largo de toda la unidad hemos visto que una de las aficiones más populares es el deporte.

1 En parejas, relacionad cada palabra con su número en el dibujo. Si no conocéis alguna palabra, buscadla en el diccionario y explicadla en español a toda la clase.

> Meta, pista, cancha, raqueta, red, canasta, marcador, banquillo, suplentes, árbitro, balón, casco (de un ciclista), campeón, podio, medalla, salta de longitud, salto de altura, pértiga, vallas, césped, portería, defensa, delantera, pelota y piscina.

2 **Ahora describe un deporte. Tus compañeros/as deben adivinar de cuál se trata. No se lo pongas demasiado fácil.**

- *Se practica en agua salada, el viento es muy necesario, necesitas dos componentes para poder realizarlo. Dicen que Tarifa es el paraíso para los que lo hacen.*
- ▼ *Kitesurf.*

3 **Y, finalmente, habla sobre los deportes extremos o de aventura o de riesgo.**

a Une cada deporte con la foto correspondiente.

> ala delta • escalada • *puenting* • *rafting* (descenso de ríos)
> parapente • *surf* • *snowboard* • espeleísmo

b ¿Qué equipamiento se necesita para practicar cada uno de ellos? Os sugerimos que, en parejas, preparéis dos deportes y luego los pongáis en común.

c ¿Crees que la gente los practica simplemente por el placer del riesgo y para descargar adrenalina?

d ¿Has practicado alguno de estos deportes? ¿Te apetecería practicar alguno en el futuro?

1. _____

2. _____

3. _____

4. _____

5. _____

6. _____

7. _____

8. _____

C **Julio Villar, un navegante solitario.**

Por Pipo Sarmiento.

1 **Antes de leer.**

a **Une las palabras con su definición.**

1 Eslora   **a** Salir el barco del puerto.
2 Sextante   **b** Longitud de un barco.
3 Zarpar   **c** Ave marina que vuela muy lejos de tierra.
4 Petrel   **d** Instrumento para observaciones marinas.

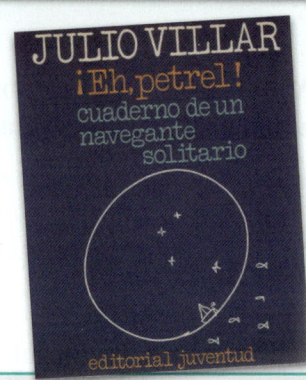

b **Rellena los huecos con las palabras del recuadro.**

> con bastante dificultad • en su barco de fibra • a unos pocos privilegiados
> sorprendente • a buscar otra salida • por placer • sintiendo la mar y la tierra
> hasta alcanzar el pueblo vasco • desde las alturas • durante la travesía

¡Eh, Petrel! Cuaderno de un navegante solitario. Con esta (1) _____ humildad describía el navegante vasco Julio Villar las narraciones que fue realizando en su vuelta al mundo en un diminuto barco de vela de siete metros de eslora. Tras cuatro años de travesía, las reunió en su libro *¡Eh, Petrel!* (Editorial Juventud), una verdadera «biblia» que todos los que navegamos (2) _____ hemos leído al menos tres veces.

Julio nació en San Sebastián en 1943, a los 25 años dejó sus estudios para zarpar desde Barcelona (3) _____ construido en Francia y llamado Mistral; con él consiguió dar la vuelta al planeta. En su viaje cruzó el Atlántico, pasó por el canal de Panamá, hizo escala en las islas Galápagos, en las Marquesas, Tahití y las Fidji, para continuar después por Nueva Zelanda y Australia y entrar al océano Índico navegando hasta Madagascar y Ciudad del Cabo. Desde allí, se dirigió a España, subiendo de Sur a Norte el Atlántico, (4) _____ de Lequeitio, donde terminó su hazaña.

En 1968 estas hazañas no eran seguidas por los medios de comunicación, así que su partida fue silenciosa. Casi no sabía manejar un sextante y lograba situarse (5) _____ en las pocas cartas de navegación que llevaba en su velero. Sin dinero, pero lleno de entusiasmo, valor e ilusión, Julio Villar se lanzó al mundo de los soñadores felices, de los seres que saben renunciar a casi todo para conquistar la paz consigo mismo. Sin proponérselo, se estaba convirtiendo en el primer español que intentaba dar la vuelta al mundo en solitario en un barco de vela. Hazaña impresionante por el tamaño del velero, además de emprenderla en unos tiempos en los que la náutica de recreo estaba reservada (6) _____.

Julio había adquirido una dureza mental extrema y una estupenda preparación física practicando el alpinismo de alto nivel y como guía de montaña, tanto en los Alpes como en los Pirineos. Solo un grave accidente de montaña logró apartarle de su pasión, tiempo que dedicó a reflexionar y (7) _____ a su gran necesidad de libertad. Y la encontró en la mar. Él dio una vuelta al mundo (8) _____ sintiendo que iba tocando, procurándose dinero para su sustento trabajando en los lugares a los que llegaba. En definitiva, exprimiendo las millas, las experiencias y compartiendo cuanto tenía con los nativos de las tierras por las que pasó.

Julio Villar jamás presumió de superar duros temporales, ni de haber batido marcas de distancia entre dos puntos del globo. Su diminuto barco de vela Mistral todavía puede verse en el Club Náutico de Barcelona. Su peregrinaje por la mar se acercó más a una navegación interior en busca de su propia identidad. Como él dijo: «El libro que escribí solo era un reflejo del estado de mi alma (9) _____ ».

Hoy Julio sigue ligado a la mar transportando barcos a diferentes lugares del mundo cada vez que necesita un poco de dinero. Vive en una pequeña casa de la sierra de Tarragona desde la cual permanece ajeno al mundo. Como un pájaro, observa (10) _____ lo que pasa a lo lejos, y lo pinta en bellos cuadros vacíos de toda pretensión.

Julio Villar fue el verdadero petrel; el ser libre que batió marcas y entró en la historia de nuestra navegación sin pretenderlo. Pero ahí quedará para siempre este tipo humilde y genial que pasa por la vida sin aferrarse a nada, ni siquiera al reconocimiento y a la gloria.

(Texto adaptado de: *http://www.elmundo.es*)

2 **Vuelve a leer el texto y escribe aquí las palabras o giros relacionados con el mar.**

_____

_____

_____

_____

_____ .

3 **Entre lo que has señalado más arriba encontramos *zarpar*, que ya sabes lo que es. Deduce y explica con tus propias palabras o danos un sinónimo:**

a Hacer escala: _____ .

b Tocar tierra: _____ .

c Cruzar: _____ .

4 **Quien *bate marcas* logra llegar más alto, más lejos, ¿verdad? Pero, ¿qué se hace en estas otras construcciones con el verbo *batir*?**

a Batir huevos: _____ .

b Batir las alas: _____ .

c Batir al enemigo: _____ .

5 ***Dar la vuelta al mundo, al planeta.***

a ¿A qué otras cosas podemos *dar la vuelta*?

_____ .

b ¿Y qué diferencia hay entre *dar la vuelta a algo* y *darse la vuelta*?

_____ .

6 **Comentad lo que os sugiere el texto y el personaje del que se habla.**

A 1 Completa las afirmaciones que te damos con uno de estos verbos de cambio. Luego dí quién crees que ha dicho cada frase.

> ponerse (dos veces) • quedarse (dos veces) • llegar a ser
> convertirse (dos veces) • volverse

a *Pedro Almodóvar ha llegado a ser / se ha convertido en el director de cine más famoso fuera de nuestras fronteras.*

b *No comprendo a los famosos que _____ tan diferentes como personas.*

c *Con «Volver a empezar» _____ en el primer director que ganó para España el Óscar a la mejor película extranjera.*

d _____ *famosa tiene más ventajas que inconvenientes.*

e *En ningún momento _____ triste por no trabajar con Spielberg: él me enseñó el guion y yo le dije que no lo podía hacer.*

f *Con «También la lluvia», todos _____ fascinados.*

g *Cuando _____ la primera directora de La Academia del Cine Español, pensé en todas las mujeres que han luchado por la igualdad.*

h *Muchos dicen que _____ calvo de tanto pensar.*

1 Javier Bardem

2 Aitana Sánchez Gijón

3 Pedro Almodóvar

5 Icíar Bollaín

4 Antonio Banderas

6 José Luis Garci

7 Santiago Segura

8 Penélope Cruz

2 Elige el artículo adecuado.

EN 0 / LA MESA SÍ SE HABLA

Ni delante de **1.** *la / Ø* tele ni en **2.** *un / Ø* silencio. **3.** *Una / La* hora de **4.** *la / 0* comida es un momento excelente para reunirse con **5.** *la / Ø* familia, y sobre todo, hablar.

Dicen que comer en **6.** *una / Ø* familia nutre **7.** *Ø / el* cuerpo y también **8.** *el / Ø* alma. Que es una ocasión para conocernos mejor, para escuchar y que nos escuchen, para saber qué le pasa a nuestra familia y ocuparse de ellos o para pedirles **9.** *la / Ø* ayuda y *la / Ø* opinión. Es cierto que habitualmente **10.** *una / la* vida escolar y laboral no nos permite

hacerlo todos los días, pero tal vez sea posible lograrlo **11.** *Ø / los* fines de semana.

¿De qué podemos hablar? De la escuela, del jefe, del mercado, del Gobierno, de la prensa, de los vecinos… Desenchufe **12.** *una / la* tele y escuche a los suyos, y si llaman por **13.** *un / Ø* teléfono, devuelva **14.** *Ø / la* llamada más tarde. ¿Y si discutimos? Pues se discute. No vamos a estar de acuerdo en todo, y más vale que cada cual pueda expresarse.

Luisa Fernández, psicóloga clínica, defiende también **15.** *Ø / los* beneficios de comer en familia:

«**16**. *La / Ø* mesa es **17**. *Ø / el* lugar donde todos están presentes compartiendo algo tan esencial como **18**. *el / Ø* alimento. Se transmiten **19**. *unos / los* sabores, **20**. *unas / las* tradiciones, se comparten historias y, a veces sin darnos cuenta, se aprende a ser parte del grupo». ¿De qué no conviene hablar? Pues de los conflictos particulares para tratarlos personalmente.

«Compartir la comida y la conversación –dicen Patricia Steiner, experta en nutrición y salud, y Mary Crooks, socióloga especializada en vida familiar–, refuerza **21**. *los / unos* lazos del grupo.» ¿Están ustedes de acuerdo?

1 Con el texto completo, reflexiona.

¿Qué diferencia percibes entre:
a delante de una tele y **b** delante de la tele?
c hablamos de conflictos y **d** hablamos de los conflictos personales?

2 Comenta qué opinas de lo que se dice en el texto.

B *Gracias a la vida.*

1 Antes de leer.

a ¿Sabes lo que significan estas palabras?
Luceros; alumbrar; charcos; patio; llanto

b ¿Con qué sentidos las asociarías? Puede ser más de uno.

2 Vamos a leer la letra de una canción muy famosa: *Gracias a la vida*, escrita por la chilena Violeta Parra. Pero tenemos un problema. En cada estrofa se nos han perdido frases completas. Colócalas en la estrofa en la que encajen con el sentido.

> Así yo distingo dicha de quebranto • Con él las palabras que pienso y declaro • Playas y desiertos, montañas y llanos
> Me dio dos luceros que cuando los abro • Me dio el corazón que agita su marco

Gracias a la vida que me ha dado tanto,
1 _____

perfecto distingo lo negro del blanco,
y en el alto cielo su fondo estrellado,
y en las multitudes el hombre que yo amo.

Gracias a la vida que me ha dado tanto,
me ha dado el sonido y el abedecedario,
2 _____

madre, amigo, hermano y luz alumbrando,
la ruta del alma del que estoy amando.

Gracias a la vida que me ha dado tanto,
me ha dado la marcha de mis pies cansados,
con ellos anduve ciudades y charcos,
3 _____

y la casa tuya, tu calle y tu patio.
Gracias a la vida que me ha dado tanto

4 _____
cuando miro el fruto del cerebro humano,
cuando miro al bueno tan lejos del malo,
cuando miro al fondo de tus ojos claros.

Gracias a la vida que me ha dado tanto,
me ha dado la risa y me ha dado el llanto,
5 _____

los dos materiales que forman mi canto,
y el canto de ustedes que es el mismo canto,
y el canto de todos que es mi propio canto.

3 Después de leer.

a Escucha la canción pinchando aquí. Así puedes comprobar tus aciertos
Versión de Pasión Vega (española): *http://www.metacafe.com/watch.*
Mercedes Sosa (argentina): *http://www.youtube.com.*

b Escribe tu propio texto en el que le das las gracias a la vida por lo que te ha dado.
Si te apetece, léelo en voz alta en clase. Si no, dáselo a tu profesor/a.

C Aquí tienes los recuerdos de un hombre que vive en una gran ciudad y decide invitar a sus amigos y amigas a un fin de semana en el campo.

1 Antes de leer.

a Imaginad qué palabras podéis encontrar.
b Buscad el nombre correspondiente a estas imágenes entre estos que os damos.

1 a tomillo   **b** laurel
2 a roble   **b** encina
3 a espliego   **b** romero

1 _____   2 _____   3 _____

2 Completa el texto con las palabras o conjunto de palabras siguientes.

> uno por uno • tan estupenda • te iba a extrañar • para quedar nos hagan • muertos de hambre
> Lo habitual • evitar los atascos • de los ruidos de la ciudad • de la madrugada

Pocas veces he conseguido reunir a un pequeño grupo de amigas y amigos para salir al campo durante el fin de semana. **(1)** _____ es que unos puedan y otros no. Pero aquel fin de semana ocurrió. Nadie había hecho planes previos y a todo el mundo le encantó mi propuesta: salir de la ciudad para disfrutar de los sentidos. La verdad es que, cuando lo pensé, no supuse una acogida **(2)** _____, sobre todo con aquel objetivo tan peculiar. Luego me pregunté si en el fondo no sería que solo necesitamos que **(3)** _____ este tipo de propuestas para darnos cuenta del poco caso que prestamos a los sentidos. Pero, bueno, como iba diciendo, hice una lista de los que estaban en la ciudad y los llamé **(4)** _____.

- Hola, María— soy Lucio.
- Hola, Lucio, ¡qué gusto oírte! ¡Cuéntame!
- Pues te llamo porque se me ha ocurrido que podía-

mos reunirnos en mi casa del pueblo a pasar el finde y así disfrutar de los sentidos.
- ¿Cómo?
- Bueno, ya me imaginaba yo que **(5)** _____ poco eso de disfrutar de los sentidos.
- ¡Pero si me encanta! Es una idea estupenda ¿Y quiénes vamos?
- Pues tú eres la primera a la que encuentro. Voy a seguir llamando y luego os paso un correo **(6)** _____.
- ¡Ah, claro! Porque yo he aceptado, pero no sé a qué finde te refieres.
- Yo había pensado en el próximo. No este, sino el siguiente.
- ¡Genial! Estoy libre.
- Pues entonces sigo. Te llamo o te escribo. Un beso.
- Vale, espero tus noticias. Otro beso para ti.

Y así con todos… Después de muchas llamadas, nos pusimos de acuerdo en el día y la hora de salida. En realidad, todos, unos por unas razones, otros por otras, queríamos desconectar de las prisas, de la contaminación y (7) _____. Como habíamos quedado en salir lo antes posible para aprovechar el fin de semana al máximo, nos pusimos en carretera el viernes por la tarde. El viaje no resultó, muy agradable porque llovía a cántaros y se veía muy mal, lo que era un poco peligroso. Tardamos mucho, pero llegamos bien, eso sí, muy cansados. No cenamos casi nada y nos fuimos a dormir en seguida.

Al día siguiente todos nos despertamos muy temprano. Como casi no habíamos cenado, estábamos (8) _____. Alguien fue al pueblo a buscar pan recién hecho y desayunamos sin prisa, disfrutando, ¿cuánto tiempo hacía que no desayunábamos así? La mañana había amanecido radiante después de la lluvia del día anterior. El campo olía a campo, por eso nos pusimos de acuerdo y todos fui-

mos a dar un gran paseo. El camino olía a tomillo y a espliego. Yo me quedé un rato más entre las encinas que me traían recuerdos de mi infancia y adolescencia.

La tarde pasó tranquila. Por la noche encendimos un gran fuego en la chimenea y entre la carne y las patatas asadas, unos buenos tragos de vino, nos dieron las dos (9) _____ «arreglando» el mundo.

El domingo hicimos lo mismo que la gente del pueblo: ir de vinos y de tapas. Después de probar casi todo lo típico de la zona, volvimos a casa. Un café bien cargado y una sobremesa plácida antes de recoger las cosas para emprender el viaje de regreso.

Nos pusimos en camino con tiempo suficiente para (10) _____ típicos de los domingos. De hecho, no tuvimos problemas para regresar a nuestra contaminada ciudad de todos los días.

1 Vuelve a leer el texto y subraya lo que hace referencia a los sentidos. Ponlo en común con toda la clase porque es posible que no todos coincidáis.

2 En el texto se hace referencia a que llovió muchísimo. ¿Con qué expresión lo dice?

_____.

3 Lee el diálogo entre Lucio y la persona a la que llama. Seguro que puedes deducir por el contexto lo que significa *se me ha ocurrido que podíamos reunirnos*.

a ¿Te parece una idea muy meditada o una idea que ha llegado de manera casual?

b Ahora escribe aquí, usando la estructura *se me* + verbo 'ocurrir' algunas ideas.

4 *Darle a uno/a una las tantas.*

Si vuelves a leer el texto podrás decirnos a qué hora crees que se acostó el grupo.

a ¿Pronto? ¿Tarde?

b Busca un equivalente en tu lengua para decir lo mismo.

5 Vuelve a leer el texto y completa esta tabla.

Verbos que describen / expresan acción en desarrollo	Verbos que cuentan acciones / hechos con su final	Verbos que expresan anterioridad
ya me imaginaba	*aquel fin de semana ocurrió*	*Nadie había hecho planes*

Examen DELE nivel B2

Parte número 1.

A continuación, encontrarás cuatro textos y una serie de preguntas relativas a ellos. Marca la opción correcta.

Texto 1

Viene Vargas Llosa: Por primera vez un Nobel abre la Feria del Libro.
Será al día siguiente de la inauguración oficial.
POR Guido Carelli Lynch - gcarelli@clarin.com
http://www.revistaenie.clarin.com

Ciudad de libros y lectores

La Feria Internacional del Libro de Buenos Aires es una verdadera ciudad literaria, en donde anualmente se dan cita autores, editores, libreros, distribuidores, educadores, bibliotecarios, artistas, comunicadores y más de un millón de lectores de todo el mundo.

Esta feria es la más grande de su tipo en el mundo de habla hispana. Ofrece una variada programación cultural, educativa y profesional, en la que participan destacados referentes de nuestro país y del exterior, en cada área. Está organizada por la Fundación El Libro.

Por primera vez un Premio Nobel será el encargado de abrir la Feria Internacional del Libro de Buenos Aires. El peruano Mario Vargas Llosa, flamante galardonado, pronunciará una charla magistral en la Feria. Con cerca de 47 000 metros cuadrados (14 000 de expositores), la de este año será la Feria del Libro con mayor superficie.

Por primera vez, también, en sus 37 ediciones –y bajo el lema «Una ciudad abierta al mundo de los libros»– la Feria tendrá dos aperturas. La primera y más formal será el miércoles 20 de abril. Ese día asistirán representantes del gobierno nacional y porteño. La «inauguración cultural» será 24 horas después, el jueves –día histórico de la apertura– y quedará en manos del autor de *Conversaciones en la catedral*.

Desde la Fundación El Libro señalaron que el desdoblamiento de la apertura se debe a la coincidencia con el Jueves Santo y a problemas de agenda del Nobel peruano.

Ayer se dio a conocer el nombre de la nueva Directora Ejecutiva de la Fundación El Libro. Con 41 años, Gabriela Adamo reemplazará a la histórica Martha Díaz. Adamo se formó como editora en Sudamérica e impulsó las traducciones de autores argentinos. «Todavía estoy aterrizando. Esta Feria ya está en marcha. Cuando termine, podré tener un diagnóstico más preciso para avanzar», explicó Adamo a *Clarín*.

Las autoridades declararon: «Queremos trabajar en la profesionalización de la Fundación trayendo autores, correctores, editores, traductores y libreros de todo el mundo. La Feria tiene muchísimo potencial. Durante años fue la referencia en habla hispana y ahora ha quedado un poco relegada. Queremos aprovechar el impulso de la Feria de Frankfurt», agregó Adamo. Canevaro y Adamo pretenden que la Feria porteña –que esta vez coincidirá con el lanzamiento de Buenos Aires como Capital Mundial del Libro– se convierta en una escala más del calendario del mercado editorial. Este año habría, además, por primera vez un sector dedicado al libro electrónico.

Entre los autores extranjeros, además del Nobel, estarán presentes la española Rosa Montero, Wilbur Smith, Kazuo Ishiguro, Margo Glantz, Juan José Millás y Antonio Muñoz Molina.

Di si son verdaderos o falsos los siguientes enunciados.

1	Mario Vargas Llosa estaba ocupado para el día de la inauguración oficial y ha pospuesto un día su inauguración.	V	F
2	Gabriela Adamo se ha encontrado con la 37 ª Feria casi hecha.	V	F
3	En la actualidad esta feria conoce su etapa de máximo esplendor.	V	F

Texto 2

FARMACIA | Campaña de Médicos Sin Fronteras.

Tres millones de cajas contra el dolor ajeno.

Caja de los comprimidos solidarios. | MSF

ELMUNDO.es | Madrid

Más de tres millones de cajas de «Pastillas contra el dolor ajeno». Ese es el número de unidades que las 40 empresas de distribución farmacéutica han llevado hasta las farmacias de toda España en los tres primeros meses de la campaña de Médicos Sin Fronteras (MSF).

Los resultados indican que en tres meses se han vendido cajas de «Pastillas contra el dolor ajeno» por un valor de 2 757 310 euros.

Según la ONG, el brote de dolor ajeno ha contagiado a la sociedad española. «Podemos estar orgullosos de que en España, en estos tres últimos meses, tres millones de veces alguien haya sufrido dolor ajeno y haya acudido a la farmacia buscando alivio para ese mal», declara Paula Farias, portavoz de la campaña de MSF. Los primeros ingresos ya están sirviendo para tratar a los pacientes con Chagas (807 310 euros) y con sida (1 950 000) en los proyectos que tiene MSF en Bolivia y en Zimbabue, respectivamente. «Los fondos recaudados hasta ahora se han destinado a los programas de Bulawayo y Tsholotsho, en Zimbabue, donde MSF, junto con el Ministerio de Salud zimbabuense, trata a 11 000 pacientes al año, de los cuales una gran parte son niños. En Bolivia, las aportaciones de la campaña cubrirán los costes de un programa que en 2010 llevó a cabo 5 500 exámenes para detectar la enfermedad y en el que a finales de 2011 ya se habrán tratado a más de 4 000 pacientes.»

«Los distribuidores farmacéuticos hemos puesto toda nuestra red de suministro a disposición de Médicos Sin Fronteras, porque llegamos a todos los rincones de España, a cualquier farmacia por escondida que esté», subraya Mingorance. «Esta es nuestra manera de contribuir a hacer más justo este mundo, recordando a los que padecen alguna de las enfermedades olvidadas que protagonizan la campaña», añade el presidente de FEDIFAR.

Enfermos olvidados

Cada día mueren en el mundo 8 000 personas a causa de enfermedades que, en la mayoría de casos, tienen solución, unas muertes que podrían ser evitadas pero que, por falta de voluntad y de interés, pasan desapercibidas: millones de personas que sufren de kala azar, de Chagas, de la enfermedad del sueño, de tuberculosis, de malaria o de sida infantil, en su inmensa mayoría en países pobres.

Estas son 6 de las 14 enfermedades que la Organización Mundial de la Salud (OMS) cataloga como «olvidadas»: entre todas, se cobran 14 millones de muertes al año, un 90% de ellas en los países en desarrollo.

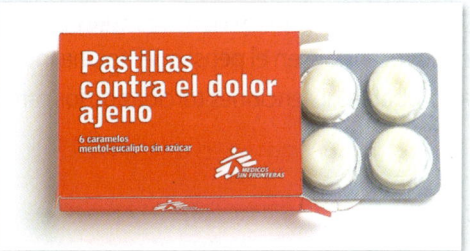

4 Según Paula Farias, portavoz de la campaña de MSF.

a La sociedad española se ha contagiado de algunas enfermedades extrañas debido a un brote.

b La toma de medicamentos ha aumentado en España en tres millones.

c Los españoles han respondido perfectamente a la campaña contra el dolor ajeno.

5 El dinero, fruto de la venta de cajas contra el dolor ajeno:

a Ha sido destinado a programas africanos y sudamericanos.

b Lo han aportado en su totalidad los españoles.

c Ha llegado a los rincones más alejados de España para curar el kala azar.

6 En el texto se nombran...

a Ddieciséis enfermedades.

b Enfermedades que afectan en su inmensa mayoría a las personas del mundo desarrollado.

c Algunas enfermedades olvidadas.

Texto 3

La dependienta se ha marchado a por una talla más y ella se ha quedado sola. Cuando se mira al espejo todavía tiene la sonrisa en los labios. La sonrisa estaba dedicada al diminutivo que utilizó la dependienta. Dijo: «Una tallita más», y Eulalia bromeó sobre esos dos kilos de más como si no importaran, como si ella estuviera por encima de estas, de otras vulgaridades. Pero ahora que se ha quedado sola, la sonrisa pierde todo el sentido porque Eulalia se encuentra ante lo que verdaderamente piensa. Piensa que la dependienta utilizó el diminutivo, una tallita, para no desanimar a una clienta que probablemente está dispuesta a gastarse un buen dinero, que es capaz de dejarse vencer por un capricho y comprar cosas inesperadas, que no le hacen falta, que puede que nunca se ponga.

Ha utilizado el diminutivo con esa inteligencia que tienen las dependientas de los sitios caros para borrar los defectos evidentes de sus clientas. Pero Eulalia sabe muy bien que ese diminutivo no es más que una estrategia comercial, puede imaginarse, por qué no, a la dependienta comentando en voz baja a alguno de sus compañeros algo irónico, grosero incluso, sobre la imposibilidad de que a esa mujer que espera sola en el probador le siente algo aceptablemente bien. Eulalia piensa que tiene el defecto de la lucidez, una lucidez que le sobreviene en los momentos en que está sola, la voz interior que le asalta de pronto analizando todo aquello que los demás le han dicho y que la tortura, provocándole en el pensamiento una inundación de las probables intenciones torcidas de los otros.

El psiquiatra le dijo que se trataba de una forma leve de paranoia, eso le dijo, aunque cuando ella levantó las cejas en un gesto que expresaba el profundo malestar ante la idea de ser una paranoica, peor aún, de que alguien la tomara por una paranoica, el doctor Millán suavizó la afirmación, quiso tranquilizarla, convencerla de que la paranoia es uno de los trastornos más frecuentes de la psiquiatría, que la mayoría de la gente, de cualquiera que no haya contemplado jamás la idea de ir a un especialista, convive con ideas paranoicas. El egoísmo, la egolatría, la necesidad perpetua de ser adulado, de que el juicio que tienen los demás sobre nosotros sea positivo, esos defectos que definen a muchas personas y que nunca se toman por asuntos psiquiátricos, encubren muchas veces, en mayor o menor grado, ciertos niveles de paranoia.

Y te diría más, le dijo Millán, es algo frecuente en los individuos con una sensibilidad creativa: todo para ellos es rabiosamente personal, todo es autorreferencial, no hay nada en el mundo que no guarde una estrecha relación con ellos, hasta el punto de hacer conexiones absurdas de pensamiento para llevarlo siempre al terreno que quieren, al yo; lo que ocurre es que la palabra da miedo, pero tener leves trastornos psiquiátricos es casi inherente al ser, ¿de qué viviría yo, si no?; ¿quién está sano?, ¿conoces tú a alguien que esté sano, Eulalia? Tú que te mueves en un mundo de personas inteligentes, capaces, que han logrado encauzar todas sus frustraciones, sublimar incluso sus taras en un trabajo artístico, ¿piensas que esas personas sensibles, competentes, que tú conoces, que admiras, están completamente sanas?

(*Algo más inesperado que la muerte*. Elvira Lindo)

7 Eulalia...

a Piensa que la dependienta es estúpida.

b No se siente mal por tener unos kilos de más.

c Sonríe a la dependienta como si su comentario no le hubiera afectado.

8 En el texto pone que...

a Eulalia analiza profundamente sus respuestas antes de darlas.

b La lucidez de Eulalia es, en cierto modo, una leve paranoia.

c El ser lúcida es una ventaja frente a la paranoia.

9 Millán le dijo a Eulalia que...

a Las personas que tienen una ligera paranoia hacen conexiones absurdas entre todas las personas que conocen.

b Casi todos tenemos algún leve trastorno psiquiátrico.

c Ella tenía un grave problema psiquiátrico.

Texto 4

Series españolas conquistan EE.UU.

Las aventuras de Águila Roja, el héroe enmascarado que ayuda a los más necesitados en la España del siglo XVII, acaban de desembarcar en EE.UU. Desde enero, esta serie producida por Globomedia y emitida por TVE, que ya ha encargado su cuarta temporada, puede verse en las pantallas estadounidenses a través del canal de habla hispana V-ME. Esta producción también se ha comenzado a emitir en Cuba. México es el próximo país interesado en hacerse con esta serie de aventuras, intrigas y amor protagonizada por David Janer, Francis Lorenzo, Miryam Gallego e Inma Cuesta.

Águila Roja, que ya se veía en diecinueve países, es la última serie española en dar el salto a un mercado tradicionalmente complicado para los títulos nacionales como es el de EE.UU.

«Es un mercado difícil y extraño porque su relación comercial con los proveedores de ficción es muy asimétrica. Ellos compran las series e intentan imponer unas condiciones de negociación que son muchas veces inaceptables», explica Pepe Huertas, director general de *Imagina International Sales*.

Además, la competencia es dura. No obstante, las productoras españolas han avanzado mucho en el mercado estadounidense y, poco a poco, han abierto una brecha interesante de negocio. Ese esfuerzo compensa porque «EE.UU. es un plus añadido», añade Huertas.

A finales de 2009, otra serie también emitida por TVE logró dar el salto a territorio USA. La telenovela *Amar en tiempos revueltos*, líder absoluta en el horario de sobremesa en España, recaló en la cadena Telemundo, propiedad de NBC Universal. La lista de series nacionales que han llegado a la televisión estadounidense es, en cualquier caso, extensa: *Aída*, *Los Serrano*, *Médico de Familia*, *Compañeros*, *Cuenta atrás*, *Un paso adelante* o *Periodistas* son algunas de ellas.

Dificultades en Latinoamérica

Junto a EE.UU., Latinoamérica es la otra asignatura pendiente en la exportación de producciones de ficción españolas, que hasta ahora solían comercializarse, fundamentalmente, en Europa. Ni siquiera el hecho de compartir el español como lengua común es una ventaja. Todo lo contrario. «El idioma es una barrera. Nuestro castellano allí siempre suena duro, brusco, grosero, y hay que doblarlo con tonos que suenen más neutros», cuenta Huertas.

A eso hay que sumar las diferencias en el tipo de formatos. En Latinoamérica, las telenovelas son el género intocable. Sin embargo, las producciones españolas tienen poco que ver con los culebrones: los episodios son más largos, las tramas son conclusivas, el argumento es más elaborado...

A pesar de estas dificultades, los últimos movimientos demuestran que el panorama ha empezado a cambiar. Es, por ejemplo, lo que ha ocurrido con *El internado*, también de Globomedia, que arrasa en Rumanía (supera en audiencia a CSI), y se ha hecho un hueco importante entre el público latinoamericano e incluso en Japón.

¿A qué se debe entonces el éxito de las ventas? Huertas lo achaca a varios motivos: por un lado está la calidad de los guiones, que relatan historias bien contadas y de temática universal, cada vez más «deslocalizadas». Además, está la rapidez en la producción de ficción española, con entre 26 y 39 capítulos al año, frente a los 13 episodios de EE.UU o los 7 de Alemania.

Señala si son verdaderos o falsos los siguientes enunciados.

10	Las condiciones de compra que ponen los estadounidenses para las series españolas no son admitidas por los vendedores españoles.	V	F
11	La venta de series españolas a Hispanoamérica siempre ha sido muy intensa y no ofrece grandes problemas.	V	F
12	El hecho de que la producción de capítulos de las series españolaS sea tan rápida es una de las características negativas para introducirlas en los mercados mundiales.	V	F

2. Expresión escrita — *Duración: 20 minutos*

Parte número 1.
Carta.

Instrucciones.
100–150 palabras (15 líneas). Escoge solo una de las dos opciones.

Opción 1
El año pasado viviste en casa de una familia española durante todo el curso. Tuviste una relación muy buena con todos sus miembros. Dentro de tres días, Carmen, la madre, cumple 50 años y 25 de casada con su marido.
Escribe una carta a Carmen.

- salúdala y habla del motivo de tu carta;
- pregúntale cómo va a celebrar el aniversario y el cumpleaños;
- dile que deseas lo mejor para ella, para su marido Andrés y para sus hijos Gonzalo y Javier;
- despídete.

Opción 2
Has pasado ocho meses en Argentina. Al llegar, contrataste un seguro médico privado. Has decidido volver a tu país. Escribe una carta a la compañía de seguros médicos Salus explicando que te marchas y que te den de baja.

- identifícate;
- expón tu caso;
- solicita la anulación del seguro médico;
- pide garantías de que no te lo van a cobrar después de este mes.
- despídete cortésmente.

Parte número 2.
Redacción.

Instrucciones.
Escribe una redacción de 150–200 palabras (15–20 líneas). Escoge solo una de las dos opciones.

Opción 1

Todos recordamos alguna anécdota que nos ocurrió hace cierto tiempo, o bien alguien nos contó lo que le ocurrió a él o a ella aquel día que…
Recuerda que tienes que decir:

- a quién o a quiénes les ocurrió;
- cuándo ocurrió;
- dónde ocurrió;
- qué sucedió;
- qué consecuencias tuvo.

Opción 2

Se dice que «Quien tiene un amigo… tiene un tesoro.»

- opina sobre esta afirmación;
- da ejemplos para justificar tu opinión;
- habla de tu experiencia personal;
- presenta una breve conclusión.

3. Comprensión auditiva   Duración: 25 minutos

Vas a oír cuatro textos. Oirás cada uno de ellos dos veces. Al final de la segunda audición, dispondrás de tiempo para contestar a las preguntas que se te formulan.

Texto 1 35

A continuación escucharás una información sobre el Festival de Cine de Málaga.
Señala si es Verdadero o Falso.

1 Según la audición uno de los objetivos del festival es mostrar películas con guiones culturales y abiertos.
  a Verdadero.
  b Falso.

2 Según la audición el Festival de Málaga se celebra desde hace trece años.
  a Verdadero.
  b Falso.

3 El dinamismo es una de las características principales de este festival.
  a Verdadero.
  b Falso.

Texto 2 36

A continuación escucharás una información sobre la campaña gubernamental española «Emprendemos juntos».
Elige la opción correcta.

4 En los encuentros promovidos por el Ministerio de Industria, Turismo y Comercio y las entidades regionales y locales:
  a Han participado 70 818 emprendedores.
  b Se han presentado 1 253 actividades diferentes.
  c Han colaborado 1 081 entidades.

5 Los días del emprendedor son…
  a Un lugar de encuentro en lo referente a la gestión de empresa.
  b Una difusión de apoyo a las instituciones.
  c Jornadas de reconocimiento del empresario y fomento de la cultura emprendedora.

6 Esta iniciativa…
  a Ha sido avalada a nivel europeo.
  b Es uno de los foros para la difusión del gobierno de España.
  c La Dirección General agradece a la UE su Segunda Semana.

Texto 3
A continuación escucharás una información sobre un nuevo hallazgo arqueoló-
gico en Perú.
Di si es verdadero o falso.

7	Según los hallazgos la cultura inca es anterior a la wari.	V	F
8	Se han encontrado muchos huesos y telas.	V	F
9	Los restos encontrados se mostraron al público coincidiendo con la llegada al país de la directora de la Unesco.	V	F

Texto 4
Vas a escuchar esta entrevista a Carola Vives, paisajista con más de 20 años
de experiencia en Madrid.
Marca la opción adecuada.

10 De acuerdo con la paisajista...
  a En esta profesión han pasado de ser requeridos a ser desconocidos.
  b El paisajismo ya no es un lujo en España.
  c Con imaginación es fácil mantenerse a flote.

11 El principal objetivo de un paisajista es...
  a Convencer al cliente de que puede gastar un poco más.
  b Que el jardín resulte un auténtico placer de los sentidos.
  c Hacer predecibles todos los elementos que pueden definir la esencia del jardín.

12 Los clientes piden...
  a Jardines que cuesten poco dinero y esfuerzo para mantenerlos.
  b Jardines minimalistas por su escasez y por su precio.
  c Que la pradera no sea una enfermedad, sino el remedio del césped artificial.

4. Gramática y vocabulario   *Duración: 25 minutos*

Parte número 1.
Señala la opción correcta.

Una osa polar nadó durante nueve días para encontrar un pedazo de hielo

El animal recorrió 687 kilómetros antes de alcanzar algún bloque que le (1) _____ descansar.
Según un artículo publicado en la BBC Mundo, unos científicos que estudian a los osos en el norte de Alaska afirmaron que es posible que estos animales (2) _____ una resistencia nunca vista (3) _____ del cambio climático.
Se sabe que los osos polares nadan entre el continente y las plataformas de hielo para (4) _____ focas. Y ahora, el derretimiento de los glaciares obliga a los osos a nadar distancias mucho mayores que atentan (5) _____ su salud y sus futuras generaciones.
En el estudio, publicado en la revista especializada *Biología Polar*, (6) _____ del Servicio Geológico de Estados Unidos documentaron lo que constituye la primera evidencia de que los osos polares (*Ursus maritimus*) nadan distancias tan grandes.
«Este oso nadó de forma continua durante 232 horas.

Atravesó 687 km de aguas (7) _____ una temperatura de entre 2º y 6ºC», afirmó el zoólogo George M. Durner. «Nos sorprendió que un animal que pasa la mayor parte de su tiempo en la superficie del hielo pueda nadar de forma (8) _____ en aguas tan frías. Es una característica muy llamativa», añadió. (9) _____ en el pasado se han observado osos que nadan en mar abierto, esta es la primera vez que se registra un viaje completo.

Para seguir con precisión los movimientos durante un período de dos meses, los investigadores le colocaron un GPS a una osa. (10) _____, los científicos pudieron saber cuándo estaba en el agua y qué temperatura tenía la misma.

El estudio demostró que el viaje fue posible, pero tuvo (11) _____ para el animal. «Este individuo perdió el 22% de su grasa corporal y a su (12) _____ de un año», dijo Durner.

Según le dijo el investigador a la BBC, las condiciones en el mar de Beaufort (13) _____ cada vez más difíciles para los osos polares.

«En décadas anteriores, antes de 1995, los hielos (14) _____ durante el verano en la plataforma continental y en el mar de Beaufort». «Esto hacía que las distancias y el costo de nadar entre los bloques de hielo aislados o entre el hielo y el continente fuera relativamente pequeño (15) _____ los osos». El oso polar vive dentro del Círculo Polar Ártico. Su dieta -que (16) _____ focas y es rica en calorías- le permite sobrevivir en temperaturas heladas. Los osos se hacen con sus presas en un mar helado: un hábitat que cambia (17) _____ a la temperatura. «Esta dependencia del hielo los vuelve, (18) _____, uno de los mamíferos que corre más (19) _____ de extinción por el cambio climático», señaló Durner.

La lista roja de la Unión Internacional para la Conservación de la Naturaleza (20) _____ los osos polares como una especie vulnerable y señala al cambio climático como una «amenaza sustancial» para su hábitat.

(Fuente: BBC Mundo)

1	**a** permitiría	**b** consintió	**c** permitiera
2	**a** avanzan	**b** desarrollen	**c** detienen
3	**a** como consecuencia	**b** debido a	**c** para que
4	**a** cazar	**b** rasgar	**c** rajar
5	**a** entre	**b** desde	**c** contra
6	**a** los entrevistantes	**b** los investigadores	**c** los delineantes
7	**a** por	**b** para	**c** con
8	**a** ininterrumpida	**b** interrumpida	**c** inconstante
9	**a** Aun sabiendo	**b** Por ello	**c** Si bien
10	**a** Como que	**b** Dado que	**c** De esta manera
11	**a** un bajo precio	**b** un alto costo	**c** un rendimiento
12	**a** cachorro	**b** osado	**c** cacharro
13	**a** se vuelven	**b** llegaban a ser	**c** se harían
14	**a** insistían	**b** persistían	**c** persuadían
15	**a** por	**b** de	**c** para
16	**a** contiene	**b** conviene	**c** consiste en
17	**a** de acuerdo	**b** de la manera que	**c** para
18	**a** pacientemente	**b** parcialmente	**c** potencialmente
19	**a** riscos	**b** riesgos	**c** riegos
20	**a** titula en	**b** destaca de	**c** cataloga a

Parte número 2.

Elige la opción que significa lo mismo que lo escrito en negrita.

21 Marta **es un caso**.
   a Se comporta de manera rara. Unas veces tiene sentido positivo y otras de crítica.
   b Es repugnante.
   c Pone toda la dispersión en lo que hace.
   d Se comporta de una forma engreída y grosera.

22 ● Por fin lo he terminado todo.
   ▼ **¡Qué descanso!**, ¿no?
   a ¡Qué desgracia!
   b ¡Qué gusto!
   c ¡Qué injusto!
   d ¡Qué raro!

23 ● ¿Qué tal las bodas de plata de tus padres?
   ▼ ¡De miedo! **Nos pusimos morados** de tantas delicias.
   a Bailamos sin descanso.
   b Comimos mucho.
   c Degustamos lentamente.
   d Catamos los mejores licores.

24 No **te tolero** que le hables así a tu tío.
   a Te prohíbo.
   b Te permito.
   c Te adquiero.
   d Te considero.

25 ● **No puedo creer** que tu hermano tenga 38 años. Parece mucho más joven.
   ▼ Sí, todo el mundo dice lo mismo.
   a No es obvio.
   b Es indudable.
   c Está visto.
   d Parece mentira.

26 ● ¿**Necesitas** todavía el martillo que te dejé?
   ▼ Sí, en cuanto acabe, te lo devuelvo.
   a Echas en falta.
   b Tienes.
   c Te sirves.
   d Te hace falta.

27 ● ¿Qué tal está Alfonso?
   ▼ Pues qué quieres que te diga... el pobre **está como una regadera**.
   a Muy introvertido.
   b Muy aburrido.
   c Un poco loco.
   d Muy cuerdo.

28 ● Juan es el mejor de su clase.
   ▼ **De tal palo tal astilla**.
   a Juan siempre es así.
   b Juan está que trina.
   c Juan es igual que su madre en este aspecto.
   d Juan es adicto al trabajo.

29 El salmón de criadero resulta **insípido**.
   a Poco sabroso.
   b Algo grasiento.
   c Excesivamente salado.
   d Asqueroso.

30 El conserje de la Facultad **es un manitas**.
   a Es muy torpe.
   b Es habilidoso.
   c Es barroco.
   d Es enamoradizo.

Parte número 3.

Señala la respuesta correcta.

31 ● Hacía muchísimo viento.
   ▼ Por eso cerraron todas las ventana para que no se _____ los cristales.
   a romperán
   b rompían
   c hayan
   d rompieran

32 ● ¿Qué tal el examen de Química?
   ▼ Regular, _____ dos preguntas, una de ellas importante.
   a me confundí en
   b descontesté
   c fallé en
   d erré de

33 ● ¿Cómo _____ a los 16 años?
   ▼ Pues bastante parecido a ahora, solo que un poquito más bajo, más delgado y mucho más tímido.
   a eras
   b fuiste
   c estabas
   d estuviste

34 ● ¿Qué te parece si vamos el fin de semana a hacer senderismo?
   ▼ De acuerdo, hacemos _____ quieras.
   a lo que
   b lo cual
   c el que
   d la que

35 ● José está enfadadísimo con su novia. Cree que va a dejarlo, y yo sé que es verdad.
  ▼ ¿Y por qué no _____ dices tú?
  ● Porque no me atrevo y además no quiero perder un amigo.
    a se le
    b se lo
    c se la
    d se te

36 ● No he podido localizar a la procuradora durante toda la mañana.
  ▼ No sé, _____ en el Juzgado.
    a habrá estado
    b estará
    c estuvo
    d estuviera quizá

37 ● No me gusta que se _____ que trabajo mucho.
  ▼ Pues me parece una tontería, qué quieres que te diga.
    a notaría
    b nota
    c note
    d notará

38 ● Aunque _____, tendremos que contárselo.
  ▼ Pues vamos a pasarlo mal mientras se lo decimos.
    a se moleste
    b lo sabía
    c se molestaba
    d se incomoda

39 ● Dicen los franceses que _____ huele el queso, _____ sabe.
  ▼ Pues no estoy de acuerdo con ellos.
    a lo más / lo más
    b cuanto peor / mejor
    c cuando / cuando
    d mejor / mejor

40 ● Tuvimos que presionarla _____ nos dijera la verdad.
  ▼ ¡Qué situación más molesta!
    a dado que
    b para que
    c puesto que
    d de la forma que

41 ● No me gusta nada la chica _____ tanto me hablas.
  ▼ Pues a mí sí, no sé qué tiene de malo.
    a la cual
    b que
    c quien
    d de quien

42 ● Habla con Elena y dile lo que piensas _____.
  ▼ Es que Elena me saca de quicio.
    a indiscretamente
    b afortunadamente
    c de verdad
    d indiscriminadamente

43 A ver... Es mejor que lo _____ Germán.
    a haga
    b hace
    c hiciera
    d hará

44 ● _____ que se lo explico, no lo entiende.
  ▼ Es que le cuesta mucho comprenderlo.
    a Por eso
    b Por poco
    c Por más
    d Apenas

45 ● ¡Qué pena que no _____ venir a verme!
  ▼ Sí, no sabes cuánto lo siento.
    a has podido
    b hayas podido
    c podrías
    d podías

46 ● Aunque no se lo _____, hay personas que no tienen televisión en sus casas.
  ▼ La verdad, sí que me cuesta creerlo.
    a creéis
    b creen
    c crean
    d plantean

47 _____ no traiga un certificado médico, tendremos que descontarle dos días de su trabajo.
    a Porque
    b Que
    c Como
    d Para que

48 ● Si no _____ el laboratorio farmacéutico, ahora _____ suficiente dinero para acabar el mes sin apuros.
▼ ¡Marta, teníamos que hacerlo! No podíamos seguir así...
   a ampliamos / tendríamos
   b ampliáramos / tendremos
   c hubiéramos ampliado / tendríamos
   d hubiéramos ampliado / habríamos tenido

49 ● Estás agotado, Gabriel.
▼ Es que no estoy acostumbrado _____ trabajar tanto.
   a a
   b de
   c en
   d para

50 ● Pero si siempre _____ que tu trabajo era estupendo, creativo...
▼ Creo que en el fondo lo pienso. Pero, a veces, _____ creativo que sea, me cuesta seguir.
   a dijistes / por más
   b decías / aún
   c habías dicho / porque
   d has dicho / por muy

51 ● ¿Salimos esta noche?
▼ ¡Ojalá _____!, pero tengo fiebre y me siento bastante mal.
   a podría
   b pudiera
   c puedo
   d pueda

52 ● _____ me jubile, voy a celebrarlo con una gran fiesta.
▼ Yo te dejo mi casa de campo para que la organices allí.
   a Porque
   b Si
   c A que
   d Cuando

53 ● ¡Qué suerte! _____ la ventana de esta habitación se ve el mar.
▼ Sí, es una vista preciosa.
   a De
   b Desde
   c Hacia
   d Para

54 ● ¿Qué te dijo el farmacéutico?
▼ Que _____ que llevarle la receta.
   a tenga
   b tenía
   c tuve
   d tuviera

55 ● ¿Quieres que te llame?
▼ Sí, por favor, en cuanto _____ del trabajo.
   a saldrías
   b saldrás
   c habías salido
   d salgas

56 ● Ha dicho que vendrá.
▼ Mira que si _____ y no lo _____.
   a se arrepienta / haga
   b se arrepentirá / hará
   c se arrepintiera / hiciera
   d se arrepiente / hace

57 ● Con la de cosas que _____ hacer y te pasas la vida viendo la tele.
▼ Pues soy así. ¡Qué le vamos a hacer!
   a podrás
   b puedas
   c hayas podido
   d puedes

58 Empezó a _____ y en cinco minutos estábamos tan mojados que parecía que salíamos de la ducha.
   a cantarear
   b nublar
   c diluviar
   d carraspear

59 ● Tu nieto está muy alto _____ su edad.
▼ Sí, se parece a su padre.
   a para
   b por
   c comparado
   d estándar de

60 ● Siempre te estás quejando _____ todo.
▼ Es que en esta oficina todo es un desastre.
   a de
   b para
   c en
   d a

5. Expresión oral   *Duración: 10 minutos*

Antes de empezar a hacer esta prueba, debes entrar en esta dirección. Instrucciones para la prueba oral

http://diplomas.cervantes.es/docs/ficheros/200511300001_7_4.pdf

Prueba 1
Elige una de estas dos historietas.

Historieta 1

Un día en la nieve.
Describe y narra lo que ves. En la última viñeta, tú escogerás un personaje y el/la docente dialogará contigo. Tiempo aproximado, cinco minutos.

Historieta 2

Describe y narra lo que ves. Eres la madre. Dile al médico cosas sobre tu hijo, en las viñetas 2, 3 y 4.

© Quino

Prueba 2

Tienes diez minutos para preparar uno de estos tres temas. Durante este tiempo puedes escribir lo que quieras, pero recuerda que cuando vayas a exponer el tema no puedes leer lo que hayas escrito, sino simplemente podrás echar una ojeada.
Exponlo durante cinco minutos, después el profesor o la profesora te harán preguntas sobre este tema durante otros cinco minutos aproximadamente.

Tema 1

¿Empresario/a o asalariado/a?
Recuerda que:

- Tienes que explicar por qué has elegido una opción u otra.
- Tienes que expresar tus ideas con orden: los pros y los contras.
- Debes intentar llegar a una solución.

Tema 2

Dietas vegetarianas, crudívoras y macrobióticas. Te ofrecemos algunas ideas para que las desarrolles.

- ¿Se trata de modas pasajeras? ¿Son saludables? ¿En todas las edades?
- ¿Son los productos ecológicos tan buenos o hay mucho fraude o engaño?
- ¿Por qué son tan caros los productos ecológicos?
- ¿Y qué opinas de los productos transgénicos?

Tema 3

¿Cómo aprendes mejor? Te proponemos que hables de cómo «te entra» mejor un idioma.

- Hay personas para las que lo importante es ver escritas las palabras y asociarlas con imágenes.
- Otras personas sienten que el idioma les «entra» a través de lo que oyen.
- Otras, en cambio, tienen muy desarrollado el olfato porque, dicen, es el sentido más unido al recuerdo. ¿Cómo es tu caso?
- Prefieres las presentaciones orales, los debates.
- Te gusta hablar con gente nativa aunque no lo entiendas todo.
- Aprendes mucho oyendo canciones o viendo la televisión.
- Tienes que escribirlo todo para recordarlo.
- Asocias los olores con lugares y palabras.

Apéndice gramatical

El sujeto.

A Definición de sujeto.

Es la palabra o palabras que concuerda(n) con el verbo.

- *Pues **yo** he releído* Olvidado rey Gudú.
- ***Los oyentes** pueden enviar sus comentarios a la radio.*
- *Me encanta **la voz** de Lila Downs.*
- *Me encantan **las canciones** de Lila Downs.*

B Ausencia del pronombre sujeto.

En español, la terminación del verbo conjugado marca la persona (habl-**o** / habl-**as** / habl-**a**), por eso, no es siempre obligatorio el pronombre sujeto.

- *Fue el primer libro suyo que **leí*** (primera persona singular: *yo*).
- *Así que hasta ahora **tenemos** dos libros y una película* (primera persona plural: *nosotros/as*).
- *La **quieren** para hacer una película* (tercera persona plural: *ellos / ellas*).

C Presencia del pronombre sujeto.

1 El uso del pronombre sujeto es obligatorio:

a Para **diferenciar/distinguir** entre varias personas que están hablando entre ellas.

- *Alicia, ¿qué nos **propones tú**?* (La locutora diferencia/distingue a Alicia entre los cuatro invitados.)
- ***Ustedes podrán** intervenir posteriormente con sus comentarios y otras sugerencias.*
  (La locutora distingue/diferencia a los invitados y a los oyentes).
- **Fran:** *¿Vas a contarle a Juan lo de su novia?*
  Eugenia: *Díselo **tú**, porque **yo** no me siento capaz de contárselo.* (Se distinguen/diferencian los sujetos.)

b Para **evitar la ambigüedad**. La tercera persona del singular puede referirse a *él, ella* o *usted* (*habla, come, va*, etc.). Pero, además, en imperfecto de indicativo, en condicional simple y compuesto, y en todos los tiempos del subjuntivo coincide con *yo* (*hablaría, coma, fuera*, etc.).

(En un grupo de tres personas)
- *Tendría que venir a trabajar el sábado.* (Las otras dos personas no saben a cuál de ellas se refiere.)
- ▼ *¿**Yo**? No, **yo** trabajé el sábado pasado.*

- ■ *No, **tú** no, me toca a mí este sábado.*
- *Eso es, me refería a **usted**.*

c Identificarse dentro de un grupo, sobre todo cuando se responde a preguntas.
- *¿Os habéis inscrito ya en el curso?*
- ▼ *Yo, sí.* (No sabe qué han hecho sus compañeros.)

2 El uso del pronombre sujeto es optativo para poner énfasis en la persona que realiza la acción.

Locutora: *Y tú, César, ¿qué nos traes?*
César: *Ya saben que (**yo**) soy un cinéfilo empedernido, por eso les traigo una película uruguaya: «El último tren».*

Expresar indeterminación o especificación por medio de los artículos.

Un / Una	*El / La*	*Ø*
Usamos el artículo indeterminado cuando nos referimos a algo que: • mencionamos por primera vez • no podemos identificar porque hay varios iguales • *Aprender **una** lengua es como **un** viaje.* • *Y si tuviera que elegir **un** paisaje o **un** lugar...*	Usamos el artículo determinado cuando nos referimos a algo que: • ya hemos mencionado previamente • es único o lo presentamos así • *Abrí este blog en español para pensar sobre lo que he sentido aprendiendo **la** lengua.* • ***La** Plaza Mayor de Salamanca.*	No usamos ningún artículo cuando: • hablamos de una cantidad indeterminada: – en singular para sustantivos no contables – en plural para sustantivos contables • no hablamos de algo concreto • *Cuando llegué a Salamanca por primera vez, sentí que olía a **colonia**.* • *Hay **monumentos** más impresionantes o **lugares** más bellos, pero yo les hablo de los que he visto.*

> **FÍJATE**
>
> • El artículo indeterminado se usa con nombres **no contables** si van especificados.
> **Está cayendo una lluvia → Está cayendo una lluvia **torrencial**.*
> ** Tengo un hambre → Tengo un hambre **de lobo**.*
> Pero en oraciones exclamativas podemos decir: *¡Está cayendo **una** lluvia...! ¡Tengo **un** hambre...!*
>
> • El artículo no se usa delante del número de los reyes y de los Papas.
> *Alfonso **X** (décimo), Juan Pablo **II** (segundo).*

El pretérito pluscuamperfecto.

Se forma con el pretérito imperfecto de subjuntivo de *haber*, seguido del participio.

Pretérito pluscuamperfecto.

hubiera / hubiese seguido	hubiéramos / hubiésemos seguido
hubieras / hubieses seguido	hubierais / hubieseis seguido
hubiera / hubiese seguido	hubieran / hubiesen seguido

Verbos de cambio relacionados con *ser* y *estar*.

■ Relacionados con *ser*.

Expresan cambios relacionados con características definitorias.

Hacerse + sustantivo + (adjetivo)
  + adjetivos excepto los que expresan estado (*cansado/a, harto/a, contento/a*).

• ***Se hará famoso** con este libro.*
• ***Me he hecho un fan** incondicional del aceite de oliva.*

Volverse + adjetivo
  + *un / una* sustantivo + adjetivo

• *Es para **volverse loco**... de gusto.*
• *Antes era intratable, parece que **se está volviendo más sociable**.*

Llegar a ser + sustantivo / oración de relativo
  + adjetivo (sustantivados)
  + pronombres indefinidos

Expresa cambios en los que ha habido un proceso; los cambios se presentan como logros, y, normalmente, el cambio implica una mayor duración.

• ***Llegarás a ser la persona** más importante de su vida / **lo que te propongas**.*
• ***Llegarás a ser importante** / **alguien** muy importante.*

Convertirse en + sustantivo (suelen ir precedidos de artículos).
+ adjetivos sustantivados

Expresa un cambio de cualidad o naturaleza sin que haya participación del sujeto.
Alterna con *volverse*.

- *El hada **convirtió la calabaza en una carroza**.*
- *Esa cerveza **se ha convertido en la** preferida por los jóvenes.*

■ Relacionados con *estar*.

Expresan cambios relacionados con el estado.

Ponerse + adjetivos / adjetivos de color
+ expresiones que indican estados

- ***Nos pusimos morados** de comer langostinos en Cádiz.*
- *Voy a dejar de escribir o **me pondré triste**.*

Quedarse + adjetivos que expresan estado
+ complementos preposicionales

- *El Perito Moreno es un lugar para **quedarse boquiabierto**.*
- ***Se quedó viuda** muy joven y no ha vuelto a casarse.*

Preposiciones *por* y *para*.

■ Usos de *por* y *para*.

1. PARA

Lugar de destino: • *Nos vamos **para el centro**. ¿Te vienes?*
• *Esperadnos, vamos **para allá** ahora mismo.*

Tiempo: • *La presentación del libro está prevista **para mañana**.*
• *Estaré aquí **para la cena**.*

Objetivo, finalidad, destinatario: • *Organizamos una fiesta **para poder celebrarlo**.*
• *La comida sin grasa es muy buena **para el estómago**.*
• *Ese no es un trabajo adecuado **para alguien como él**.*

'En opinión de': • ***Para César** el cine es lo más importante.*
• ***Para mí** La ciudad y los perros es un libro muy difícil.*

Comparación: • *Ese apartamento es muy caro **para los metros que tiene**.*
• ***Para lo bueno que es**, este grupo no ha tenido mucho éxito.*

2. POR

Lugar aproximado ('a través de', 'a lo largo de', 'alrededor de'):
- ***Por el camino** les pasó de todo.*
- *Entramos **por la ventana**; nos habíamos dejado las llaves dentro.*

Tiempo aproximado (salvo con horas):
- *Todos los años vuelve a casa **por Navidad**.*
- *La música disco estuvo de moda **por los años 70**, ¿no?*

Causa, motivo:
- *Yo desempolvé a Vargas Llosa **por lo del Nobel de Literatura**.*
- *No te quedes en casa **por mí**, de verdad que no me importa quedarme solo.* (Aquí la preposición *por* se entiende como «no te quedes en casa a causa mía».)

'A cambio de', 'en lugar de', 'en nombre de':
- *Estoy harto de trabajar **por nada**, desde ahora quiero que me paguen.*
- *Ten cuidado con esos papeles, no vayas a dar unos **por otros** y metas la pata.*
- *Hemos elegido una representante que hablará **por el grupo**.*

Acompaña al complemento agente en las oraciones pasivas o cuando solo aparece el participio:
- *Esa canción fue votada **por los internautas** como la más popular del año.*
- *Bien promocionada **por la editorial**, esta novela será superventas.*

■ **Algunos contrastes entre *para* y *por*.**

	PARA	POR
Lugar	Lugar, meta que se puede alcanzar o no. • *Esperadnos, vamos **para allá** ahora mismo.*	Lugar a través del cual, a lo largo del cual se mueve algo. • *Vamos **por el parque**, el camino es más corto.* • *¡Qué olor a azahar entra **por la ventana**!*
Tiempo	Plazo antes del que debe ocurrir algo; límite en el tiempo. • *Estaré aquí **para la cena**.*	Tiempo aproximado, por eso nunca va con horas. • *Vuelva a casa **por Navidad**.*
Destinatario → ← Causa	*Para mí, un café, gracias →* ← *Por mí no hagas café, no te molestes* (en este caso *por* se entiende como «yo no quiero ser la causa de que hagas café» o «en lo que a mí se refiere»).	
Finalidad	Se usan indistintamente y con esta estructura: *Para* y *por* + *infinitivo*. • *Dice esas cosas **para / por molestar*** (=con el fin de molestar).	

La expresión de la finalidad.

Para (que) es el elemento más frecuente para expresar finalidad.

PARA + infinitivo	*PARA QUE* + subjuntivo (siempre)
Cuando las dos frases tienen **el mismo sujeto**. • *Estoy (yo) ahorrando **para** viajar (yo) a México.*	Cuando las dos frases tienen **distinto sujeto**. • *Estoy (yo) ahorrando **para que** mi hijo vaya este verano a Inglaterra.*

> **RECUERDA**
>
> En las frases interrogativas introducidas por **para qué** no aparece el subjuntivo.
> - *¿**Para qué** sirve estar en Facebook?*
> - *Me he levantado preguntándome **para qué** trabajo.*

■ **Construcciones finales.**

Funcionan igual que *para (que)*.

- **A (que)**

Se utiliza cuando el verbo principal es de movimiento o el verbo exige esa preposición, como en el caso de: *ayudar*, *invitar*, *obligar*, etc.

- *He venido **a que** me prestes tus apuntes, te los devuelvo mañana.*
- *Me invitó **a que** me hiciera amiga suya en Facebook.*
- *He venido **a** darte los apuntes.*

- **Con el fin de (que) / con el objeto de (que)**

Son construcciones finales, propias del lenguaje escrito.

- ***Estimados/as*** *clientes:*
  *Nuestra empresa ha mejorado la velocidad de conexión a la red **con el fin de que** tengan /* ***con el fin de*** *ofrecerles un mejor servicio.*

La expresion de la concesión.

Las oraciones concesivas expresan, en general, un obstáculo a pesar del cual se realiza lo expuesto en la oración principal.

- ***Aunque*** *no encuentre otro trabajo, mañana mismo me voy de esta oficina, ¡no aguanto más!*
  Dificultad

- *Y he vuelto encantada **a pesar de que** llevaba en la maleta algunos estereotipos.*
  Dificultad

■ **Aunque.**

Aunque + indicativo + oración principal	***Aunque*** + subjuntivo + oración principal
Usamos el **indicativo** para:	Usamos el **subjuntivo** para:
• Informar de circunstancias nuevas o compartidas por el interlocutor.	• Hablar de hechos no realizados. En este caso el subjuntivo es obligatorio.
• *Estoy intentando trabajar **aunque** no estoy nada inspirada.*	• ***Aunque*** *no encuentre otro trabajo, mañana mismo me voy de esta oficina, ¡no aguanto más!*
• ***Aunque*** *nadie me lo ha contado, me he imaginado lo que pasaba.*	• Hablar de lo que desconocemos. ***Aunque*** *ustedes piensen* (no sabemos realmente lo que piensan, solo lo imaginamos) *que las redes sociales no sirven para nada, eso no es cierto.*
	**
	¡OJO!
	• Al hablar de hechos conocidos por mí y por mi interlocutor, el subjuntivo sirve para quitarle importancia a lo expresado por la oración concesiva y enfatizar lo que se dice en la oración principal.
	• ***Aunque*** *tus amigos sean españoles* (cosa que no dudo, pero que no tiene la menor importancia), *no pueden darte clase de español.* **Hecho enfatizado.**

■ **Construcciones concesivas.**

Funcionan igual que aunque.

- **A pesar de que** + indicativo / subjuntivo

  A pesar de + infinitivo cuando el sujeto de las dos oraciones es el mismo, pero esto no es obligatorio.
    - *A pesar de que lo sabía, volvió a preguntármelo.*
    - *A pesar de saberlo, volvió a preguntármelo.*

- **Por mucho** + sustantivo + **que**

  Por mucho / más que

  Van seguidas de **indicativo** o **subjuntivo**.

  Mucho concuerda con el sustantivo al que acompaña.
    - *Por muchos problemas que tuviera Cecilia hace años, siempre encontraba un rato para sus amigas.*

- **Y eso que** + indicativo

  Y eso que va detrás de la oración principal.
    - *¡Cuántas horas pasas conectado a internet! ¡Y eso que dijiste que tú no te engancharías!*

- **Por muy** + adjetivo / adverbio + **que**

  Por poco + **que**

  Se construyen generalmente con **subjuntivo**.
    - *Un ipad es algo muy útil.*
    ▼ *Pues por muy útil que sea, a mí no me interesa.*

■ **La expresión de oraciones reduplicadas.**

Son un tipo de estructuras concesivas, por eso, expresan en general un obstáculo a pesar del cual se realiza lo expuesto en la oración principal.

Verbo en subjuntivo + cualquier relativo + el mismo verbo en subjuntivo, + oración principal (en indicativo).

ATENCIÓN

No se usan los relativos *que, el/la/los/las cual(es)*, pero sí, *cual*.

- *Pase lo que pase, no te abandonaré.*
- *Fuera quien fuera, no debiste abrir la puerta.*
- *Venga cuando venga, se lo diremos.*
- *Lo dijera como lo dijera, no deberías haberte enfadado tanto con ella.*
- *Esté donde esté, lo encontraréis.*
- *Sea cual sea tu decisión, la aceptaremos.*

La expresión de la condición.

■ **Oraciones condicionales con *si (no)*.**

A **Condición en presente o en futuro.**

- **Reales o posibles:** la realización de la acción se presenta como **posible** en un contexto de *presente* o *futuro*.

> Estas oraciones condicionales ya las conoces.
>
> | | |
> |---|---|
> | | presente de indicativo + presente de indicativo |
> | **Si +** | presente de indicativo + futuro simple de indicativo |
> | | presente de indicativo + imperativo |

● **Poco posibles o imposibles:**

> **Si + imperfecto de subjuntivo + condicional simple**

1 **Poco posibles**: expresan una condición de difícil realización en **presente** o **futuro**.

- *Si mañana **nevara**, no **podríamos** ir en coche al trabajo.* Esta posibilidad, presentada como poco posible, alterna con esta otra: *Si mañana **nieva**, no **podremos** ir en coche al trabajo*, que se presenta como posible.

2 **Imposibles**: la condición que se presenta es imposible en **presente** o **futuro**.

- *Los tiempos son malos, si **fueran** mejores, **ampliaría** mi negocio.*

B **Condición en pasado.**

● **Imposibles:** la condición no se puede realizar porque no ocurrió algo en el pasado.

1 No se produce un hecho porque la condición no ha ocurrido en el pasado.

> **Si +**   **pluscuamperfecto de subjuntivo + condicional compuesto**
>
> **pluscuamperfecto de subjuntivo + pluscuamperfecto de subjuntivo**
>
> (Ambas posibilidades son correctas y poseen el mismo valor y significado.)
>
> - *Si nuestros padres no **hubieran mantenido** la panadería, nosotros **no habríamos seguido y ampliado (no hubiéramos seguido y ampliado)** el negocio.*

2 No se puede producir un hecho en el presente o en el futuro porque no se ha llevado a cabo la condición en el pasado.

> **Si + pluscuamperfecto de subjuntivo + condicional simple**
>
> - *Si no **hubiera gastado** tanto dinero en viajes, ahora **podría** invertirlo en la empresa familiar.*
> - *Si no **hubiera comprado** el coche este año, me iría de vacaciones en Navidad.*

> **RECUERDA**
>
> Detrás de SI condicional NUNCA usamos el futuro, el condicional, el presente de subjuntivo ni el pretérito perfecto de subjuntivo.

■ **Construcciones condicionales.**

● **A condición de que / Con tal de que + subjuntivo**

Expresan la condición mínima que debe cumplirse para conseguir algo.

- *Trabajaré todo el domingo **a condición de que** me **des** dos días libres.*
- *Podrás entrar a las 9:00 **con tal de que termines** a las 18:00.*

● **En caso de que + subjuntivo**

El hablante considera difícil la realización de la condición expresada.

- *Te quedaría el 100% de tu sueldo solo **en caso de que te dieran** una incapacidad total.*

● **Como + subjuntivo**

Se suele usar para amenazar.

- ***Como** no **traiga** un certificado médico, tendremos que descontarle dos días de su trabajo.*

También para presentar algo que tememos o que nos produce fastidio.

- ***Como** no **vengan** a ayudarnos, tendremos que hacerlo tú y yo solos.*

La expresión de la comparación.

A **Superioridad.**

Verbo + *más que*

- *En algunos países se investiga **más que** en otros.*

B **Inferioridad.**

Verbo + *menos que*

- *Es verdad que trabajo **menos que** mi jefa, pero, ¡claro! ella gana mucho más que yo.*

C **Igualdad.**

Verbo + *tanto como*

- *En muchas áreas científicas en diez años se ha avanzado **tanto como** en todo el siglo xx.*

bueno ➔ mejor	malo ➔ peor
grande ➔ mayor	pequeño ➔ menor

D Cuando comparamos algo con una idea previa o una suposición, usamos: **más** / **menos** / **mejor** / **peor** / **mayor** / **menor... de lo que.**

- *Ese trabajo es **más** interesante **de lo que** creía.*
- *Todo ha salido **mejor de lo que** imaginábamos.*

E **Oraciones comparativas proporcionales.**

	más		más
	menos		menos
Cuanto	mejor	+ ... +	mejor
	peor		peor
	mayor		mayor
	menor		menor

Funcionan igual que las oraciones temporales:

- ***Cuanto más** oscura <u>es</u> la noche **más** cerca <u>está</u> el amanecer.* (Presente/presente.)
- *Antes **cuanto más** me <u>invitaban</u> a dar conferencias sobre el ADN, **mejor** me <u>sentía</u>. Ahora, no me apetece ya casi nada.* (Pasado/pasado.)

Ojalá.

Se utiliza para expresar deseos.

Ojalá + presente	*Ojalá* + pretérito perfecto	*Ojalá* + pretérito imperfecto	*Ojalá* + pretérito pluscuamperfecto
Para expresar deseos posibles referidos al presente o al futuro.	Para expresar deseos posibles recientes, en relación con el p. perfecto.	Para expresar deseos imposibles referidos al presente y al futuro.	Para expresar deseos imposibles referidos al pasado.
• ***Ojalá llueva** pronto; el campo está muy seco.*	• *Me han dicho que las notas de Estadística ya <u>han salido</u>. **Ojalá haya aprobado**.* ▼ *Seguro que sí; llevabas los temas muy bien preparados.*	• ***Ojalá estuviera** aquí mi hermano, así podría echarme una mano, que buena falta me hace. Me encanta el bricolaje, pero no consigo montar estas piezas.* (Mi hermano no está aquí, por eso mi deseo es imposible). ▼ *Si quieres te ayudo yo, aunque no sea lo mismo.*	• ***Ojalá** Marta **no hubiera participado** en el campeonato de patinaje, así no se habría roto el pie.* (Marta participó y se rompió el pie; el deseo es imposible). ▼ *Ya... pero nunca sabemos qué puede pasar...*

> **FÍJATE**
> ***Ojalá** puede aparecer seguido de *que*, pero no es necesario.*

La expresión de la duda o de la probabilidad.

A Para expresar la duda o la probabilidad puedes usar los siguientes tiempos verbales.

SEGURIDAD	DUDA, PROBABILIDAD
1 Presente	Futuro simple
2 Pretérito perfecto	Futuro compuesto
3 Pretérito imperfecto	Condicional simple
4 Pretérito indefinido	Condicional simple

B Para expresar la duda y la probabilidad usamos:

QUIZÁ(S), TAL VEZ	Van seguidas de indicativo o subjuntivo.	Con indicativo cuando se quiere expresar más seguridad, y con subjuntivo posibilidad más remota.	• *¿Sabes que hay un concierto en la Catedral?* ▼ *Sí, **quizás voy** con unos amigos.* ▼ *Sí, **quizás vaya**, no sé, es que espero una llamada importante casi a la misma hora.*
A LO MEJOR	Se construye siempre con indicativo.	Informa de una acción o hecho muy probable de realizarse.	• ***A lo mejor me dan** unas entradas para el partido.*
PUEDE (SER) QUE	Se construye siempre con subjuntivo.	Expresa una hipótesis posible.	• *No lo recuerdo bien, pero **puede que sí**, que el verano pasado **estuvieran** de vacaciones en la península de Yucatán.*

FÍJATE

Pueden aparecer pospuestos al verbo:
***Vendrán**, **quizá** a la excursión con nosotros.*

Glosario

abierto, abierta (U4)

aburrir (U5)

ácido, ácida (U6)

el acoso (U2)

la adicción (U2)

la afición (U1)

afín (U1)

agridulce (U6)

aguantar (U3)

el aislamiento (U2)

ajeno, ajena (U6)

amargo, amarga (U6)

animar (U2)

anochecer (U6)

la antelación (U2)

apenas (U4)

apetitoso, apetitosa (U6)

asalariado, asalariada (U2)

asco (U1)

asociar (U6)

atreverse (U1)

el avance (U4)

la avioneta (U5)

el azahar (U6)

el beneficio (U5)

el bocadillo (U6)

bocazas (U5)

las bodas de oro (U6)

brillante (U1)

bromear (U3)

bucear (U5)

el bullicio (U6)

el cabreo (U2)

el candidato, la candidata (U1)

canijo, canija (U6)

el capital (U2)

carabina / hacer de (U1)

caso / ser un caso (U1)

cazar (U 5)

centrado, centrada (U1)

chatear (U1)

el chaval (U3)

chiflado, chiflada (U2)

el chiringuito (U6)

la chorrada (U2)

el chuletón (U6)

chungo (U1)

chupar / chuparse los dedos (U1)

el cinéfilo, la cinéfila (U3)

el cliente, la cliente / clienta (U2)

coherente (U2)

colgar (U3)

la competencia (U2)

comprobar (U2)

compulsivo, compulsiva (U2)

concentrarse (U1)

conectar (U1)

la conjura (U3)

consciente (U2)

constatar (U4)

constructivo, constructiva (U1)

el contrato (U2)

convencional (U6)

cordial (U2)

correr / a todo correr (U5)

la cosecha (U5)

la creatividad (U5)

la credencial (U5)

la crisis (U2)

la cristalera (U6)

crujiente (U6)

cuanto / en cuanto (U4)

debatir (U2)

la dedicación (U2)

delegar (U2)

la delicadeza (U3)

denegar (U2)

desanimar (U4)

el desánimo (U4)

el descubrimiento (U4)

el descuento (U2)

la desigualdad (U2)

despreocupado, despreocupada (U4)

dinámico, dinámica (U2)

disfrutar (U5)

disponible (U2)

la disposición (U6)

distancia / a distancia (U1)

divertirse (U5)

dulce (U6)

la dulzura (U3)

el emoticón (U1)

empalagoso, empalagosa (U6)

emparejar (U1)

empedernido, empedernida (U3)

empollón, empollona (U4)

emprendedor, emprendedora (R1)

la empresa (U2)

el empresario, la empresaria (U2)

enganchar (U1)

la ensalada (U6)

entreabrir (U4)

entrecortar (U4)

entrelazar (U4)

entremezclar (U4)

entresacar (U4)

el entretenimiento (U5)

equilibrado, equilibrada (U5)

la escalada (U5)

escalar (U5)

el escaparate (U5)

escéptico, escéptica (U5)

el escudero (U3)

esforzarse (U1)

establecer (U2)

el estereotipo (U1)

la estupidez (U4)

la etapa (U5)

el exceso (U3)

extinguir (U4)

extrovertido, extrovertida (U1)

el fastidio (U2)

fiel (U1)

la firmeza (U3)

flexible (U2)

la franquicia (U2)

el franquiciado, la franquiciada (U2)

el friki / friqui, la friki/friqui (U2)

el genoma (U4)

el gerente, la gerente (U2)

la globalización (U2)

una gozada (U1)

la grasa (U6)

habilidoso, habilidosa (U5)

hasta (U4)

el hechicero, la hechicera (U3)

heredar (U2)

la herencia (U3)

ilusionado, ilusionada (U2)

imaginar (U4)

imprescindible (U2)

incapaz (U4)

incitar (U3)

incondicional (U6)

indeciso, indecisa (U4)

individualista (U4)

injusto, injuta (U4)

innegable (U2)

insípido, insípida (U6)

insociable (U4)

inspirado, inspirada (U1)

interpersonal (U2)

intervenir (U3)

inventar (U4)

la inversión (U2)

el jolgorio (U6)

la jubilación (U2)

el juego de mesa (U5)

el laboratorio (U4)

luchador, luchadora (U2)

manazas (U5)

mandar (U1)

manipulado, manipulada (U6)

un/una manitas (U5)

la maqueta (U5)

marcharse (U5)

el márquetin (U2)

más / por más que (U1)

materialista (U4)

medida / a medida que (U4)

mediocre (U1)

el mercado (U2)

meterse (U1)

mientras (U4)

la miseria (U2)

la mochila (U5)

el monopatín (U5)

montar (U2)

el montón (U5)

morado / ponerse morado/a (U6)

el morbo (U2)

mucho / por mucho que (U1)

un muermo (U1)

la muesca (U5)

el ocio (U5)

el panadero, la panadera (U2)

la pareja (U1)

el paro (U2)

el parque temático (U5)

la participación (U5)

paso / de paso (U6)

la pasta (U1)

el peregrino, la peregrina (U5)

la pereza (U5)

perseguir (U5)

perseverante (U2)

pesar / a pesar de (U1)

pescar (U5)

picante (U6)

piedra / quedarse de piedra (U6)

la plantilla (U2)

plantón / dar plantón (U1)

poco / por poco que (U1)

la pólvora (U6)

la porquería (U1)

el pórtico (U5)

presencial (U1)

el préstamo (U2)

el prodigio (U4)

pronto / tan pronto como (U4)

protestar (U3)

el proyecto (U1)

quedar (U1)

la quiebra (U2)

la raíz (U3)

la rama (U4)

reafirmar (U5)

recibir (U1)

la recomendación (U3)

recomendar (U3)

recorrer (U3)

recorte (U4)

la red social (U1)

releer (U3)

renovar (U1)

rentable (R1)

responsable (U2)

el reto (U1)

retrasarse (U2)

el riesgo (U2)

rodear (U6)

rumiar (U6)

el salario (U2)

salud de hierro (U6)

sencillo, sencilla (U1)

sendos (U5)

sensato, sensata (U1)

el sentido (U6)

sequía (U5)

siempre que (U4)

simpático, simpática (U1)

sincero, sincera (U1)

sociable (U2)

solidario, solidaria (U3)

solitario, solitario (U5)

el sucedáneo (U6)

la sugerencia (U3)

la tentación (U5)

la textura (U6)

el tiempo libre (U5)

tímido, tímida (U1)

el título (U3)

toalla / tirar la toalla (U2)

el tono (U3)

el trago (U6)

transgénico, transgénica (U6)

el trasgo (U3)

vago, vaga (U4)

vegetariano, vegetariana (U6)

verde / estar verde (U1)

verificar (U2)

vivito y coleando (U1)

la voluntad (U4)

Transcripciones de las audiciones

Pista 1
Actividad 3 A.
1. Te prohíbo que salgas esta noche.
   a. Pues, ¿sabes lo que te digo? Que bienvenido a casa.
   b. Te he dicho que no.
   c. Anda, porfa, déjame salir... que te prometo que llegaré pronto y bien.
2. Estoy cansadísimo hace muchos días y no sé por qué.
   a. Oye, te aconsejo que hagas planes para el verano. Luego todo se pone carísimo.
   b. Te sugiero que vayas a un balneario un par de días. Verás cómo te sientes mejor.
   c. Te recomiendo que tomes palomas al anochecer.
3. Me daría mucha vergüenza que contara eso delante de Marta.
   a. Sí, a mí también me pasaría lo mismo.
   b. Marta es muy activa y realista
   c. A Marta le ocurrió algo parecido.
4. Ayer empujé a la jefa sin querer y casi se cae.
   a. Anda, que lío.
   b. ¡Qué vergüenza!, ¿no?
   c. Me alegro de tu buen comportamiento.
5. Para mayor seguridad, te aconsejo que le envíes el documento por burofax.
   a. Sí, buena idea.
   b. Tú siempre tan sincero.
   c. Ya está bien. Me gustan tus sugerencias.

Pista 2
Actividad 3 B.
● Hola, es para Onda Meridional, queremos saber si los jefes saben mandar.
▼ El mío sí. Tiene solo cinco años más que yo y nos llevamos superbién. Algunas veces tengo que recordarme a mí misma que el jefe es él, porque es tan abierto y tan poco autoritario que... Todo el mundo querría que su jefe fuera como el mío.
● Hola, buenos días, es para Onda Meridional, queremos saber si los jefes saben mandar.
◆ Pues ¿qué quieres que te diga? Que ni fu ni fa. El mío unas veces sabe mandar y otras lo hace fatal. Cuando tiene un mal día, es mejor ni saludarlo. No sé... los jefes son los jefes y punto. La verdad, a veces tendríamos que decirles que son inútiles y... Bueno, mejor me callo.

● Hola, es para Onda Meridional, queremos saber si los jefes saben mandar.
★ Mi jefa sí que sabe mandar. Además en mi trabajo hay un ambiente estupendo. Creo que la razón principal es que manda de un modo que nunca resulta autoritario. Tiene la misma edad que yo y espero que nos jubilemos a la vez.
● Hola, buenos días, es para Onda Meridional, queremos saber si los jefes saben mandar.
✳ Llevo poco tiempo en la empresa, un par de meses y, de momento, me ha parecido que mi jefa lo hace bien. Es una mujer con mucha energía y a mí me gusta la gente así. Quizá dentro de dos años tenga otra opinión, porque veo que muchos de mis compañeros están un poco hartos de ella. Bueno, ya veremos. Lo siento, tengo prisa. Adiós. Adiós, muchas gracias.

Pista 3
PRETEXTO. Actividad 1.
● ¡Hola! ¿Qué cuentas?
▼ Aquí, intentando trabajar aunque no estoy nada inspirada... No me concentro por mucho que lo intento, y eso que tengo que entregar el proyecto el viernes.
● No me extraña... Yo estoy igual.
▼ Oye... No te rías, que hoy tengo un día chungo. Me he levantado preguntándome para qué trabajo si cobro una m... porquería
● Pero si siempre has dicho que tu trabajo era estupendo, creativo...
▼ Sí, sí que lo he dicho y creo que en el fondo lo pienso. Pero, a veces, por muy creativo que sea, me cuesta seguir.
● Te entiendo, es que para que la creatividad nos invada, es bueno sentirse bien pagada, ¿no?
▼ Pues sí, pues sí. Pero, vamos a dejarlo y cuéntame tú algo. Te ibas a ir de vacaciones a Japón, ¿no? ¿Al final te fuiste?
● Síííííí. Y he vuelto encantada a pesar de que llevaba en la maleta algunos estereotipos.
▼ ¿Ah, sí? ¿Y qué ha pasado para que estés tan contenta?
● Pues, mira: el país -bueno, lo que yo he visto- es precioso. La comida riquísima y eso que al principio me daba un poco de asco lo del pescado crudo. Y la gente... la gente... pues amabilísima. Incluso cariñosa.
▼ ¿En serio? Oye, ¿y has comido ese pescado venenoso...? Pez globo o algo así se llama, ¿no?

Unidad 1: *Relaciones personales. com*

● Pues sí, me atreví a comerlo y resultó que estaba para chuparse los dedos. En japonés se llama 'fugu'. Y ya ves, aquí estoy vivita y coleando. Hace falta algo más que un pececito para borrarme del mapa.

▼ Pues yo no sé si me habría atrevido. Por muy bueno que esté, no sé... no sé.

● Mira, para que veas lo rico que está, te invito a que lo pruebes en un japonés muy bueno que hay cerca de tu trabajo. ¿Te apetece?

▼ Claro que me apetece, pero... ¿Qué hora es? ¡Ay! Llevamos hablando un buen rato y, mira, por poco que cobre, al menos tengo trabajo. Y no quiero perderlo. Me vooooooy.

● ¡Es verdad! ¡Uf! Te llamo y quedamos para ir al restaurante AlmaZen.

▼ Oye, piensa en algo bonito para que te venga la inspiración. Un beso.

● Lo haré. Otro beso para ti.

Pista 4
PRACTICAMOS LOS CONTENIDOS GRAMATICALES. Actividad 2 A.

¿Que qué hago en mi tiempo libre? Lo mínimo, trabajo ocho horas diarias, y con la de cosas que tengo que hacer en casa, después del trabajo, ya me dirá usted cuánto tiempo me queda. A mí que no me llamen para que vaya a una excursión al campo, y eso que se pone muy bonito en esta época del año, pero por muy sano que sea eso de respirar aire puro, a mí no me apetece andar y todo eso, y luego volver a casa peor de lo que estaba. Por más que me digan que soy un muermo, a mí me da igual. No es que no tenga ganas de hacer cosas, es que *no tengo fuerzas*. Cuando estoy haciendo las tareas de la casa solo pienso en cuánto tiempo me falta para conectarme a *skype* para hablar con mi amigo Guillermo que vive en Brasil o para leer algún artículo en un periódico digital o para escuchar música en *Spotify* o chatear un rato con mis amigos. Como ve, aunque piense que no tengo aficiones, sí que las tengo, pero tranquilas.

En fin, voy a tener que dejarle, dentro de un rato hay una reunión para que nos pongamos de acuerdo sobre el plan de potenciación del tiempo libre entre los jóvenes; es un intento de animarlos a que hagan algo constructivo y para que no se pasen todo el día conectados o viendo la tele. ¿No le parece una ironía?

Pista 5
DE TODO UN POCO. Actividad 3 A.

Ana Giralt tiene 22 años y es estudiante de magisterio. Xavier Badía tiene 23 y es publicista en una empresa de internet. Se hicieron pareja después de conocerse en una charla virtual. La pregunta es: ¿Se forman parejas estables a través del *chat*?

● Complicado. Allí, el 90% de la gente busca rollo fácil. Explica Xavier, todo un experto en relaciones virtuales. Lleva tres años saliendo con otra *chatera* profesional, Ana, ella no lo niega.

▼ Verá, después de pasar más de cinco horas al día en tertulias virtuales era normal que acabáramos saliendo con alguien del *chat*.
Están de acuerdo: en internet hay mucho loco, mucho chaval de 13 años, muchas chicas que son en realidad chicos, pero a ellos les salió bien la historia.

● Quedamos por lo que lo hace todo el mundo: el morbo de saber cómo es alguien con quien llevas chateando dos meses. Fue algo sano y espontáneo, como cualquier relación. A Ana le gustaba mi amigo en el *chat* y a mí, su amiga. Resulta que el día de la cita nuestros compañeros nos dieron plantón y nos encontramos solos ella y yo. Y empezó la química.

Esto lo cuenta Xavier que ya ha hecho de carabina varias veces. ¿Las ventajas? Ana y Xavier nunca se habrían conocido: ni viven en la misma ciudad, ni comparten el círculo de amigos.

▼ Te conoces primero desde dentro hacia fuera, se elimina el condicionamiento del físico, las barreras sociales, porque en el *chat* todo el mundo es igual.

Pista 6
DE TODO UN POCO. Actividad 3 B.

● Hola, Álex. Soy de Onda Meridional y estoy buscando *frikis* para hacerles unas preguntas. Tus compañeros acaban de decirme que eres el más *friki* del 'insti'. ¿Es verdad?

▼ Pues creo que no, me parece que eso te lo han dicho en broma, porque esta historia viene ya desde hace años, cuando estaba en secundaria. Escribí un *post* titulado «Un *friki* cualquiera» en el que comentaba que mis amigos consideraban que yo era el más *friki* de todos ellos. Pensaban, entre otras cosas, que estaba en internet todo el día, que participaba en varias redes sociales, que sabía bastantes cosas de internet...

● Ya veo, ya, que te encantaba.

▼ Sí, pero desde que se enteraron de que había empezado a ir a las *Twittches* –ya sabes, esas reuniones mensuales de los usuarios de Twitter en la ciudad– pensaron que mi *frikismo* había llegado a límites extremos. Seguramente se imaginaban que eran reuniones de gente rara, no se imaginaban que la gente que asistía fuera gente «normal». Cuando les decía que había personas de todos los estilos mayores, jóvenes, parejas casadas y demás, no se lo creían.

● Pues a mí también me extraña, pensaba que en esas reuniones solo habría *frikis*... y más hace años...

▼ El caso es que ya hace muchísimo tiempo de eso.

Ahora todos mis amigos hacen lo mismo que yo, bueno, menos lo de las reuniones, claro, y les parece algo normal, pero entonces… Entonces sí que era raro.

● Oye, Álex, por cierto, ¿sabes exactamente de dónde viene lo de *friki*?

▼ Pues por lo que me han explicado mis padres, que tienen ahora cincuenta y muchos años, el término *friki* viene de un cómic *underground estadounidense* de los 70 que se llamaba *The Faboulous Freak brothers*. Ellos lo leían en el año 76 cuando vivían en Londres. En mi casa hay algún cómic de esos todavía…

▼ ¡Aaaah! Pues no tenía ni idea… Bueno, Álex, mil gracias por tu respuesta y por tu información.

● De nada, chao.

Pista 7
DE TODO UN POCO. Actividad 3 C.
Cuatro posibles razones por las que alguien que ya tiene tu dirección de *mail* decida enviarte un mensaje por el correo interno del Facebook o cualquier otra red social.
Por vergüenza.
● Es que si le mando un mail directamente diciendo: «Hola guapa, ¿te acuerdas de mí? Soy Chemi. Iba con-

tigo al insti en el 87. Un día tenemos que tomar unas cañas» va a creer que soy un acosador.

▼ Ya, en cambio si se lo envías por Facebook solo pensará que estás chiflado.
Por ignorancia.
● Oye, ¿por qué te ha dado ahora por escribirme por Facebook? Si tienes mi mail directo desde hace años…

▼ ¿Qué dices? Si yo mando desde siempre todos mis mails por el *explorer*.
Para comunicar cosas poco importantes.
■ Enviarle una chorrada directamente a su *mail* personal me parece molestarle, así que se la mando por Facebook.
■ Muy buena idea: de esa forma Facebook le manda un mail a él, luego él tiene que ir a la *web*, registrarse, ver el mensaje… y consigues que llegar a leer una simple chorrada sea más complicado que leer algo importante.
Para avisar de algo con poca intensidad.
■ Le acabo de enviar la invitación para la fiesta de maña-na a Ismael por Facebook.
■ ¿Por qué en vez de por Facebook que lo tiene un poco abandonado y sus avisos desactivados no se la mandas por *mail* que sí lo mira todos los días?
■ Pues por eso mismo.

Unidad 2: ¿Y si montáramos una empresa?

Pista 8
PRETEXTO. Actividad 1.
● Me encantaría crear mi propia empresa. Pero para eso necesito un préstamo y en estos tiempos los bancos no los conceden fácilmente. Los tiempos que corren son malos. Pero si lo consigo, la crearé, seguro.

▼ Había pensado en ampliar mi negocio, pero no me atre-vo con la crisis que hay. Si los tiempos fueran mejores, sí que lo ampliaría.

■ Hace unos años heredé un dinero y me aconsejaron inver-tirlo. Pero yo tenía ganas de conocer mundo y me fui de viaje. ¡Y me lo gasté casi todo! Si no me lo hubiera gasta-do, ahora podría invertirlo en la empresa familiar y po-dríamos ampliarla.

◆ Nuestros padres son panaderos de toda la vida. También lo fueron los abuelos. La panadería familiar ha sobrevi-vido a varias crisis. Si nuestros padres no hubieran man-tenido la panadería, nosotros no habríamos podido con-vertirnos en los panaderos más premiados del país.

Pista 9
DE TODO UN POCO. Actividad 3 A.
● Buenos días, queridos oyentes de Onda Meridional. En nuestro espacio de hoy, «El mundo de la empresa», vamos a viajar de España a Hispanoamérica. Empezaremos ha-blando de cómo montar un negocio, también vamos a en-trevistar a Paz Costas, fundadora de *Notecofundas*, y ter-minaremos en España con el Premio de Empresario

Joven.
Empezamos con diez consejos para montar una empre-sa. Son los siguientes:
1. Dedicación completa. Montar una empresa es demasia-do complicado como para hacerlo en tus ratos libres.
2. El equipo es más importante que la idea. Rodéate de los mejores. Una idea mediocre puede triunfar con un equi-po brillante.
3. Con los socios, las cosas claras. Acuerda con ellos cómo repartir el capital, y qué pasará si alguien abandona el proyecto.
4. Hay que elegir un jefe o una jefa. Nada de «a partes igua-les». Alguien tiene que mandar.
5. No hables de lo que es justo, sino de lo que es razonable. De lo contrario, las discusiones no llegarán a ningún lugar.
6. Calcula tus necesidades de financiación con antelación. Si te quedas sin dinero, no tendrás fuerza para negociar.
7. Revisa tú mismo las cuentas y los contratos importantes. Hay cosas que no debes mostrar.
8. El ideal de referencia: poca inversión inicial y tener algo de dinero en efectivo.
9. No hay ideas perfectas, libres de riesgos. Asúmelo. Asu-me también que una idea no le va a gustar a todo el mundo.
10. Eres una empresa pequeña, y por eso puedes arriesgar-te, e incluso puedes fallar a veces. Las grandes empresas no se lo pueden permitir. Eso es una ventaja.

Pista 10

DE TODO UN POCO. Actividad 3 B.

◆ Siempre se dice que «quien la sigue la consigue» y esto es lo que le pasó a la joven argentina Paz Costas, a quien entrevistó nuestro reportero de Onda Meridional en Buenos Aires. Oigamos la entrevista.

● *Noteconfundas* es un emprendimiento vinculado a lo creativo y el diseño que encontró su punto de partida en una funda clásica y negra de neoprene para *notebook*. Liderada por Paz Costas, una joven de 24 años licenciada en Publicidad, nace a mitad de 2008 como un emprendimiento propio que ya venía planeando desde hace varios años.

● Bienvenida, Paz. ¿Por qué decidiste comenzar con este emprendimiento?

▼ Siempre tuve la idea de tener mi propia empresa, desde muy chica. Decidí empezar porque me di cuenta de que había un nicho interesante en el mercado de fundas para *notebooks* con diseño.
Noteconfundas es una marca de fundas para *notebooks* personalizadas y en la cual el cliente, a través de la *web*, puede diseñar su funda en función de su gusto y personalidad.

● ¿Qué cosas tuviste que tener en cuenta a la hora de planificar el emprendimiento?

▼ Creo que lo más importante fue toda la investigación de mercado que hice con mis amigos; durante el primer año, en cada reunión o cumpleaños monopolizaba la conversación y todos opinaban sobre lo que tendría que hacer, cambiar, incorporar, etc., y así iba testeando con ellos, que, por cierto, se asemejan bastante al público al que va destinado *Noteconfundas*.
Me parece superimportante ese análisis previo, ya que es fundamental para ir corrigiendo el rumbo, el aporte que te pueden hacer personas que están interesadas en que te vaya bien.

● ¿En qué se diferencia tu empresa de las demás?

▼ La principal diferencia es que ofrecemos al usuario la posibilidad de que juegue y se entretenga diseñando su propia funda y que nosotros nos encarguemos de entregársela confeccionada.
El trato personalizado es otro de los aspectos que nos diferencian, ya que el cliente todavía no está muy acostumbrado a la compra *online* y, durante el proceso de diseño y compra le surgen muchas dudas que nosotros solucionamos rápidamente para que se sienta acompañado.

● ¿Cómo fue el crecimiento del proyecto?

▼ El crecimiento durante el primer año fue muuyyy lento. En noviembre de 2009 nos seleccionaron en Telenoche para la sección de jóvenes emprendedores «Dueños del Futuro». Esto nos lanzó a la fama y aumentaron nuestras ventas. El mayor desafío fue poder producir a tiempo todas las peticiones.

● Para reducir la inversión inicial y los costes del emprendimiento, Paz comenzó confeccionando las fundas por pedido. A medida que encargaban una nueva funda, Paz compraba material para realizar otra. El emprendimiento solo tuvo una inversión inicial de 20 pesos para la compra de materiales de la primera funda. Una de las herramientas que decidió utilizar para difundir su proyecto fue internet. Hablemos ahora del papel de las nuevas tecnologías.

● ¿Por qué decidiste realizar un emprendimiento asociado 100% a internet y al *e-commerce*?

▼ Fue la forma que encontramos de empezar el emprendimiento sin invertir dinero y sin arriesgar mucho. Empezamos con un catálogo hecho en PDF, que mandábamos por *mail* a nuestros contactos, después de unos meses lo subimos al dominio www.note-confundas.com y recién en junio de este año lanzamos la *web*. El *e-commerce* nos permitió lanzar la marca sin tener que invertir en un local de venta al público. Así que internet fue la mejor manera de materializar el proyecto en función de nuestras posibilidades. Fue un poco sin querer y la verdad que es una gran solución.

● En la actualidad *Noteconfundas* es una empresa que marca tendencia en el mercado de fundas personalizadas para *notebooks*. En los inicios comenzaron difundiendo el emprendimiento entre los contactos y abriendo un canal en Facebook.

▼ La última red que incorporamos fue Twitter, que la tenemos asociada a nuestro muro de la página de Facebook. Los canales en medios sociales y la estrategia de prensa fueron fundamentales para el crecimiento del proyecto. Aquí comunicamos todos nuestros logros y los fans van comentando y brindándonos su apoyo día a día.

■ Elegida la empresa más innovadora de ecommerce en Argentina, podrá participar el 17 de noviembre próximo en el *e-commerce* LATAM en Bogotá, Colombia.
La marca ofrece un catálogo amplio, original y atractivo de fundas, maletines y portaaccesorios. A través de la *web* podrás diseñar tu propia funda con una gran variedad de telas, estampados y cierres, permitiéndote además plastificar tu funda para su protección.
Si ya quieres diseñar la tuya, podés empezar haciéndolo en: sontodasdistintas, sin punto ni nada, arroba, note, guion alto, confundas punto com.

Pista 11

DE TODO UN POCO. Actividad 3 C.

Y continuamos en nuestro espacio «El Mundo de la empresa» con la noticia del premio al Empresario Joven.
Lleva trece años *online* y se ha convertido en la *web* líder en Europa y América Latina de descargas de *software* gratuito y la número dos a nivel mundial. Softonic.com, fundada en Barcelona en junio de 1997, está completando su proceso de internacionalización con el lanzamiento de una versión en japonés, que se suma a las otras nueve ediciones

que tiene en español, inglés, francés, alemán, italiano, portugués, polaco, holandés y chino.

Tiene una plantilla cercana a los 200 empleados de 25 nacionalidades y cuenta con sedes en Barcelona, San Francisco, Shanghai, Tokio y Madrid. En sus servidores se alojan más de 130 000 títulos de *software*, *shareware*, y *freeware*, y demos comerciales analizados, evaluados y validados en distintos idiomas por un equipo editorial experto y para varias plataformas.

Fruto de este trabajo, Tomás Diago, Fundador y Presidente de la compañía, ha recibido esta semana el Premio Nacional Joven Empresario. Este galardón, otorgado por la Confederación Española de Asociaciones de Jóvenes Empresarios (CEAJE), está dirigido a todos los jóvenes empresarios españoles menores de 40 años que hayan conseguido

consolidar su proyecto empresarial con éxito y viabilidad. «Hace 50 años, las empresas españolas luchaban por ser líderes en España. Hace 25, por serlo en Europa. Hoy lo probamos ya en el mundo», asegura el presidente de Softonic.

Con tan solo 36 años, Diago ha demostrado que el talento *made in Spain* es capaz de llegar tan lejos como se proponga. El presidente de Softonic recibió el galardón de manos de sus altezas reales los Príncipes de Asturias, quienes cada año presiden la ceremonia de entrega de premios y la apoyan con su presencia. En su discurso, Tomás Diago reconoció que era «un honor recibir el premio» y agradeció este tipo de iniciativas que «animan a los jóvenes a emprender».

Unidad 3: ¿Escuchas, lees o miras?

Pista 12

PRETEXTO. Actividad 1.

● Buenos días, queridos oyentes, como todos los viernes, tenemos en Onda Meridional un grupo de oyentes que van a hacernos recomendaciones sobre lectura, música y cine. Ustedes podrán intervenir posteriormente con comentarios y sugerencias.
Alicia, ¿qué nos propones tú?

▼ Pues yo, aprovechando que Ana María Matute ha recibido el premio Cervantes, he releído *Olvidado rey Gudú*, una historia ambientada en la Edad Media. Cuenta el nacimiento y expansión del reino fantástico de Olar.

★ Hablando de releer, yo desempolvé a Vargas Llosa por lo del Nobel de Literatura que le concedieron en 2010. La verdad es que me gusta casi todo lo que escribió, pero opté por *La ciudad y los perros*, que fue el primer libro suyo que leí.

◆ ¡Uf! Para mí es un libro difícil, ¿no? Está lleno de expresiones coloquiales peruanas.

★ Bueno, esa es una de las razones por las que me gustó. Te obliga a salir de tu mundo.

◆ Sí, claro, visto así...

● Y tú, César, ¿qué nos traes?

◆ Ya saben que yo soy un cinéfilo empedernido, por eso les traigo una película uruguaya: *El último tren*, de Arsuaga. Los protagonistas, tres adultos y un niño, secuestran una histórica locomotora uruguaya del siglo XIX porque se oponen a su traslado a Estados Unidos, donde la quieren para hacer una película. Para salvarla, recorren el interior del país. Por el camino les pasa de todo.

● Así que hasta ahora tenemos dos libros y una película. Nos falta algo de música, ¿no? ¿Cierras tú el programa de hoy, Mario?

✳ Claro, con gusto. Yo les recomiendo una mezcla de jazz y rancheras que me parece bien padre. Les hablo de Lila Downs, una artista de Oaxaca que, además de tener una

voz divina, es talentosa, sencilla, amorosa...

▼ Comparto tu entusiasmo, Mario. A mí también me encanta.

✳ Yo la descubrí en la banda sonora de *Frida*, el film sobre nuestra querida pintora.

● Estupendo, Mario. Muchas gracias a los cuatro. Y ahora llega su turno, queridos oyentes. Pueden enviarnos sus comentarios y sugerencias por correo electrónico o colgándolos en nuestro muro de Facebook.

Pista 13

DE TODO UN POCO. Actividad 3 B.

● Te presentamos un fragmento de la novela de Ana M.ª Matute *Olvidado rey Gudú*, que se publicó en 1996, un año antes de que lo hiciera el primer libro de la serie de *Harry Potter*. En el fragmento aparecen los peculiares amigos de la reina: un escudero muy atractivo, el Trasgo del Sur y el Hechicero. ¿Por qué creéis que la reina Ardid tiene estos amigos?

▼ Una vez reunidos en las habitaciones privadas del Hechicero, el Trasgo del Sur y el apuesto Almíbar, la reina manifestó a sus verdaderos –y quizá únicos– amigos:

★ Queridos, ha llegado el momento de tomar una importante decisión respecto a Gudú. Y es la de asegurarle de forma definitiva la corona del Reino. Y como me han mostrado vuestras enseñanzas y mi propia experiencia, una condición indispensable se ha hecho muy patente para dotarle de una especial virtud.
Queridos míos –repitió con la dulzura y firmeza que solía–, la cuestión es simple y complicada a la vez, y para ello necesito de vuestras artes y sabiduría. Se trata de incapacitar totalmente a Gudú para cualquier forma de amor al prójimo.

◆ Querida niña –dijo el Hechicero– no deseo contradecirte, pero creo que exageras en tu aversión hacia ese sentimiento. Pero ten por seguro que si hallamos un bebedizo o cosa parecida, no será perfecto, porque no se puede extirpar la capacidad de amar de forma condicionada; si se extirpa, será en todas sus manifestaciones.

★ Lo sé –dijo ella con paciencia–. No veo inconveniente.

✳ Es que –dijo el Trasgo– también le será negada la capacidad de amistad y la capacidad de cual quier afecto. Y, por tanto, tampoco te amará a ti.

★ Ya lo he pensado –respondió Ardid–. No tengo nada que oponer a que Gudú no me ame. Con que lo ame yo a él, basta.

Pista 14

DE TODO UN POCO. Actividad 3 C.

Al enterarse de que Benigno está en la cárcel, Marco regresa a España para ayudar a su amigo en lo que pueda. Benigno le alquila su piso a Marco y le dice que llamará a la portera para que le dé la llave...

● Buenos días, señora, soy el amigo de Benigno.

▼ Ah... ¿Es usted Marco, el argentino?

● Sí.

▼ Yo soy la portera... Benigno ha llamado para decirme que... usted le alquilaría la casa...

● Sí, es así.

▼ La encontrará usted muy sucia, porque me tiene terminantemente prohibido que entre a limpiarla. Yo no le iba a cobrar ni un duro, pero...

● Bueno, no se preocupe, yo me ocuparé de eso.

▼ ¿Le traigo la llave?

● Sí.

▼ Voy a ver si la encuentro... ¿Le ha visto?

● Sí.

▼ Y... ¿Cómo está?

● Bien.

▼ El pobrecillo, ni ha tenido suerte ni en la cárcel... Qué poquita publicidad se le ha hecho. Aquí no ha venido ni una mala televisión, ni un mal *paparazzi*. Con tantos programas basura que hay y ninguno se ha dignado venir... no sé... a hacerme una entrevista a mí, por ejemplo... Es muy triste cómo están los «masa media» en este país...

● Sí, en eso tiene razón... la llave.

▼ ¡Ah, sí!

● Gracias.

▼ ¡Ah! A propósito...

● Sí...

▼ ¿Usted sabe por qué está Benigno en la cárcel? Es que como es tan calladito... La última vez que vino... no me dijo a mí ni pío.

● Benigno es inocente.

▼ Bueno, inocente sí, ya lo sé. Pero..., ¿inocente de qué?

● No lo sé.

▼ ¿Qué no lo sabe? Claro que lo sabe y no me lo quiere decir... Pero yo se lo sacaré.

● Vale. Hasta ahora señora.

▼ Si necesita algo... ya sabe.

● Sí.

Repaso 1: *Unidades 1, 2 y 3*

Pista 15

Actividad 2 A.

En pocas regiones las mujeres emprendedoras presentan un potencial mayor que en Latinoamérica. Según los informes del Global Entrepreneurship Monitor, GEM, los países latinoamericanos están por encima de la mayoría de los países europeos en cuanto a la creación de empresas fundadas por mujeres. Países como Guatemala, Colombia, Brasil y Ecuador encabezan las listas, lo que refleja el gran valor que tienen las mujeres para las economías locales.

Pero no todo es tan fácil, pues las empresarias deben salvar tantos o más problemas que los hombres al montar un negocio.

Según Mariana Lorenzo, directora del Centro Anáhuac de Estudios de la Mujer en México, uno de los mayores obstáculos con los que se enfrentan las emprendedoras es la desconfianza de ciertos mercados. «No todos los mercados confían todavía en ellas, aunque los datos demuestran que cumplen mejor sus obligaciones que los hombres», destaca. Además, la directora recalca que, a pesar de que las empresarias, en general, pueden medir mejor sus tiempos y administrarlos más eficientemente que los hombres, «muchas se encuentran con horarios impuestos, condiciones laborales adversas y clientes o proveedores que no cuentan con esta otra faceta de su vida, que es ser madre».

En Chile, la Universidad del Desarrollo, junto con la organización pro-emprendimiento femenino Mujeres Empresarias, fundaron el Centro de Estudios Empresariales de la Mujer (CEEM) con el objetivo de analizar la realidad de las empresarias y plantear soluciones para los problemas que se les presentan.

La investigadora Massiel Guerra (del CEEM) resalta que queda mucho camino por delante e indica que las mujeres emprenden a mayor edad que los hombres, aproximadamente a los 40 años, por tanto, la experiencia recorrida y las curvas de aprendizaje en esta materia son menores también.

En cuanto a la solución para estos obstáculos, la señora Guerra señala que faltan apoyos para que la mujer pueda explotar su potencial a edades más tempranas. «También hay una demanda cultural sobre el papel que asume el marido. Las mujeres necesitan un compañero que comparta todo tipo de responsabilidades, no solamente la provisión de recursos económicos», aclara Guerra.

Pero en este aspecto, es fundamental tratar las realidades de cada país latinoamericano de forma distinta. Mariana

Lorenzo precisa: «América Latina es un ámbito geográfico muy extenso y variado en el que existen realidades muy distintas, como Argentina o Nicaragua. Es una barrera cultural que, curiosamente, se está superando más en los lugares marginales que en las zonas más desarrolladas. Así, por ejemplo, resulta más fácil para una mujer emprender un negocio en alguna pequeña comunidad que hacerlo en una ciudad grande».

Pista 16

Actividad 2 B.

La «movilmanía» se da entre la población más joven (entre 12 y 18 años). Han crecido de la mano de la tecnología y son el blanco de las empresas de telefonía móvil. Este público ha creado su propia jerga a la hora de comunicarse vía sms o Twitter, asunto que preocupa a los lingüistas y sobre todo al sector de la educación, y navega constantemente por las redes sociales a través de un aparato que cabe en la palma de la mano. Esta fórmula de comunicación ha pasado a ser, de la noche a la mañana, el principal elemento de comunicación y de diferenciación entre los jóvenes; un negocio que mueve miles de millones de euros al año. Los mensajes cortos de texto hoy por hoy constituyen entre el 8% y 10% de los ingresos de las compañías de telefonía móvil en España, y sigue en aumento sobre todo por lo baratos que resultan.

No solo los sms son objeto de adicción. Es sin duda la facilidad para acceder a todo tipo de aplicaciones lo que despierta en este joven sector de la población una gran expectación. Desde un pequeño dispositivo podemos saber en cualquier lugar si mañana lloverá en Nueva Delhi, cómo llegar en coche desde mi casa a un restaurante o si mi compañera australiana está conectada desde el portátil de su casa a *Flikr*. Todo un mundo de posibilidades ilimitadas en la palma de la mano.

Parece lógico que esta adicción se esté extendiendo entre los jóvenes. También es lógica la publicidad de telefonía móvil, que nos bombardea con campañas cada vez más competitivas para atraer más clientes a esta forma de vida. La pregunta quizá es si esta manera de comunicarse no acabará destruyendo nuestra capacidad de relacionarnos cara a cara con los demás y conseguirá crear una pantalla a modo de barrera cuando la otra persona esté enfrente de nosotros, y no al otro lado del teléfono.

Pista 17

Actividad 2 C.

Las flores, con sus distintas formas y nombres, son siempre un atractivo producto comercial.

Se sabe, por ejemplo, que Colombia, después de Holanda, es el mayor productor de flores del mundo. Más de 200 000 toneladas de flores son exportadas anualmente por un valor superior a los 1 000 millones de dólares. De ellas, el 85% va a los Estados Unidos. Más de un millón de colombianos, de una población total de 43 millones, depende de las flores para su supervivencia.

Colombia exporta a los Estados Unidos el 62% de todas las rosas vendidas; el 92% de los claveles; el 93% de los crisantemos y el 97% de las alstroemerias, también conocidas como lirios del Perú.

El auge del negocio de las flores es rentable, de ahí que muchas Pequeñas y Medianas Empresas se hayan dedicado a él.

Alemania es el principal importador de flores de Europa, mientras que Holanda es el principal abastecedor para Alemania, Suiza, Francia y el Reino Unido. En América, Colombia es el principal exportador de flores con destino a EE.UU. y Ecuador es el segundo. En lo que a Asia se refiere, Japón recibe flores de China, Nueva Zelanda y Europa. Por otro lado, es importante mencionar que existe una creciente demanda de productos de máxima calidad.

En Europa del 40 al 50% de las compras de flores son para regalo, del 20 al 30% son para ocasiones especiales, del 20 al 25% se usan en decoración. La consumidora más típica es la mujer mayor de 45 años de zonas urbanas con ingresos medios a altos.

Los consumidores de flores, utilizan diversos tipos de minoristas para adquirir los productos. El 60% de las flores son compradas en las floristerías, el restante 40% es comprado a vendedores callejeros y supermercados.

Los días de más venta son el día de San Valentín, Navidad, día de la Madre y en España el día de difuntos (uno de noviembre).

El uso de internet ha influido mucho en la comercialización. Actualmente el mayor número de contactos se hace por este medio, así es que se han eliminado muchos intermediarios de la cadena.

No se puede olvidar que el negocio de la cosmética utiliza las flores como materia prima indispensable. Y es así como la esencia de la flor de loto, una de las más solicitadas, hace su viaje desde Egipto hasta Francia, la cuna de las más famosas fragancias.

Y para terminar, una alusión al arte que también ha recogido el sentimiento del ser humano hacia las flores. Y la pintura más aún. Recordemos los girasoles de Van Gogh, los lirios de Monet, las rosas de Renoir, y los lirios y rosas de Antonio López, entre muchos.

Unidad 4: *A través de la ciencia.*

Pista 18
PRETEXTO. Actividad 1.

¿Sabías que...

... el Terciario fue un período que empezó hace 65 millones de años, cuando los dinosaurios se extinguieron, y que terminó hace 1,7 millones de años?

... mucho antes de que el hombre habitara la Tierra, existía la vid?

... en el futuro el hombre vivirá más de lo que imaginábamos?

... nuestro planeta es más caliente cuanto más lejos nos encontramos del Sol?

... apenas se descubrió el mapa del genoma humano, se abrieron las puertas a conflictos ético-morales?

... la cirugía ha avanzado más que otras ramas de la Medicina?

Pista 19
PRACTICAMOS LOS CONTENIDOS GRAMATICALES. Actividad 2 B.

● ¿Sí?

▼ ¿Cariño? Hola soy yo, te llamo porque no podré volver a casa hasta que haya terminado en el laboratorio.

● ¿Qué pasa? ¿Tienes mucho trabajo?

▼ ¿Que si tengo mucho trabajo? ¡Qué risa me da! Tengo muchísimos análisis y mientras no haga todos los informes, no puedo moverme de aquí.

● Quizá deberías ser un poco más rápida.

▼ ¿Más rápida? ¡Qué fácil es hablar! En este laboratorio te querría ver yo, siempre que alguien necesita algo: Marisa, ven; Marisa te necesito; Marisa haz esto, Marisa haz lo otro, pero ya estoy harta y en cuanto vea al jefe se lo digo. Es que estoy a punto de estallar.

● Pero, Marisa, ya te dije que ese trabajo...

▼ Sí ya sé que me advertiste antes de que empezara, ¿qué quieres? A mí me gusta y cuando algo te gusta, pues lo aceptas casi todo, pero esto ya es demasiado. Bueno te dejo. A ver si consigo adelantar algo.

● Chao, Marisa, y tranquilízate un poco, que si no, te va a dar un ataque. Un beso.

Pista 20
PRACTICAMOS LOS CONTENIDOS GRAMATICALES. A Actividad 3 A.

● ¿Cómo ve la situación actual?

▼ Es muy preocupante que el presupuesto destinado a la investigación sea menor que el actual.

● ¿Tendrá esto impacto en los investigadores jóvenes?

▼ Sí. Creo que los jóvenes científicos que están empezando la investigación son los que más van a sufrir. Pero me preocupa mucho también el gran desánimo que va a producir en los jóvenes. Muchos que acaban los estudios y podrían elegir una carrera investigadora, están desanimados. Cuanto más tiempo pasa, hay menos jóvenes para hacer la tesis doctoral en los laboratorios. Si encima ahora se les desanima más con un recorte así, pensarán que la ciencia no tiene futuro en nuestro país.

● ¿Son útiles los créditos para la ciencia?

▼ No, para nada. Los científicos necesitamos subvenciones porque los créditos hay que devolverlos y nosotros no tenemos oportunidad de hacerlo. Sin embargo, cuanto más subvenciones se den, más oportunidades tendrán los jóvenes investigadores.

● ¿Hay inquietud en la comunidad científica?

▼ Mucha, es preocupante que pueda haber recorte de becas y contratos. Hay jóvenes que acaban el doctorado o que han ido al extranjero y que quieren regresar a trabajar aquí, pero si ganan todavía menos de lo que imaginaban, vamos a perder la oportunidad de contar con jóvenes científicos bien formados, ya que se van a quedar en países extranjeros.

Espero que haya más sensibilidad en el debate parlamentario del presupuesto y se piense un poco esto. Se siembra, hoy para cosechar mañana, y si no se siembra no habrá nada que recoger dentro de unos años.

Pista 21
DE TODO UN POCO. Actividad 3 A.

Buenas tardes queridos oyentes de Onda Meridional. Con ustedes el espacio «A través de la ciencia». Vamos a hablar hoy de los científicos españoles más destacados. Hablaremos de Isaac Peral, Santiago Ramón y Cajal, Juan de la Cierva, Severo Ochoa y Margarita Salas

● Isaac Peral nació en Cartagena, el 1 de junio de 1851. Fue científico, marino y militar e inventó el torpedero submarino, conocido como el Submarino de Peral. Después de dejar el ejército, consiguió fundar varias empresas con éxito, relacionadas con su especialidad: el aprovechamiento de la energía eléctrica. Peral murió en Berlín el 22 de mayo de 1895.

● Santiago Ramón y Cajal nació en Petilla de Aragón, Navarra, el 1 de mayo de 1852. Fue médico y obtuvo el premio Nobel de Medicina en 1906 por descubrir los mecanismos que gobiernan las células nerviosas, una nueva y revolucionaria teoría que empezó a ser llamada la «doctrina de la neurona». Murió en Madrid el 17 de octubre de 1934.

● Juan de la Cierva también nació en 1895. Fue ingeniero e inventor del autogiro, precursor del helicóptero. Hizo volar un autogiro a través del Canal de la Mancha en 1928, y desde Inglaterra a España en 1934. Sin embargo, no vivió lo suficiente para ver su autogiro convertido en helicóptero. En 1936 volvió a Gran Bretaña y murió en un vuelo de rutina al estrellarse el avión de pasajeros en el que viajaba en el aeropuerto de Croydon cerca de Londres.

- Severo Ochoa nació en Luarca, Asturias, el 24 de septiembre de 1905. Este bioquímico hizo importantes descubrimientos sobre las enzimas y recibió en 1959 el Premio Nobel de Fisiología y Medicina. Murió en Madrid el 1 de noviembre de 1993.

- Margarita Salas nació el 30 de noviembre de 1938 en Canero, Asturias. Es licenciada en Ciencias Químicas por la Universidad Complutense de Madrid. Ha publicado más de 200 trabajos científicos. Fue discípula de Severo Ochoa, con el que trabajó en los Estados Unidos. Pertenece a varias de las más prestigiosas sociedades e institutos científicos nacionales e internacionales y ha obtenido diferentes premios.

  En la actualidad es investigadora en el Centro de Biología Molecular «Severo Ochoa».

  En mayo de 2007 fue nombrada miembro de la Academia Nacional de Ciencias de Estados Unidos, convirtiéndose así en la primera mujer española que entra a formar parte de esta institución.

Pista 22
DE TODO UN POCO. Actividad 3 B.

- ¿Sabía usted que la ciencia ficción tiene su origen en la Antigüedad? ¿Y que el primer viaje a la Luna fue imaginado por Luciano de Samósata en el siglo II, y no por Julio Verne en el XIX? Pues escuche atentamente nuestro programa de Onda Meridional «Entre la ciencia y la ficción».

- ▼ La ciencia ficción, género desarrollado principalmente en el siglo XX, tiene un origen remoto. En realidad, es una rama de la llamada literatura fantástica que ya se escribía en la Antigüedad. Un estudio recientemente realizado pone de relieve este vínculo entre el escritor moderno y el antiguo, y analiza los recursos literarios vigentes en ambos tiempos. Desde siempre, la literatura de ficción nos ha valido para imaginar y encontrar respuestas a nuestras inquietudes, respuestas que, aunque no sean del todo ciertas, parecen tranquilizar nuestra alma.

  La ciencia ficción es un género que todo el mundo conoce, incluso aquellos que jamás han leído un libro de estas características. El término fue acuñado en 1929 por Hugo Gernsback, editor de una de las primeras revistas del género y que definió la ciencia ficción como «narraciones fantásticas entremezcladas con hechos científicos y visiones proféticas». Todo un placer para aquellos que aman la literatura y que disfrutan además con la posibilidad de estimular su imaginación.

  Literatura futurista, novela científica o ciencia ficción, el caso es que son numerosos los escritores que, a lo largo de la Historia, se han dedicado a ella, para el bien y el disfrute de la Humanidad: ¿quién puede negar que hemos disfrutado y aprendido de escritores como Julio Verne, Arthur C. Clarke, Ray Bradbury o Philip K. Dick?

Viajes fantásticos que parecen reales

Desde sus inicios, en la historia de la Literatura hay obras en las que se relatan viajes fantásticos, como, por ejemplo, en la *Odisea* de Homero, donde se narran los viajes, con elementos fantásticos continuos, de Odiseo o Ulises. Los griegos sentían una fascinación enorme hacia lo exótico y algunos de ellos viajaron al norte y al este de nuestro planeta para satisfacer su curiosidad.

La ciencia ficción hoy en día

Este recurso literario que consigue que los lectores se introduzcan en las obras y que crean en ellas ciegamente –a pesar de que lo que se está contando es pura imaginación– se ha mantenido a lo largo de la Historia.

La primera obra del género de ciencia ficción, tal y como lo conocemos hoy, es la obra *Frankenstein*, de Mary Shelley, publicada en 1818. También en el siglo XIX llegan las obras de Julio Verne, que encarna el prototipo de autor de ciencia ficción actual y que utiliza los últimos descubrimientos científicos para desarrollar un mundo imaginario.

La sorpresa en lo que se refiere a Verne radica en su capacidad, no ya de inventar, sino de anticipar: Julio Verne se adelantó a su tiempo.

Pero la historia de la ciencia ficción se desarrolla especialmente en el siglo XX. Autores como Stevenson con *El extraño caso del Dr. Jeckyl y Mr. Hyde*, Wells y *La máquina del tiempo*, London o Conan Doyle, Clarke o Sturgeon entre muchos otros, la colocaron en lo más alto de la historia de la literatura.

Unidad 5: *¿A qué dedicas el tiempo libre?*

Pista 23
PRETEXTO. Actividad 1.
Hola, Estrella.
¿Qué tal va todo? ¡Tía! ¡Vaya tentación lo de ir a Tarifa contigo para hacer *kitesurf*! Sabes que me apetecería un montón. Pero esta vez no va a poder ser. Te cuento. Por un lado, mis padres van a mudarse y he prometido echarles una mano, así que, quizá, no tenga tiempo, y, además, el 9 de septiembre, como es mi cumpleaños, ya sabes, veintitrés, van a venir mis abuelos de Menorca. Entonces, lo veo dificilísimo, o casi imposible.
¡Ojalá pudiera ir! Sería lo más... Me apetecería un montón... la playa, el viento, volar sobre las olas, los amigos, las fogatas por la noche en la playa... De todas formas, pase lo que

pase, ya te diré algo seguro. Que disfrutes muchísimo.
Nos llamamos.
Jorge

Pista 24
DE TODO UN POCO. Actividad 3 A.
Sintonizan Onda Meridional. Buenas tardes, queridos
oyentes. Hoy vamos a hablar de un deporte que podemos
ver en las calles de todas las ciudades españolas. El monopatín o *skating*. Primero contaremos un poco de su historia.

En España este deporte empezó en los años 70, pero desde
los monopatines hasta las tablas actuales se han producido cambios importantes.

Las tablas o *skates* en aquella época se llamaban monopatines y el «Sancheski» era el rey total y absoluto.
Mantener el equilibrio era todo un desafío y si lo lograbas,
ya podías considerarte todo un héroe. Subirse y patinar
era una hazaña al alcance de muy pocos. Aquellos que lo
conseguían gozaban de enorme popularidad y después se
pasaron al *Skate*. Si habías sido capaz de dominar el «Sancheski», cualquier otra cosa era pan comido.

La otra marca también importante de esa época fue Amaya, de Navarra.

A partir del año 76 el *skate* empezó a estar cada vez más
de moda, y fue creciendo la afición, alcanzando su apogeo
por los años 77 y 80, pero luego decayó. En los primeros
años de la década de los ochenta era bastante raro ver a
alguien encima de un monopatín (solo continuaba pati-
nando la gente que tenía mucha afición).

En el año 86 se produjo un resurgimiento inesperado.
En esta segunda época los monopatines que se pusieron
de moda eran de características diferentes, mucho más
anchos y de madera. En su mayoría eran de importación.

Recién estrenados los años 90, se pusieron de moda los
skates de *Street* que eran unas tablas ligeras y redondeadas.
España en la actualidad tiene uno de los mejores grupos
de *skaters* profesionales de toda Europa. Dentro del panorama nacional, la ciudad de Barcelona es considerada el
mayor *streetpark* de España y uno de los mayores de Europa; hay quien dice que es la capital mundial del *skate* debido a sus infraestructuras.
Además, España cuenta con numerosas empresas en el sector del monopatín, algunas con fama en toda Europa, como
Sancheski, Cabra o Alai. Esta última es la marca de tablas
líder en España. Lo que hace falta son más *skateparks* de
calidad para conseguir que esta práctica se consolide en
España profesionalmente.

Pista 25
DE TODO UN POCO. Actividad 3 B.
● Buenas tardes, hoy en nuestro programa «Aficiones y
tiempo libre» de Onda Meridional, vamos a hablar sobre
cómo entienden los adolescentes el tiempo libre. Para
tratar de este asunto nos acompaña la psicóloga Marilia
Sáenz Moreno. Vamos a dejar que ella exponga su opinión. Adelante, señora Sáenz.
▼ Muchas gracias. Para los adolescentes, el tiempo libre y
el ocio son muy importantes y normalmente se basan
en el carácter grupal: pertenecer a un grupo de amigos
e identificarse con ellos es fundamental, ya que para
ellos, el ocio consiste más en el hecho de estar con este
grupo de amigos que en las propias actividades.
El otro concepto es el alejamiento del mundo de los adultos. Se produce principalmente como un deseo de reafirmar su autonomía. Por eso suelen buscar actividades
propias y que no se identifiquen con sus mayores. Por
estas razones, a los adolescentes les gusta imitar a sus
iguales y seguir las modas y usos que se establecen en
su grupo de amigos.
Según estos dos conceptos, las actividades recomenda-
bles para el desarrollo de los adolescentes deben cubrir
sus diferentes necesidades de actividad física, desarrollo cultural y participación social. Por ejemplo, las actividades deportivas. La actividad física, que tiene una importancia vital en la niñez, en cierto modo empiezan a
perderla cuando llegan a la adolescencia, pero sería muy
recomendable que los adolescentes siguieran haciendo
ejercicio y practicando algún deporte, ya que esto produce una serie de beneficios desde el punto de vista fisiológico, porque reduce el riesgo de producir ciertas enfermedades y ayuda a combatir la obesidad, desde el punto de vista psicológico, ya que aumenta la seguridad en
uno mismo y también social al desarrollar la solidaridad
y la sociabilidad.
Por eso es muy positivo que los padres y monitores les
hagan ver desde pequeños el deporte como una manera
de disfrutar con los amigos y de pasarlo bien. En cuanto
a actividades culturales hay que decir que deben ser
atractivas para que participen en ellas y desarrollen toda su creatividad. En este sentido, hay que tener en
cuenta que, por su manera de ser, los adolescentes preferirán normalmente actividades que puedan realizar
con otros jóvenes, como grupos de teatro, bandas de
música, etc. Por supuesto, la lectura es un objetivo que
todos los padres deben perseguir en sus hijos adolescentes, pero por desgracia no son muy frecuentes los
adolescentes aficionados a los libros. Los videojuegos
e internet han sustituido a la lectura como entretenimiento individual.
Para terminar, querría referirme a las actividades sociales. También es bueno estimular la participación de los
jóvenes en actividades de este tipo para que tomen

conciencia social y aprendan a ser solidarios.
Es importante que los adolescentes tengan alguna afición y que no identifiquen el tiempo de ocio con no tener nada que hacer. El estar horas y horas tumbado viendo la televisión solo aportará desencanto y aburrimiento al adolescente. Sin embargo, hay que tener en cuenta que el tiempo libre es un momento para descansar. Tampoco es positivo el otro extremo y no debemos buscarles a nuestros hijos un gran número de actividades extraescolares, que lo único que conseguirán será añadir más estrés al producido por su actividad académica.

Pista 26
DE TODO UN POCO. Actividad 3 C.
- Nuestra entrevistadora de Onda Meridional se ha acercado a una céntrica plaza de Salamanca a preguntar a un grupo de jóvenes cuáles son sus aficiones.
▼ Hola, somos de Onda Meridional. ¿Nos podéis decir qué os gusta hacer en vuestro tiempo libre? ¿Cuáles son vuestras aficiones?
◆ Hola, me llamo Marina, me gusta leer, bailar, oír música, pintar paisajes, coser, hacer *surf* y nadar. Me encanta la play y también me gusta hacer sudokus y crucigramas. Los fines de semana suelo ir al cine. Como ves, tengo muchísimas aficiones, por eso tengo poco tiempo para estudiar y casi nunca ayudo a mis padres en las tareas de casa.
★ Yo me llamo Javi. Estos dicen que soy un poco *friki* porque me encanta el *anime*, la música tecno, el *house* y el *hip hop* y, claro, Manolo García, que para mí es el maestro. Me encanta el cine. Practico aikido. ¡Ah! Y por supuesto viajar cuando puedo o me dejan. Y alguna cosa más que ahora no recuerdo.
✳ Hola, yo soy Rafa. A mí me gusta ir al gimnasio, aunque, la verdad, no siempre tengo tiempo. También me gusta correr y hacer senderismo. Y, como creo que a todos los jóvenes, me encanta salir por ahí de juerga los findes por la noche, pero el problema es el dinero, es que tengo muy poco. El cine también me gusta pero se ha puesto muy caro, por eso veo DVD y series en la tele. También me gustan los conciertos de grandes artistas y siempre que hay alguien que me apetece y, si consigo pasta, pues voy a verlo.
¿Y qué más? ¡Ah, sí! los gatos también son una de mis aficiones, me encantan. El gato que tengo ahora es 'mu salao', lo recogí de la calle, enfermo, hecho un asco y ahora está más chulo... en mi casa, claro.
■ Hola, me llamo Claudia. Toco el piano desde pequeña, ¡me encanta! Toco en una banda de *jazz*, pero además, me gustan otras cosas, por ejemplo el judo, también lo practico desde niña, jugar a los videojuegos, ver series de TV y salir con mis amigos, como ahora, pero para hacer todo eso el día tendría que durar 32 horas...
▼ Bueno, pues muchísimas gracias. ¡¡Para que luego digan que los jóvenes son pasivos, que no tienen aficiones...!! ¡¡Pues como todos sean como este grupo...!! ¡Pero si no paran!

Unidad 6: *Un viaje alrededor de los sentidos*

Pista 27
PRETEXTO. Actividad 1 A.
Hace tiempo abrí este *blog* en español para obligarme a pensar y escribir sobre mi experiencia de estos años estudiando, aprendiendo, sintiendo la lengua y todo lo que la rodea. Estoy a punto de terminar el nivel B2 y hay muchas cosas que quiero contarles en esta entrada. Me parece que aprender una lengua es como un viaje alrededor de los sentidos. Y les pongo unos ejemplos:
El sentido del gusto. Antes de venir a España (escribo desde Cádiz), el aceite de oliva me daba asco, ¡puag, toda esa grasa! Después de casi un año aquí, me he hecho un fan incondicional. Y puesto que estoy en Cádiz, ¿qué me dicen de las gambas y los langostinos de Sanlúcar? Tomarlos cerca de la playa, en un chiringuito, acompañados de un buen vino blanco es para volverse loco... de gusto. Y voy a cambiar a otro sentido porque me estoy poniendo morado solo con imaginar todo lo bueno que he probado en este país.
El sentido de la vista. Para mostrar mi experiencia con este sentido, tendría que poner fotos de todos los lugares que he visitado. Les voy a hablar, por ejemplo, de las telas de Guatemala. Vean y gocen. Sobran las palabras. Y si tuviera que elegir un paisaje o un lugar, mirándolos, no sabría si elegir la Plaza Mayor de Salamanca y su casco antiguo; o los glaciares del Perito Moreno en Argentina, ahí sí me quedé boquiabierto o la Cordillera de los Andes. Claro, ustedes pensarán que hay monumentos más impresionantes o lugares más bellos, pero yo les hablo de los que he visto.
El sentido del olfato. Una compañera de curso un día me dijo: «Cuando llegué a Salamanca por primera vez, sentí que olía a colonia». Yo solo había percibido el olor de la contaminación en algunas ciudades. Pero me puse a buscar los olores de España y decidí que había muchos diferentes: a comidas, claro, pero también huelen los millones de olivos de Jaén; y los árboles del Parque del Oeste de Madrid o el azahar en Sevilla. Y la pólvora de Valencia por las fiestas de San José... En fin, les propongo que busquen los suyos.
El sentido del oído. Aquí podría referirme al ruido de las calles llenas de vida. Al bullicio de los mercados donde se mezclan los sentidos. Al jolgorio de las fiestas populares

en ciudades y pueblos. Pero quiero destacar el sonido espectacular de los Tambores de Calanda. Es algo que solo se puede entender si se vive en directo. Al principio, al escucharlos, no sabes si ponerte furioso o salir corriendo. Al final, si te dejas llevar, llegan a formar parte de ti.

Y termino con **el sentido del tacto**. ¿Qué es mejor, acariciar las distintas frutas de cualquier país del mundo hispano o tocar sus cerámicas artesanas? También me gusta sentir la lluvia en la cara, por eso he visitado lugares como Santiago de Compostela, donde llueve mucho, o pisar la arena fina de las playas...

En fin, lo dejo o me pondré triste, aunque si lo pienso bien, debo estar feliz por haber podido disfrutar de todo esto.

Pista 28
PRACTICAR LOS CONTENIDOS GRAMATICALES. Actividad 3 B.

● ¿Desde cuándo es usted vegetariano?

▼ Desde los 18 años. Dejé de comer carne cuando empecé a vivir con una chica que no la comía. Al principio, la comida no me sabía a nada, me sentía como un conejo o una vaca, todo el día rumiando, pero ahora, me he acostumbrado a esa forma de alimentación y me siento mejor. La verdad es que me alegro de haber cambiado.

● ¿Qué es lo que más trabajo le ha costado?

▼ Personalmente creo que lo más difícil es aprender a cocinar de otra manera. Al principio, pensar en los menús apetitosos que sean vegetarianos no es nada fácil, no se crea. ¡Ah! Hay otra cosa. Todos los vegetarianos nos quejamos de que en los restaurantes convencionales solo podemos comer ensaladas o verduras rehogadas y a veces ni eso porque llevan jamón. ¿Por qué no tienen un menú alternativo para vegetarianos? Estoy seguro de que no solo lo elegiríamos nosotros y les saldría rentable.

● La gente cree que comiendo así, uno se queda con hambre, ¿es cierto, eso?

▼ ¡Hombre! Eso es como todo, si usted se pone morado de filetes de pollo, no tiene hambre, pues lo mismo pasa si se llena de hamburguesas vegetarianas.
Yo solo le digo que si algo no se prueba, no se puede opinar sobre ello. Yo soñaba con unos chuletones de Ávila y no he tardado casi nada de tiempo en pasarme a los «chuletones» de seitán. Y también le digo otra cosa: que es falsa esa idea de que los que no comen carne son como acelgas. ¿Le parece a usted que soy un tipo canijo?

● No, señor, al contrario.

Pista 29
DE TODO UN POCO. Actividad 3 A.

Estaba sola en una mesa del café, leyendo un libro junto a las cristaleras de la calle, tan ajena al ruido y a todo como si se hubiera retirado a una torre junto al mar. Parecía extranjera y rubia y vestía de negro, y se le notaba de paso en la ciudad. Bebía su cerveza y fumaba un cigarrillo sin apartar ni un instante los ojos del libro, y pasaba las páginas con la misma lentitud con la que fumaba, sonriendo un poco, desordenándose el pelo con la mano en que apoyaba la cabeza, leyendo, sola, como en un reino invisible. Dobló delicadamente el pico de una página y miró sin atención a la calle. Le debió de sorprender que ya hubiera anochecido. Luego bebió un trago de cerveza y sonrió íntimamente para sí mientras volvía a abrir el libro. Me pregunté cómo verían sus ojos azules mi ciudad, para ella extranjera, más irreal que la novela que estaba leyendo.

Pista 30
DE TODO UN POCO. Actividad 3 B.

Una ensalada de tomates muy suaves y arroz con más vitaminas, un bocadillo de mortadela sin grasa y, de postre, un plátano que protege contra la hepatitis y un café sin cafeína. No es un menú de ciencia ficción, sino lo que podríamos comer en un plazo relativamente cercano. Los nuevos alimentos están a la vuelta de la esquina. De hecho, algunos se encuentran ya a nuestra disposición en los supermercados y otros, incluso, han podido llegar ya a nuestro estómago: es el caso de la soja transgénica, que forma parte de algunos productos de panadería y de alimentos para bebés, o de una margarina que reduce los niveles del colesterol malo en la sangre.

¿Sorprendente? No tanto si tenemos en cuenta que la técnica siempre ha tenido un papel de extraordinaria importancia en los alimentos y que muchos de los que tradicionalmente han formado parte de la dieta han sido producto de la investigación científica.

¿Se han fijado alguna vez en cómo huele el café nada más abrir el paquete, o en el apetitoso color que tienen algunas salsas de tomate? Pues ninguna de esas características es innata, al menos en la mayoría de los casos.

Comer es un placer para los sentidos y las empresas están intentando que lo sea más todavía. Así, científicos de todo el mundo investigan cómo dar a los alimentos colores más atractivos o texturas más agradables. Por ejemplo, en Suiza, el salmón que se cría en piscifactorías se tiñe de rosa para eliminar el color gris que tendría naturalmente. Tampoco el ruidito que hacen los cereales del desayuno al servirlos en una taza es totalmente natural: se estudia y se mejora con un *crujómetro*. Y es que estas características influyen más de lo que creemos en nuestra percepción de la comida. Además, la población pide alimentos cada vez más seguros. En todo caso, la revolución a la que estamos asistiendo con los nuevos alimentos no ha sido la primera en la historia de la nutrición humana. Sin ir más lejos, el tomate no llegó a Europa hasta el siglo XVI, procedente de Latinoamérica, y en aquella época se consideró una planta venenosa. Algo similar ocurrió con la patata, que también llegó en el siglo XVI del mismo sitio y que se consideraba un alimento insípido. El siglo XIX tampoco se quedó atrás en cuanto a alimentos nuevos. Por ejemplo, la leche en polvo nació en Estados Unidos en 1865, donde se patentó la deshidratación como método para transportar este alimento con mayor facilidad. En 1869, el emperador Napoleón III convocó un concurso para encontrar un sucedáneo de la mantequilla que fuera más asequible. El ganador nos dio la margarina.

En fin, ¿qué les parece que la comida se vuelva más sensual –es decir, más agradable a los sentidos– de manera artificial? ¿Renunciarían al olor del café, al color del salmón o al ruidito crujiente de los cereales después de saber que están un poquitín manipulados?

Pista 31
DE TODO UN POCO. Actividad 3 C.

Canción 1
Yo soy un hombre sincero
de donde crece la palma.
Yo soy un hombre sincero
de donde crece la palma.
Y antes de morirme quiero
echar mis versos del alma.
Guantanamera
guajira guantanamera
Guantanamera
guajira guantanamera
Mi verso es de un verde claro
y de un carmín encendido,
Mi verso es de un verde claro
y de un carmín encendido.
Mi verso es un ciervo herido
que busca en el monte amparo.

Canción 2
Volver
con la frente marchita
las nieves del tiempo
platearon mi sien.
Sentir
que es un soplo la vida
que veinte años no es nada
que febril la mirada
errante en la sombra
te busca y te nombra.
Vivir
con el alma aferrada
a un dulce recuerdo
que lloro otra vez.

Canción 3
Algo se muere en el alma, cuando un amigo se va.
Cuando un amigo se va
Algo se muere en el alma
Cuando un amigo se va
Algo se muere en el alma
Cuando un amigo se va
Cuando un amigo se va
Y va dejando una huella que no se puede borrar.
Y va dejando una huella
que no se puede borrar
¡No te vayas todavía, no te vayas por favor
no te vayas todavía que hasta la guitarra mía llora
cuando dice adiós.

Un pañuelo de silencio a la hora de partir,
A la hora de partir
Un pañuelo de silencio
A la hora de partir porque hay palabras que hieren y no se deben decir.

Repaso 2: *Unidades 4, 5 y 6*

Pista 32
Actividad 3 A.
Cuando yo muera quiero tus manos en mis ojos: quiero la luz y el trigo de tus manos amadas pasar una vez más sobre mí su frescura: sentir la suavidad que cambió mi destino. Quiero que vivas mientras yo, dormido, te espero, quiero que tus oídos sigan oyendo el viento, que huelas el aroma del mar que amamos juntos y que sigas pisando la arena que pisamos.

Quiero que lo que amo siga vivo y a ti te amé y canté sobre todas las cosas, por eso sigue tú floreciendo, florida, para que alcances todo lo que mi amor te ordena, para que se pasee mi sombra por tu pelo, para que así conozcan la razón de mi canto.

Pista 33
Actividad 3 B.
Por increíble que parezca, la tercera actividad más popular en internet es buscar datos relativos a la salud. Es lo que muestra una reciente investigación realizada entre tres mil personas de EE.UU., quienes admiten, en el 80% de los casos, que después de revisar el correo electrónico y de usar los buscadores, se concentran en buscar información médica. El estudio detalla que el 66% de los internautas se informa específicamente de una enfermedad o síntoma médico. «Con esto se nota que a la gente le gusta interesarse por temas de salud y tiene curiosidad por saber de algo que no necesariamente le afecta», reflexiona Paula Daza, pediatra y directora de comunicaciones de la Clínica Dávila. Ella destaca luego que solo un 12% de los encuestados había su-

frido alguna urgencia de salud en el último año.

Se nota que las cosas han cambiado. Si antes las personas se informaban de ciertas enfermedades a través de sus familiares o con el clásico doctor de cabecera, hoy se ve que consultan con mayor conocimiento gracias a datos que obtienen en la *web*.

Claudia Opazo es portavoz de la Agrupación de Enfermos de Esclerosis Múltiple, y en su página *web* siempre publica información sobre esta enfermedad. Ella sabe que este tema se debe manejar con responsabilidad. «Es importante preocuparse de no subir cualquier tipo de noticia; todo tiene que estar comprobado profesionalmente, porque un mal dato puede generar mucho daño», aclara.

En el estudio se indica que el 44% de los internautas estadounidenses busca información de los doctores o profesionales de la salud, pero Leisewitz cree que en Chile el panorama es distinto, y opina: «No estamos a ese nivel. Acá aún funciona la referencia o el boca-oído, mientras que en otros lados existe mayor interacción *web* entre los pacientes y, algunos, hasta elaboran *ranking* de doctores. Acá todavía falta».

Para Paula Daza, el futuro está en generar contenidos para que se pueda acceder a información desde los celulares. «Las instituciones de salud se dan cuenta de que la gente quiere saber más y lo mejor que se puede hacer es entregarle buenos datos para satisfacer sus deseos», concluye.

Pista 34
Actividad 3 C.

Buenas noches, queridos oyentes. Ayer, nuestra corresponsal en Navarra, Amaya Goñi, acudió a la conferencia ofrecida por Edurne Pasaban, titulada «De los Pirineos al Himalaya».

Su próximo reto es ascender al Everest sin oxígeno, pero en la conferencia que ofreció ayer en Pamplona habló de muchas más cosas, desde sus comienzos hasta que alcanzó la última de las 14 cimas más altas del mundo.

Edurne Pasaban, la primera mujer en alcanzar las catorce cimas más altas del mundo, acudió ayer a Pamplona para ofrecer una conferencia con el título *De los Pirineos al Himalaya* en la que analizó su trayectoria como montañera. Fueron sesenta minutos que dieron para mucho, porque Edurne Pasaban tiene un montón de cosas que contar y ella, como siempre ha demostrado, no quiso privar al público de ninguno de los detalles que la han convertido en un icono mundial.

Recordó que a los 14 años se apuntó en una escuela de montaña con sus amigas por la sencilla razón de que les gustaba salir al monte los fines de semana. Con la ayuda de un vídeo en el que iba repasando su trayectoria, Edurne comentó sus inicios en los Pirineos y la primera expedición al Himalaya, en 1998.

Relató sus subidas a los catorce «ochomiles» en nueve años. Según comentó, en un ejercicio de sinceridad, el bajón le

llegó después, en 2006, cuando tuvo que estar internada varios meses por culpa de una depresión, pero logró salir de ella gracias en gran parte a la montaña.

El 17 de abril de 2010 alcanzó la cima del Annapurna y un mes después coronó, en su quinto intento, el Shisha Pangma, su última cumbre.

EXAMEN DELE INTERMEDIO (B2)
PRUEBA 3: COMPRENSIÓN AUDITIVA
Pista 35

Vas a oír cuatro textos. Oirás cada uno de ellos dos veces. Al final de la segunda audición, dispondrás de tiempo para contestar a las preguntas que se te formulan.
TEXTO 1.

A continuación escucharás una información sobre el Festival de cine de Málaga.

Festival de Cine de Málaga.

El Festival de Málaga nació en 1998 y en cada una de sus ediciones ha pretendido alcanzar una serie de objetivos, entre ellos, favorecer la difusión y promoción de la cinematografía española, convertirse en un referente a nivel nacional e internacional en el ámbito de las manifestaciones cinematográficas y favorecer el desarrollo de Málaga como una ciudad abierta y cultural.

El Festival de Málaga, que este año cumple su decimotercera edición, contribuye poderosamente al desarrollo del cine en español presentando sus mejores producciones en las diferentes secciones: Oficial, ZonaZine, Cine Latinoamericano, Documentales, Cortometrajes, etc., además de rendir homenaje a diferentes personalidades de la industria cinematográfica y organizar numerosos ciclos, exposiciones y actividades paralelas.

El Festival de Málaga quiere llegar a todos los públicos y en su deseo de presentar y potenciar un amplio panorama de la cultura cinematográfica, pretende estar siempre atento a la formación, a la creatividad y a la innovación, enmarcadas dentro de una actividad que destaca por su carácter dinámico en continua evolución y transformación.

Pista 36
TEXTO 2.

A continuación escucharás una información sobre la campaña gubernamental española «Emprendemos juntos».

«Emprendemos juntos» ha finalizado tras dos meses dedicados a impulsar el emprendimiento a través de las jornadas del Día del Emprendedor.

El Ministerio de Industria, Turismo y Comercio y las entidades regionales y locales participantes han promovido setenta y dos citas emprendedoras en sesenta y ocho localidades diferentes. Un total de 60 828 emprendedores han participado en estos encuentros, en 1 253 actividades diferentes y con la colaboración de 1 091 entidades, superándose en todos los aspectos los resultados logrados en ediciones anteriores.

Los Días del Emprendedor son un lugar de encuentro de referencia para la formación de emprendedores, para la difusión de instrumentos y programas de las diversas instituciones que los apoyan y son jornadas de reconocimiento del empresario y fomento de la cultura emprendedora. La iniciativa en su conjunto ha sido avalada a nivel europeo dentro de la Segunda Semana Europea de las Pyme como uno de los foros más relevantes para la difusión de la actividad emprendedora a nivel europeo. Desde la DGPYME queremos agradecer el esfuerzo y la ilusión puesta tanto por las entidades organizadoras y colaboradoras como por los emprendedores.

Pista 37
TEXTO 3.
A continuación escucharás una información sobre un nuevo hallazgo arqueológico en Perú.
Más de 600 kilómetros al sudeste de lo que establecen los textos de historia, parece ser que se extendió la civilización wari. Esta cultura anterior a los incas se desarrolló en lo que hoy es Perú entre los siglos VI y XIII de nuestra era. Lo prueba el hallazgo de una antigua ciudad y 362 valiosas piezas arqueológicas de hace 1 200 años en Espíritu Pampa, área en la selva cercana a Cuzco.
Tesoro en plata y oro
Juan Julio García, director del Ministerio de Cultura en Cuzco, explicó que los primeros estudios de las piezas encontradas indican que este pueblo, además, tuvo contacto con los Nasca, civilización situada al otro lado de Los Andes, en la costa peruana.
Lamentablemente, dijo García, las condiciones de humedad de esta zona selvática han hecho imposible conservar restos óseos o textiles en esta tumba, cuya datación no está clara, pero se supone perteneciente a una época wari temprana.
Estos restos fueron apareciendo entre noviembre y diciembre pasados, pero no se hicieron públicos hasta la llegada a Cuzco ayer de la directora general de la Unesco, Irina Bokova, quien se encuentra de visita oficial en Perú.
Un centenar de piezas se exhibirán durante dos semanas en la Casa Museo Garcilaso de Cuzco, pero van a pasar a un proceso de restauración más complejo, mientras que las excavaciones en el lugar están detenidas hasta que pase la época de lluvias, a principios de mayo próximo.
Los wari alcanzaron un avanzado desarrollo urbano y militar. Los sacerdotes y guerreros ocupaban un lugar importante dentro de su sociedad.

Pista 38
TEXTO 4.
Vas a escuchar esta entrevista a Carola Vives, paisajista con más de 20 años de experiencia en Madrid.
- La jardinería es un sector que en los últimos tiempos ha sufrido algunos cambios. La crisis económica ha afecta-

do gravemente a las empresas que lo forman y los empresarios deben esforzarse para conseguir mantenerse a flote. Carola Vives es una paisajista con 22 años de experiencia, que ha comentado para Interempresas su visión sobre el estado del sector de la jardinería del siglo XXI.
¿Cuál es la situación actual de la jardinería en España? ¿Ha cambiado mucho respecto a la de años anteriores?
- ▼ La jardinería en España ha cambiado, como todo aquello que ha pasado de ser un artículo de lujo a algo accesible. Hace años era impensable prever que quien quisiera podía ser dueño de una casa con una parcela en la cuidad o cerca de ella. En mi profesión pasamos de ser desconocidos a ser requeridos.
- ● ¿Qué puede mejorar el sector en la situación actual?
- ▼ Pues como te decía, el reconocimiento de ser ya, ¡por fin!, una carrera oficial nos permite abarcar campos que antes teníamos vetados. Pero debería haber una economía más saludable, cosa que por ahora estamos lejos de conseguir.
- ● ¿Cuál es el principal objetivo de un paisajista? ¿Cómo lo realiza?
- ▼ Mi principal objetivo a la hora de abordar un nuevo diseño es crear en cada ocasión un espacio distinto y personal para cada cliente. Así conseguir que una mezcla de árboles y plantas resulte un auténtico placer para los sentidos. Con esta intención trato de adaptarme al espacio y presupuesto de cada persona. Para realizar un buen proyecto se necesita conocer todos los elementos que pueden definir la esencia del jardín; decoración de la casa, ubicación de la parcela, gustos de los clientes, etc. Luego se junta todo esto, mis veintidós años de experiencia, la ilusión que ponemos en cada proyecto y sin duda el resultado acaba siendo siempre satisfactorio.
- ● ¿Cómo ve el creciente papel de la sostenibilidad en la situación actual?
- ▼ Yo creo que todo el mundo está muy sensibilizado con respetar la tierra; los reciclajes, el ahorro de energías y del agua; sin duda esto también se refleja en los jardines. El tema del agua condiciona muchísimo los diseños, no solo por su escasez sino también por su precio. Cuántas personas cambian su pradera por césped artificial porque en los meses de verano suponen 300 euros de agua y un jardinero para segar. Te diré que creo que es peor el remedio que la enfermedad, ¿no sería mejor desde el principio diseñar un jardín sin pradera utilizando otros tratamientos de suelos que además de económicos puedan ser muy ornamentales?
- ● ¿Qué es lo que piden sus clientes?
- ▼ Los clientes demandan jardines de bajo mantenimiento, lo que sin duda nos hace utilizar plantas autóctonas y reducir o incluso suprimir las superficies de praderas. De todas maneras este cambio de la jardinería más

acorde al clima donde se diseñe el jardín, se viene dando desde años atrás. En los 80, con el boom inmobiliario se introdujeron nuevas especies de plantas, y al principio todo era válido. Pero, como acabo de decirte, esto, afortunadamente, ha cambiado.

● Pues, muchas gracias, Carola, por haber estado en nuestro programa.

▼ Gracias a vosotros.

HABLEMOS EL MISMO IDIOMA

Gloria Stefan

En la vida hay tantos senderos
por caminar,
qué ironía que al fin
nos llevan al mismo lugar,
a pesar de las diferencias
que solemos buscar.
Respiramos el mismo aire,
despertamos al mismo sol.
Nos alumbra la misma luna,
necesitamos sentir amor.
Nos alumbra la misma luna,
necesitamos sentir amor.

Hay tanto tiempo que
hemos perdido por discutir,
por diferencias que entre nosotros
no deben existir.
Las costumbres, raíces y herencias que
me hacen quien soy,
son colores de un arco iris,
acordes de un mismo son.
Las palabras se hacen fronteras,
cuando no nacen de corazón,
hablemos el mismo idioma
y así las cosas irán mejor.

Hablemos el mismo idioma,
que hay tantas cosas por que luchar.
Hablemos el mismo idioma,
que solo unidos se lograrán.
Hablemos el mismo idioma,
que nunca es tarde para empezar.
Hablemos el mismo idioma,
bajo la bandera de libertad.

Si lo pensamos
nosotros tenemos tanto en común,
y nos conviene que el mundo
nos oiga con una sola voz.
Es importante seguir adelante
con fuerza y con fe.
Forjemos nuevos caminos,
en la unión hay un gran poder.
Orgullosos de ser latinos
no importa de donde, todo podemos vencer.

Hablemos el mismo idioma,
que hay tantas cosas por que luchar.
Hablemos el mismo idioma,
que solo unidos se logrará.
Hablemos el mismo idioma,
que nunca es tarde para empezar.
Hablemos el mismo idioma,
bajo la bandera de libertad.

Hablemos el mismo idioma,
dame la mano mi hermano.
No importa de donde seas,
todos somos hermanos tú ves.
Hablemos el mismo idioma,
dame la mano mi hermano.
Que no existan las diferencias
entre nosotros hispanos.
Hablemos el mismo idioma,
dame la mano mi hermano.
En esta vida hay que trabajar
para lograr lo que queremos alcanzar.